[조선 왕실 문화의
제도화 양상 연구
1]

조선 종친(宗親), 동성(同姓) 친족으로서의 신분과 삶

본 저서는 2013년 대한민국 교육부와 한국학중앙연구원(한국학진흥사업단)의 한국학 총서(왕실문화총서) 사업의 지원을 받아 수행된 연구임(AKS-2013-KSS-1230006)

조선 종친(宗親),
동성(同姓) 친족으로서의 신분과 삶

강제훈 지음

국학자료원

이 책은 성신여대에서 재직했던 오종록 교수와의 공동 연구 결과이다. 시작은 십 년도 더 지난 2013년 무렵이었다. 오종록 교수는 학부 시절부터 나름 가깝게 지낸 사이이기는 하지만, 나이 차이도 적지 않고, 실력이나 인품으로나 필자로서 감당하기 어려운 선배였다. 공동 연구는 참여한 연구자가 각자의 주제로 책을 엮는 방식이었다. 모처럼 공동 연구를 통해, 같은 지도 선생님을 모셨던 연구자들이 모이는 기회가 마련되었으면 했다. 그러나 일이란 것이! 처음 계획처럼 진행되지는 못했다. 그래도 책임자 오 선배의 노력 덕에 연구팀이 운영되고 기획서가 하나둘 출간되었는데, 필자의 책은 지지부진하다가 이제 겨우 마무리가 되었다.

이토록 지연된 경위에 대해 변명의 변이 없지는 않다. 원래 필자는 조선의 파워엘리트를 연구하고 싶었다. 마침 『선원록』이라는 좋은 자료를 특정한 상태였고, 필자의 연구생들과 이를 정리하는 작업을 진행하기도 하였다. 필자는 왕실과 연계된 인물들이 조선 관계(官界)의 핵심을 점하고 있으리라 확신했다. 이런 생각은 지금도 변함이 없지만,

『선원록』분석을 통해 이를 효과적으로 규명하는 데는 성공하지 못했다. 『선원록』을 검토하는 과정에서 연구를 포기하고 대학원을 떠난 학생도 여럿 발생하였다. 필자는 종친을 분석하였는데, 이들은 파워엘리트를 규명하려던 연구 의도하고는 애초부터 빗나간 대상이었다.

종친은 조선에 고유한 신분이다. 국왕의 현손에 해당하는 4세대까지 동성의 직계 남성 후손으로, 이들에게만 부여하는 종친직을 받은 한정된 신분의 사람을 의미한다. 이들은 국왕과 유교에서 규정하는 상복을 입는 범주에 해당하였고, 왕위를 전주 이씨 집안에서 독점하기 위한 저변으로 기능하기도 하였다. 실제 역사에서 종친의 존재가 왕위를 승계하는 넉넉한 저변이었는지는 의문이지만, 종친은 이러한 역할을 맡도록 의도된 신분이었다. 그러나 이들에게 권력이 배분되지는 않았다. 또 이들이 조선의 주요 관직을 차지하지도 못했다. 조선은 이들에게 형식적인 위상을 부여했지만, 실제적인 역할에서는 배제하였다. 다만, 동성의 친손을 넘어서, 국왕의 내·외손까지 대상을 망라한다면, 필자가 원래 의도하였던 파워엘리트의 모습에 가까워질 가능성은 있다.

<당상관 중 국왕 내·외손>

왕대 (재위기간)	성종 (1469~1494)	연산군 (1494~1506)	중종 (1506~1544)	인종 (1544~1545)	명종 (1545~1567)
당상관	258명	173명	363명	42명	215명
내외손	41명	33명	121명	20명	126명
내외손 비율	16%	19%	33%	48%	59%

위 표는 홍근혜의 미발표 연구에서 수정 인용한 것이다. 『선원록』을 바탕 자료로 활용하고 실록의 관계 기사를 망라하여 정리한 것인데, 당상관 중에 국왕 내·외손의 비율이 점차 증가하는 추세를 보여준다. 조

선에서는 문과 시험이 가장 중요한 입사로이며, 문과 출신만이 정책을 결정하는 당상관의 지위로 독점적으로 승진하게 된다. 그런데, 홍 선생의 표에 의하면, 국왕의 내·외손이 당상관에 진출하는데, 압도적으로 유리함을 알 수 있다. 문과 급제자의 전체 출신과 구성을 소상하게 알 수는 없지만, 당상관에서 국왕의 내·외손이 차지하는 비중은 절대적이라 하겠다. 문과 시험은 아무나 도전할 수 없는 장벽이었다. 이점은 국왕의 내·외손에도 똑같이 적용되었지만, 이들이 문과에 급제한다면, 다른 사람은 상상할 수 없는 기회가 주어졌던 셈이다. 당상관 바로 아래 계급을 계궁(階窮)이라 표현하는 데서 드러나듯이, 일반 관원이 당상관에 승진하는 것은 쉽지 않았다. 국왕의 내·외손이 문과 급제자 중에서 차지하는 비중이 작았을 것이라는 점을 고려하면, 이들은 상대적으로 엄청난 기회를 제공받은 것이다.

본 연구는 종친에 집중하였는데,『경국대전』에서 4세대까지의 종친은 아예 과거 응시가 차단되었다. 연구 의도는 파워엘리트를 규명하려던 것이었는데, 그 대상으로 종친을 설정하면서 연구 결과가 빗나가게 되었다.『선원록』검토 과정에서 연구를 포기하는 학생이 속출하고, 연구 결과도 신통치 않았기 때문에, 필자는 본 연구의 진척을 포기하다시피 하였다. 한국학기획사업단의 김도형 선생이 저승사자가 되었다. 손을 놓았던 연구를 다시 수습하도록 시간을 추가로 허용하면서, 한편으로 엄격한 제약으로 위협(?)하였다. 덕분에 다시 마음을 다잡고 엉성하게나마 마무리를 결심할 수 있었다.

책은 앞부분에서 종친의 직을 얻는 조건과 종친직을 유지하는 내용을 다루었고, 후반부에서는 국가에서 정한 의례를 통해 종친의 삶을 규정하는 내용을 정리하였다. 종친부(宗親府)는 종친 직을 받은 사람들이 재직하는 관서이다. 종학(宗學)은 종친만이 입학할 수 있었는데, 일반인이 공부하는 성균관에 해당하는 관서였다. 종친이 평생 머물며 공부하도록 설립되었다. 종부시(宗簿寺)는 종친의 적을 관리하여 종친 신분이 발생하도록 하면서, 종친의 삶을 통제하고 관리하는 사법 기관의 역할을 하였다. 즉 종부시에서 종친임을 확인하면, 종친부에 소속되어 종친직을 가지면서 조정에 참석하였고, 종학에서 삶을 영위하는 것이 종친에 허용된 공식적인 활동 사항이었다. 이 책에서는 이러한 관서의 존재를 염두에 두면서 이와 관련된 종친의 전모를 그려보고자 하였다.

연구를 수습하는데, 양정현·홍근혜 두 연구자는 직접적으로 자료를 정리하고 내용을 검토하는 수고를 하였다. 심보람·이건희 전·현 팀장을 중심으로 조선전기를 연구하는 학생들을 교정과 정리 작업에 동원하였다. 선생이 부족하여 학생들에 적잖은 부담을 지웠다. 책을 준비하고 진행하는 과정에서 석창진·최나래 부부의 도움을 크게 받았다. 한국학중앙연구원 한국학기획사업단에서 모처럼 연구를 지원하고 너그럽게 기다려주었는데, 기대에 부응하는 좋은 결과를 도출하지 못해, 부끄러울 뿐이다. 국학자료원에서 고맙게도 출판을 맡아주었다. 시리즈 전체를 출간하는 결단과 필자의 부족한 책에 보여주신 정성에, 정구형 사장과 편집진에 진심으로 감사드린다.

나이가 드니 여러 경험이 쌓인다. 연구자로서 좋은 연구를 집적하는 소망이 있지만, 늘 그런 소망을 뜻대로 이루는 것이 아니구나! 새삼 절감한다. 보잘것없는 연구를 진행하느라 많은 사람에게 폐를 끼쳤다. 자신의 역량을 제대로 헤아려서, 수준에 맞는 연구를 진행하는 것이 좋은 연구일 텐데, 필자는 근처도 가지 못했다. 여전히 연구에 욕심을 접지 못했다. 그래도 도움이 되는 연구를 언젠가 갈무리할 수 있지 않을

까? 조선의 파워엘리트를 밝히는 문제는 의미 있는 연구 주제라 생각하지만, 좋은 방법과 규명의 기회를 얻을 수 있을지는 모르겠다.

2024년 10월 저자 강제훈

왕실의 범위와 종친

조선을 유교 국가라 이해할 때, 아마 그것은 성리학 수용과 그에 의해 이루어진 정치적 사회적 변화를 총체적으로 지칭하는 것이다. 그런데, 통상적으로 17세기 혹은 18세기의 조선은 유교사회이며, 이전은 이를 수용하는 과도기적 단계로 이해하기도 한다. 이러한 이해가 전적으로 잘못된 것은 아니다. 17세기 사회 일반이 성리학 실천과 관련하여 이해되었던 수준이나 공감대가 그 이전에는 확립되지 않았던 것이 사실이기 때문이다. 그렇더라도 이러한 이해가 17세기 이전의 조선이 덜 유교화된 사회라 파악하는 것이라면, 이에 대해서는 의문을 제기할 수 있다. 15-16세기의 조선이 17세기와 다르다는 것이 곧 덜 유교화된 것은 아니기 때문이다. 어떤 사회의 정치 사회적 성향을 유교적이라 규정지을 때, 그 기준은 무엇인가 하는 문제가 제기된다.

15세기의 조선에서 정치적 논의는 항상 유교적이어야 했다. 최소한 유교적 논리에서 수용될 수 있거나 혹은 유교적인 것으로 공감될 때, 특정의 정책이 시행되거나 특정의 실천이 강조될 수 있었다. 지배층의 범주에서는 사회적으로도 이러한 합의가 작동하고 있었다. 각 시기마다 유교적 지향은 당시의 사회 일반(아마도 지배집단을 중심으로 한)이 공유하고 있었다. 15세기에는 국가 체제와 관련된 유교적 지향이 강조되고 정비되었다. 그것이 개인 차원에서의 실천이 배제되었다는 것이 아니다. 국가적 차원의 문제가 보다 현안이었기 때문에 이러한 부분에 사회적 정치적 역량이 집중된 것으로 생각한다. 예악(禮樂)의 정비로 대표되는 다양한 정비 작업이 진행되었고, 아악이나『국조오례의(國朝五禮儀)』『경국대전(經國大典)』등은 이러한 노력의 결과이며 과정이었다.

성리학 사상이 처음 전파되어 일정한 지식인층에 의해 수용되고 실천되는 과정을 거쳤다. 14세기의 시점에서 진행된 과정이었다. 다수의 사람들에게서는 불교적 혹은 다른 사회적 전통과 관련된 의례 실천이 이루어지고 있었다. 또한 국가적 정치적 지향이 굳이 유교적이려고 하지 않았다. 유교적 가치에 입각한 시책은 좋은 선택일 수 있었지만, 절대적 선택지는 아니었다. 조선의 건국은 이러한 정치적 사회적 경향에 일대 전환을 가져왔다.

유교적 지향으로 설명되고, 이해되는 실천만이 적절한 것으로 간주되었다. 그렇지 않은 부분은 그것이 오랜 관행이었다고 잠정적으로 용인되었다. 혹은 시속(時俗)이라는 논리로 설명할 수 있어야 했다. 즉 유교적 이론으로 수용 가능한 범위에서 비유교적 관행이나 실천을 담아두고자 하였다.

고려의 혈족(血族)은 내·외친의 명확한 구분 없이 촌수에 의한 친소(親疏) 개념이 강조되었음이 밝혀져 있다. 그러한 혈족 개념이 조선에서는 유교적 이념에 근거한 친족 개념에 의해 동성의 혈족이 강조되는 새로운 친족관이 국가적 차원에서 조성되었다. 왕실의 친족인 종친(宗親)은 이러한 위로부터의 변화 노력에 의해 조선에서 새롭게 형성된 혈족 집단이었다. 이러한 중국의 친족 개념에 바탕을 두고 있었지만, 한국사에서의 전통과 괴리를 두고 있는 친족 조직이었다. 종친의 범주를 어떻게 설정할지는 한편으로는 중국의 유교에 근거한 친족관의 이해 과정이기도 했지만, 또 한편으로는 한국의 역사 전통에서 수용 가능한 지점을 모색해가는 과정이기도 하였다.

조선의 종친 관련 법제와 이들에 대한 제 특권의 규정 작업은 조선에서 동성 친족 집단을 만들어가는 실체이기도 하였다. 종친은 법제적으로 그 범주가 규정되어 있고, 직위 표지가 주어지는 존재였다. 이에 상응하여 종친의 사적인 삶은 공적인 법제의 규제를 받게 되었다. 종친은 일생 의례는 『국조오례의(國朝五禮儀)』와 『경국대전(經國大典)』 등에 명시되어 있다. 이들의 사적인 삶의 모습은 일상의 삶에서 유교적 가치를 실현하고자 한 조선의 국가적 의도를 담고 있다.

종친은 국왕의 지위가 특정 성씨에 의해 독점되기 위한 배경이기도 하고, 또 한편으로 이들이 국왕의 왕권에 잠재적인 위협이 되었다.

1. 국왕을 정점으로 하는 차등화 규정

국왕은 개별 인간이면서 동시에 특별한 사회적 지위를 갖는 존재이다. 왕은 각 집단과 계층의 입장에서 다른 모든 집단과는 물론이고 자신의 집단인 왕실과도 다소간 거리를 두었다. 그 결과 왕은 사회 영역이 불안정해질 경우 균형을 잡는 균형추이자 안정 장치의 기능을 선점하였다. 또한 적법한 왕이나 왕위 계승권자는 적법성을 선점하였다. 국왕은 해당 사회에서 모든 지위의 원천이며, 기준이었다.

조선은 국왕과 왕비를 등급 외에 존재하여 규정할 수 없는 존재로 설정하고, 그 아래에 차등화된 서열 체계를 법으로 규정하고 있다.『경국대전(經國大典)』에는 이러한 규정이 집약되어 있는데, 서열화의 특징은 1등에서 9등까지 단일한 등차에 의하여 성격이 다른 다양한 집단을 상호 대비할 수 있도록 규정한 것이다. <표 1>과 <표 2>는『경국대전』의 서열 규정을 남자와 여자를 구분하여 정리한 것이다.

<표 1>『경국대전(經國大典)』남성 관인 품계 규정

品等	東班階			西班階			宗親	儀賓
	文官	雜織	土官	武官	雜織	土官		
정1				大匡輔國崇祿大夫 輔國崇祿大夫			顯祿大夫 興祿大夫	綏祿大夫 成祿大夫
종1				崇祿大夫 崇政大夫			昭德大夫 嘉德大夫	光德大夫 崇德大夫
정2				正憲大夫 資憲大夫			崇憲大夫 承憲大夫	奉憲大夫 通憲大夫
종2				嘉靖大夫 嘉善大夫			中義大夫 正義大夫	資義大夫 順義大夫
정3상	通政大夫			折衝將軍			明善大夫	奉順大夫
정3하	通訓大夫			禦侮將軍			彰善大夫	正順大夫
종3	中直大夫 中訓大夫			建功將軍 保功將軍			保信大夫 資信大夫	明信大夫 敦信大夫
정4	奉正大夫 奉列大夫			振威將軍 昭威將軍			宣徽大夫 廣徽大夫	
종4	朝散大夫 朝奉大夫			定略將軍 宣略將軍			奉成大夫 光成大夫	
정5	通德郎 通善郎		通議郎	果毅校尉 忠毅校尉		建忠隊尉	通直郎 秉直郎	
종5	奉直郎 奉訓郎		奉議郎	顯信校尉 彰信校尉		勵忠隊尉	謹節郎 愼節郎	
정6	承議郎 承訓郎	供職郎 勵直郎	宣職郎	敦勇校尉 進勇校尉	奉任校尉 修任校尉	健信隊尉	執順郎 從順郎	
종6	宣教郎 宣務郎	謹仕郎 効仕郎	奉直郎	勵節校尉 秉節校尉	顯功校尉 迪功校尉	勵信隊尉		
정7	務功郎	奉務郎	熙功郎	迪順副尉	騰勇副尉	敦義徒尉		

종7	啓功郎	承務郎	注功郎	奮順副尉	宣勇副尉	守義徒尉		
정8	通仕郎	勉功郎	供務郎	承義副尉	猛健副尉	奮勇徒尉		
종8	承仕郎	赴功郎	直務郎	修義副尉	壯健副尉	効勇徒尉		
정9	從仕郎	服勤郎	啓仕郎	効力副尉	致力副尉	勵力徒尉		
종9	將仕郎	展勤郎	試仕郎	展力副尉	勤力副尉	殫力徒尉		

<표 2> 『경국대전(經國大典)』 내/외명부 편제

관품		內命婦		外命婦					
		내명부	세자궁	대전유모	왕비모	왕녀	왕세자녀	종친처	문무관처
						公主 翁主			
1품	정	嬪			府夫人			府夫人 郡夫人	貞敬夫人
	종	貴人		奉保夫人				郡夫人	貞敬夫人
2품	정	昭儀					郡主	縣夫人	貞夫人
	종	淑儀	良娣					縣夫人	貞夫人
3품	정	昭容					縣主	愼夫人 愼人	淑夫人 淑人
	종	淑容	良媛					愼人	淑人
4품	정	昭媛						惠人	令人
	종	淑媛	承徽					惠人	令人
5품	정	尙宮, 尙儀						溫仁	恭人
	종	尙服, 尙食	昭訓					溫仁	恭人
6품	정	尙寢, 尙功						順人	宜人
	종	尙正, 尙記	守閨, 守則						宜人
7품	정	典賓, 典儀, 典膳							安人
	종	典設, 典製, 典言	掌饌, 掌正						安人
8품	정	典贊, 典飾, 典藥							端人
	종	典燈, 典彩, 典正	掌書, 掌縫						端人
9품	정	奏宮, 奏商, 奏角							孺人
	종	奏變徵, 奏徵, 奏羽, 奏變宮	掌食, 掌醫						孺人

　『경국대전(經國大典)』에서 일반 관인 남성은 품계(品階)에 의해 등급이 구분되고 각 품계에 해당하는 직위(職位)가 정해져 있었다. <표 1>은 품계의 등급을 정리한 것이다. <표 2>에 정리된 여성의 지위 규정인 명부(命婦) 조항에서 수여되는 지위 표지를 봉작(封爵)으로 설정하

고 있다. 여성의 작위는 공주/옹주, 군주/현주와 같이 출생에 의해 자격이 주어지는 경우도 있지만, 대개는 혼인이라는 사회적 관계에 부수하여 발생하는 것이었다. 따라서 작위는 정해진 규정에 의해 승차(陞差)되는 성질의 지위가 아니었다. 내명부의 5품 이하는 여관(女官)로 지칭되고, 실제로 관인으로서의 성격이 있었지만, 이들의 경우 근무의 누적에 의한 자동적인 승급 규정은 적용되지 않았다.

남성 관인은 원칙상 품계가 사수(仕數)의 누적에 의해 자동으로 승급되도록 설정되어 있었다. 각 직렬은 1등에서 9등까지 동일한 기준이 설정되어 있었지만, 승급에 필요한 사수와 사수를 획득할 수 있는 기회를 차등화하여 직렬 간의 우열을 규정하고 있었다. 그런데 왕실의 구성원인 종친의 경우는 1등에서 6등까지로 품계의 범위를 상정하고 있을 뿐만 아니라, 이들의 지위는 출생에 의해 부여되는 원칙이 적용되고 있었고, 사수의 획득이나 이에 근거한 자동 승차의 규정이 마련되지 않았다. 이점은 혼인을 통해 지위를 얻는 의빈(儀賓)의 경우도 동일하였다.

각 등급의 승차를 위한 전제 조건을 고려할 때, 『경국대전(經國大典)』의 서열 규정은 1등에서 9등의 단일한 구분 기준이 적용된 것으로 정리되어 있으나 그 내용에서는 성격이 다른 등급 체제가 존재하고 있다고 할 수 있다. 조선의 왕실은 이 중에서 사수의 획득 및 획득 기회에 대한 규정이 전혀 없는 영역의 서열화된 사람들로 구성되었다.

2. 유교적 이념에 입각하여 제도화된 왕실의 범위

왕실은 개별 인간이나 집단에 의해서 계획되거나 의도된 것이 아니라 복잡하게 엮어진 인간들이 만들어 낸 독특한 사회적 조합의 표현이었다. 왕조국가에서 왕실은 그 핵심적 정점에 국왕을 위치시키며 특수하게 사회와 결합하고 있다. 왕실의 구성원이 국왕과 혈연적으로 연결되어 있다는 점에서 왕실은 확대된 국왕이지만, 이러한 속성은 법제적으로 그 지위와 적용의 범위가 한정됨으로써 비로소 사회적 실체가 된다. 조선의 왕실이 법제화되는 데는 동아시아 사회의 보편적 논리로 이해된 유교적 원리가 적용되었다. <그림 1>은 『경국대전(經國大典)』에 제도화된 왕실의 범위를 보여준다.

<그림 1> 『경국대전(經國大典)』에 제도화 된 왕실의 범위

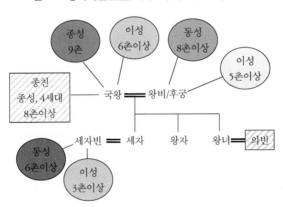

국왕을 기준으로 동성(同姓)의 4세대 8촌 범주의 남자는 종친으로서 관작(官爵)이 주어지며, 특별한 지위가 보장되는 한편, 양인에게 보편적으로 부여된 관직 진출의 권리가 제한되었다. 국왕과 왕비의 이성친(異姓親)의 일정 범위와 혼인에 의해 친족 범주에 편입된 남자에게는 그 범위를 정하여 직접적으로 의빈(儀賓)의 지위를 주거나 돈녕부(敦寧府)에 소속될 수 있는 권리가 부여되었다. 혈연과 혼인으로 편입된 여성에게도 내/외명부(內/外命婦)의 지위가 주어져서 조선에서 그들의 위차가 결

정되었다. 조선에서 왕실은 법이 정한 바의 사회 제도가 되었다.

조선이 유교 국가를 지향하면서 법적으로 지위가 규정된 왕실의 혈
족(血族)은 친족(親族) 중심으로 형성되었고, 혼인 혹은 이에 준하는 사
회적 관계도 유교적 이념에 입각하여 정의되었다. 따라서 조선의 왕실
구성원의 내용과 범위는 고려 왕조와는 현저하게 다른 모습을 갖게 되
었다. 본 연구에서 1차적인 검토 대상은 조선시대 법으로 규정된 왕실
구성원이 되며, 이들의 존재 방식 및 생활 형태를 통해서 왕실문화의
실체에 접근하게 된다.

3. 제도화 대상의 서열 편성과 범위

본 연구의 대상 신분은 법에 의해 특별한 지위가 규정되었다. 내/외명
부에 규정된 존재와 종친·의빈이 이러한 범주에 해당된다. 본 연구는 법
률에 의해 왕실의 구성원으로 규정된 존재를 검토하는 것을 1차적인 목
적으로 한다. 이들 존재는 종친처럼 출생 단계에서부터 혈통에 의해 자
동적으로 신분이 결정되는 존재와 후궁, 의빈, 부마(駙馬)처럼 혼인이라
는 사회적 절차를 거쳐 특수 신분을 획득하는 존재로 구분된다. <표
3>은 이들에 대한 『경국대전(經國大典)』지위 규정을 정리한 것이다.

<표 3> 『경국대전(經國大典)』의 왕실 구성원 지위 규정

| | 命婦 | | | | | 宗親 | 儀賓 | |
	內命婦	世子宮	王女	世子女	宗親妻		國王	世子
			公主 翁主			大君 君		
정1품	嬪				府夫人 郡夫人	君	尉	
종1품	貴人				郡夫人	君	尉	

정2품	昭儀		郡主	縣夫人	君	尉	
종2품	淑儀	良娣		縣夫人	君	尉	
정3품(상)	昭容		縣主	愼夫人	都正		副尉
정3품(하)				愼人	正		僉尉
종3품	淑容	良媛		愼人	副正		僉尉
정4품	昭媛			惠人	守		
종4품	淑媛	承徽		惠人	副守		
정5품				溫仁	令		
종5품		昭訓		溫仁	副令		
정6품				順人	監		
종6품							

조선은 왕실의 혈족, 혹은 인척으로서 특수한 신분을 획득하게 되면, 이들을 위하여 마련된 특수한 지위를 부여하여 구분하였다. 명부(命婦) 경우는 여성에게 부여되는 지위인데, 『경국대전』에는 이를 봉작(封爵)이라 하여 작위(爵位)로 규정하고 있다. 반면 종친이나 의빈의 경우에는 문·무관과 유사한 형식으로 품계(品階)와 직위(職位)로 구성된 지위를 부여하였다. 문·무관의 경우는 사수(仕數)에 의해 품계가 올라가고 해당 품계에 해당하는 직위에 임명되는 것이 일반적이었던 것과는 대조적으로 이들에게는 품계 승차를 위한 명시된 원칙은 없었다. 그럼에도 이들은 품계와 직위의 승차를 전제로 정비된 지위 체계가 마련되어 있었다. <표 3>은 품계와 직위에 따른 구분을 정리한 것이다.

종친의 군호(君號)는 동일하게 부여되지만 품계(品階)에 의해서는 무품(無品)에서 종2품까지 5단계로 구분되고 있고, 다시 각 품이 두 단계의 자급(資級)으로 구성되어 있기 때문에 실제로는 9등급으로 구분되고 있었다. 이러한 서열의 구분은 출생에 의해 직위가 부여된 후 서열의 승차가 가능하도록 설정된 것이다. 이러한 방식은 왕실의 사위 집단인 의빈(儀賓)의 서열화에도 동일하게 적용되었다. 특히 종친은 4대 후손까지 적용범위가 확대되어 있었기 때문에 후손에게 부여되는 초직의 범위를 정6품까지로 편성하고 있다.

종친직제의 정비와 운영

1. 머리말

제도화된 신분적 차별을 부정하는 현대사회에서도 왕족은 특별한 지위와 특권을 누리는 현상이 있다. 신분의 구별을 사회 존립의 한 축으로 간주하는 전통사회에서 왕족에 대한 사회적 제 특권을 법제화하는 것은 어쩌면 당연한 일일 것이다. 중국의 고대에서는 통치권의 잠재적 위협이 될 친족에게 봉작제(封爵制)를 통해 구분된 신분을 인정하고, 관료군(官僚群)과는 계통을 달리하는 지위를 부여하였다.[1] 고려와 조선은 이러한 봉작(封爵)의 제도를 수용하여 친인척을 제도화하여 관리하였다.

---

* 이 장은 강제훈, 「朝鮮初期 宗親職制의 정비와 운영」, 『한국사연구』 151, 2010을 수정 재집필한 것이다.
1) 이성규, 「漢代의 官과 爵 -官爵賜與의 실제와 그 의미를 중심으로-」, 『고대중국의 이해』 5, 2001

조선에서는 국왕의 동성 친족인 종친(宗親), 외손(外孫)과 외척을 포함하는 이성친(異姓親), 부마(駙馬) 등 혼인을 통해 발생한 인척 등에 대해 등급과 대우체계를 마련하고 이를 담당하는 관서를 설치하였다.[2] 이런 부류에 대해서는 선원록(璿源錄)과 돈녕보첩(敦寧譜牒) 등 왕실 계보를 통해 대상 인물을 수록하고, 이를 통해 이들에게 특권을 부여하는 한편, 관리하고 통제하는 노력을 기울였다. 이런 계보는 일반 사가(私家)의 족보(族譜)와는 인물 수록 방식이 전혀 달랐는데, 국왕을 기준으로 일정한 특권을 가진 인물만을 그 대상으로 하고 있고, 그러한 범주의 인물은 물론 법제화된 신분과 특권을 적용받았다.[3]

---

2) 관서를 통한 친인척 등의 예우에 대해서는 다음의 글이 참조된다
  남지대, 「조선초기 禮遇衙門의 성립과 정비」, 『동양학』 24, 1994
  박　진, 「朝鮮初期 敦寧府의 成立」, 『한국사학보』 18, 2004
3) 최근에 왕실 계보에 대한 자료 소개와 검토가 간헐적으로 시도되고 있다. 이에 대한 본격적인 연구가 필요한 시점으로 생각된다. 왕실 계보와 관련된 최근의 연구를 소개하면 다음과 같다.
  홍순민, 「조선후기 《璿源系譜紀略》 改刊의 추이」, 『규장각』 13, 1990a
  홍순민, 「조선후기 王室의 구성과 璿源錄 -1681년(숙종7) 《璿源系譜紀略》의 편찬을 중심으로」, 『한국문화』 11, 1990b
  鄭求福·申明鎬, 「敦寧譜牒」, 『藏書閣圖書解題 I』, 한국정신문화연구원, 1995
  정재훈, 「《璿源錄》의 編纂과 그 內容」, 『부산사학』 30, 1996
  신명호, 「조선전기 왕실정비와 족보편찬 -「선원록류와 돈녕보첩을 중심으로-」, 『경기사학』 2, 1998
  김문식, 「조선시대 왕실자료의 현황과 활용 방안」, 『국학연구』 2, 2003
  서울대 규장각, 『규장각 소장 왕실자료 해제·해설집』 서울대규장각, 2005
  강제훈, 「(해제)장서각 소장 《敦寧譜牒》의 개관과 자료적 특징」, 『敦寧譜牒』(영인본) 한국학중앙연구원, 2006
  원창애, 「(해제)장서각 소장 《敦寧譜牒》의 개관과 자료적 특성」, 『敦寧譜牒』(영인본) 한국학중앙연구원, 2007
  홍우의, 「《璿源系譜紀略》〈발문〉 연구」, 『장서각』 17, 2007
  김일환, [조선후기 왕실 〈八高祖圖〉의 성립과정」, 『장서각』 17, 2007
  안미경, 「장서각 소장 《璿源系譜紀略》의 서지적 연구」, 『장서각』 17, 2007

국왕의 친인척 중 동성의 종친(宗親)이 가장 핵심적인 범주의 집단인데, 이들은 잠재적인 왕위 계승 후보라는 점에서, 또한 이성(李姓)에 의한 왕위의 지속성을 보장하는 장치이기도 했다는 점에서 그러하다. 이글에서는 특별히 종친에게 주어졌던 종친직(宗親職)에 초점을 맞추고자 한다. 이들이 선원록(璿源錄) 등에 기재되는 데는 일정한 자격 요건을 갖추어야 했는데, 그러한 자격은 일차적으로 종친직을 통해 표현되었다. 종친직의 수여 대상 및 수여 범위는 보다 직접적으로 특권 신분을 지닌 종친의 범주와 특권의 성격을 보여줄 것으로 기대된다.

조선시대 종친직(宗親職)에 대한 연구가 이미 상당히 진행되었다.[4] 종친부(宗親府)에 대한 연구는 관서와 함께 종친직과 그들에 대한 처우까지 포괄적인 검토를 시도한 것이었다.[5] 이 연구의 경우 종친직의 승습 대수가 한정되는 종친직 규정의 핵심 사항이 누락된 문제점이 있다. 숙종 6년 간행된 『선원록(璿源錄)』의 기재 사항과 『경국대전(經國大典)』의 규정을 연결 지은 연구[6]는 매우 흥미 있는 시도이기는 했지만, 『경국대전』 규정이 성립하는 100여 년간 종친 문제에 대한 다양한 고민과 종친직의 개정 사실을 반영하지 못한 약점이 있다. 『대명률(大明

　　원창애, 「조선 후기 선원보첩류의 편찬체제와 그 성격」, 『장서각』 17, 2007
　　이미선, 「조선왕실보첩류 활용을 위한 기록물 현황조사」, 『국학연구』 13, 2008
　　원창애, 「조선 후기 《敦寧譜牒》 연구」, 『조선시대사학보』 48, 2009
　　김일환 외, 『장서각 소장 왕실 보첩류 목록 및 해제』, 민속원, 2010
　4) 고려시대의 왕실 봉작법에 대해서는 다음의 연구가 참조된다.
　　김기덕, 『高麗時代 封爵制 硏究』, 청년사, 1998
　　최정환, 「高麗時代 封爵制의 成立過程과 整備」, 『한국중세사연구』 14, 2003
　5) 김성준, 「朝鮮初期의 宗親府」, 『한국중세정치법제사연구』, 일조각, 1985
　6) 정재훈, 「조선초기 왕실혼과 왕실후예 연구 -『璿源錄』을 중심으로-」, 서강대 박사 학위 논문, 1994

律)』의 의친(議親) 규정을 참조하여 조선에서 의친의 성립과 그 범위를 검토한 연구7)는 포괄적으로 왕실의 친인척을 규명하고 있지만, 종친 관련 사항에 대해서는 소략한 검토에 그치고 있어 『경국대전』 규정이 성립하기까지의 다양한 논의를 설명하지 못하고 있다. 『경국대전』 규정에 이르기까지 종친직의 정비과정을 검토한 연구8)도 있으나 사실관계에 정확하지 못하다는 아쉬움이 있다.

이 글은 『경국대전(經國大典)』 규정에 이르기까지 조선 초기 종친직의 정비 과정 및 그 이유를 중점적으로 검토하였다. 각 규정의 개정과 그에 따른 후속 인사를 통하여 개정의 의미를 추적하고자 하였고, 무엇보다 『경국대전』 단계까지 종친직 제도의 전모를 드러내고자 하였다. 현재 다양하게 공개되고 있는 왕실 계보 연구를 위한 전제 작업이 될 수 있다는 현실적인 필요성과 함께 조선이 왕실을 관리하기 위한 방식과 시도를 검토함으로써 조선 왕권이 지닌 특성의 한 단면을 규명할 수 있기를 기대한다.

2. 건국 직후의 종친직제(宗親職制) 운영

조선은 유교 국가임을 선언하면서 역사적 발걸음을 내딛었다. 유교적 논리에 따르면, 조선의 국왕은 하늘로부터 천명을 받은 존재였고, 그럴 만한 덕(德)을 갖춘 인물이었다. 조선에서는 국왕을 중심으로 하는 새로운 질서 체제가 성립되었고, 이를 정당화하는 다양한 시도가 전

---

7) 신명호, 「조선초기 왕실 편제에 관한 연구 -'議親制'의 정착을 중심으로-」, 한국정신문화연구원 박사학위 논문, 1999
8) 지두환, 「朝鮮初期 宗親封爵法의 變遷」, 『한국사상과 문화』 4, 1999

개되었다. 조선 국왕의 명의로 지급된 임명장만이 법적 효력을 갖는 증명서가 되었고, 조선의 판도 내에서 특정인은 국가에서 어떠한 역할을 하는가에 따라 자신의 지위를 나타내게 되었다. 이른 바 신분이라는 것은 조선 국왕이 인정한 위상을 의미하는 것이었다.

조선에서 국왕과 그 친인척은 특별한 존재였다. 법적으로도 이들은 의친(議親)이라 하여 법 적용의 기준이 달랐다. 법적으로 특별한 지위를 인정받는 존재의 범위를 어떻게 정할 것인가에 대해서는 상당히 긴 시간을 두고 숙고하여 관련 규정이 정비되었다. 종친은 국왕과 같은 성씨를 가진 남자들이지만, 『경국대전(經國大典)』 규정에서 그 범위는 고조를 같이 하는 8촌 이내의 범주로 국한한다. 또 이러한 법적 규정은 조선이 존속하는 기간 동안 생명력을 가진 기본적인 원칙이기도 하였다. 『경국대전』의 법적 규정이 만들어지는 과정을 이해하기 위해 가장 먼저 살펴야 할 사항은 고려 마지막 왕인 공양왕 때 제기된 건의이다. 다음의 인용문이 해당 내용이다.

憲司에서 상언하였다. "성인이 예를 만듦에 嫡庶의 구분을 엄격하게 하였기 때문에 嫡子만이 아버지의 爵位를 承襲할 수 있고, 支子는 이에 참여할 수 없었습니다. (중략) 우리나라는 왕의 아들이면, ①적서도 따지지 않고, ②친소도 구분하지 않은 채 모두 封爵하니 참으로 古制와는 다른 것입니다. 또 승습한다는 것은 아버지가 죽은 후에 그 지위를 잇는 것인데, 지금 아버지가 계신데도 아들의 많고 적음을 가리지 않고 모두 君을 봉하고 있습니다. 이는 비단 嫡庶의 차등이 없을 뿐만 아니라 예에도 어긋나는 것입니다. (중략) 바라건대, 有司로 宗籍을 살펴 Ⓐ 先王의 親子의 후손 중 正派의 嫡長과 전하의 伯父·叔父·親弟와 親衆子만 封君을 허락하시고, Ⓑ君에 봉해진 다음에는 長子로 작위를 승습하게 하십시오. (하략)(『고려사』 권75, 선거 3, 봉증, 공양왕 3년 8월)

이 인용문은 1391년(공양왕 3)에 헌사에서 제기한 것이었다. 헌사(憲司)는 훗날의 사헌부(司憲府)에 해당하는 기구로 국왕에게 건의하는 것을 주요 기능으로 한다. 인용에서 생략하였지만, 이 건의에 대해 공양왕(恭讓王)은 답변하지 않았다. 잠깐 인용문에 대해 살펴보면, 본 인용문은 『고려사(高麗史)』의 「선거지(選擧志)」에 수록된 기사이다. 『고려사』는 연대기로 편찬이 시도되다가 마지막 순간에 문종에 의해 분류사로의 재편집 작업이 진행되었고, 짧은 시간에 기전체의 역사서로 모습을 드러내게 되었다. 따라서 연대기 편찬이 건국 직후부터 수십 년 걸린 데 비하여, 지(志)의 편집은 불과 2-3년 정도의 작업 시간을 가졌을 뿐이다. 본 인용문은 「선거지」에 수록된 것이므로, 단기간의 편집 기간에 선택된 기사이다. 문제는 국왕에 의해 기각된 제안이 『고려사』에 산입되었다는 사실이다. 법제로 채택된 기록도 선별적으로 엄선해서 수록하는 것이 『고려사』 지(志) 작업의 실제라고 할 때, 승인되지 않은 사안이 수록된 것은 해당 기사가 가진 특별한 의미 때문이라 할 수 있다.

그런데, 후술하는 것처럼, 조선에서 종친에 대한 법제의 정비는 1443년(세종 25) 획기적인 전환이 있었다. 『고려사(高麗史)』의 지(志) 편집 작업은 바로 이로부터 얼마 지나지 않은 시점에서 이루어졌다. 인용문은 비록 제기된 시점에서는 기각되었지만, 최근 제정된 종친 법제의 내용을 담고 있는 것으로, 어떤 면에서 최근에 정비된 법제는 인용문에 제기된 사안을 드디어 구현한 측면이 있다. 그래서 기각되었음에도 비교적 상세하게 기사를 실은 것이다. 이런 점을 감안하여 인용문을 음미할 필요가 있다.

인용문의 ①과 ②는 현재 시점에서의 문제점이었고, Ⓐ과 Ⓑ는 이에 대한 해결책으로 제시된 것이었다. 적서(嫡庶)를 반영하지 않고, 친소

(親疏)를 고려하지 않고 봉군(封君)이 시행되는 것이 문제라고 지적하였다. 그래서 해결책으로 ⓐ동성의 가까운 친족으로 군(君)이라는 칭호를 부여하는 대상을 한정하자고 제시하였다. 동성의 친족으로서 봉군(封君)의 대상을 선대 국왕의 아들과 적장자, 현재 국왕의 백부와 숙부, 현재 국왕의 형제를 범위로 설정하였다. 현재 국왕의 아들도 당연히 그 대상에 포함되었다. 이렇게 봉군의 범위를 정한 다음, ⓑ에서는 봉군된 사람의 지위를 장자가 승계한다고 규정하였다. 동성의 친족과 장자에 의한 지위 계승을 규정했지만, 계승의 대수는 어떻게 하는지, 장자가 아닌 아들의 지위는 고려할 필요가 없는지에 대해서는 분명하게 기술하고 있지 않다. 그럼에도 동성의 친족만을 대상으로 한 봉군과 장자에 의한 지위 계승의 원칙은 향후 조선의 친족 지위를 법제화하는데 중요한 원칙이 되었다. <그림 1>은 인용문에 드러난 사항 중 보다 본격적으로 살펴볼 부분을 정리한 것이다.

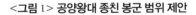

<그림 1> 공양왕대 종친 봉군 범위 제안

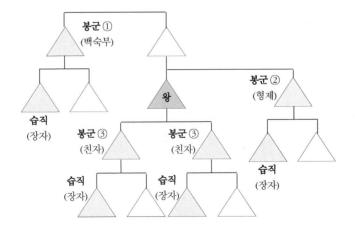

공양왕(恭讓王)은 위화도 회군이라는 특별한 정치적 사건을 통해서 본인의 의사와 상관없이 국왕이 되었다. 따라서 여기 제시된 봉군(封君)의 범위는 이러한 정치적 맥락에서 이해되어야 한다. 이때의 건의 중에서 일반적인 종친 직위 부여의 방식을 추출해 보아야 한다.

Ⓐ에 규정된 '선왕의 친아들의 후손 중 정파의 적장'이라는 제한은 우왕(禑王)과 창왕(昌王)을 배제하고, 공민왕(恭愍王)계에서의 봉군 대상자를 의미하는 것이다. 이 부분은 특수한 상황에서 발생한 것이다. <그림 1>에 나타낸 봉군(封君)①도 통상적인 경우는 아니다. 국왕의 백숙부를 봉군한다는 것은 통상적으로 국왕의 아들이 왕위를 계승한 경우에는 문제가 되지 않는다. 공양왕(恭讓王)은 친부가 국왕이 아니었음에도, 정치적 급변 상황에서 왕위에 즉위한 경우이다. 이런 조건에서 현재 생존해 있는 백부와 숙부를 봉군하라는 건의이다. 봉군②는 공양왕의 형제를 문제 삼고있는 것이다. 이 역시 봉군의 대상이어야 한다고 건의한 것이다. 이런 조건은 모두 정치적 이유로 국왕으로 추대된 공양왕의 특별한 사정 때문에 발생한 것이다.

이런 특수한 조건을 배제한다면, Ⓐ에서 일반적으로 세대를 거쳐 가며 성립할 수 있는 조건은 봉군(封君)③뿐이다. 국왕의 아들은 모두 봉군의 대상이 된다는 내용이다. 정상적으로 왕위가 계승된 경우, 즉 아버지와 아들이 왕위를 주고받은 경우라면, 봉군①과 ②는 봉군③의 조건에 의해 이미 봉군된 사람이다. 이때의 건의 중에서 지속적으로 적용될 수 있는 경우는 국왕의 친자를 봉군한다는 원칙이다. 이에 더하여 Ⓑ에서 여기에 적용되는 일반적인 원칙을 규정하고 있다. Ⓑ는 봉군된 사람의 장자가 아버지의 직위를 승계한다는 규정이다.

Ⓐ와 Ⓑ에서 통상적인 왕위 계승을 전제로, 일반적으로 적용될 수 있는 원칙을 추려보면, 국왕의 아들은 맏아들인지, 나머지 아들인지를 구

분하지 않고, 군(君) 칭호를 부여하고, 그 지위를 장자에게 계승하게 한다는 것이다. 명확하게 기술된 범위로 국한한다면, 국왕의 친족에게 수여되는 작위는 아들과 손자 2세대로 한정되고 있다. 아들의 경우는 전원 직위를 부여하는 대상이 되고, 손자의 경우는 장자만 아버지의 직위를 계승하여 직위를 받는 것으로 하고 있다. 보다 세부적인 사항은 알수 없다. 아들 중에 첩 소생은 어떻게 되는지, 손자 중에 지위를 계승하는 맏손자를 제외한 나머지 손자는 어떻게 대우하는지 등은 언급하고 있지 않다. 그럼에도 이때 제시된 원칙이 향후 종친의 지위를 결정해가는 과정에서 매우 중요하게 작용한 것은 틀림없다.

인용문의 건의 사항은 향후 조선이 친족의 지위를 규정하는데 매우 중요하게 적용된 것이지만, 건국한 직후에는 시행되지 않았다. 친족에 대해 부여하는 직위는 통상 작(爵)으로 지칭된다. 일반 관원이 획득하는 관직과 구분하는 것인데, 작위는 정해진 절차에 의해, 관인 자신의 능력과 노력을 통해서 성취되는 것이 아니다. 작위의 대상은 대개는 출생을 통해 획득하거나, 혹은 특별한 공적을 통해 예외적으로 결정된다. 중국의 경우 공(公)·후(候)·백작(伯爵)과 같은 직위를 관직과 구분하여 운영하였고, 이러한 작위의 최상위의 지위로 왕(王)을 책봉하기도 하였다. 고려에서도 왕족에게 공·후·백의 작위를 수여하였는데, 충렬왕(忠烈王) 이후에는 이와 병행하여 대군(大君)·원군(院君)·군(君) 등의 칭호와 원윤(元尹)·정윤(正尹) 등의 지위를 사용하여 특별한 신분을 인정하였다. 조선은 건국 직후 고려 이래의 관행을 그대로 답습하였다.

조선은 건국 직후 공(公)·후(候)·백(伯) 칭호와 군(君) 칭호를 부여하는 봉작제를 병행 시행하였다. 태조의 즉위 직후 안종원(安宗源)을 성산백(星山伯), 종친의 일원인 이성계(李成桂)의 이복동생 이화(李和)를 의안백(義安伯)으로 임명하면서, 정도전(鄭道傳)에게 봉화군(奉化君) 직위를 제수하였다.9) 비록 이화가 포함되어 있기는 하지만, 이때의 조처는 공신을 대우하는 훈작(勳爵)의 성격으로 해석된다. 공후백과 군 칭호는 계통이 다른 작위이지만, 봉화군 정도전이 1396년(태조 5) 봉화백(奉化伯)에 봉해지는 것10)으로 보아 건국 직후에는 백(伯)의 하위 등급으로 군(君) 작위가 활용되었던 것으로 생각된다.

종친에 대해서는 1392년(태조 1) 8월에 왕자와 사위를 봉군(封君)하는 방법을 택하였다. 이때 첫째 아들인 방우(芳雨)를 진안군(鎭安君), 이복형제인 방번(芳蕃)을 무안군(撫安君), 사위인 이제(李濟)를 흥안군(興安君)으로 임명한 것이 그것이다.11) 태조(太祖) 때는 공신에게는 공(公)·후(候)·백(伯)의 작위와 군(君) 칭호를 병행 부여하는 반면, 왕자를 중심으로 한 종친에게는 군·원윤(元尹)·정윤(正尹)의 직위를 구분하여 적용하였다. 1398년(태조 7) 왕자의 난 직후에 친왕자는 공, 종친은 후, 정1품 작위자는 백으로 봉하는 제도를 채택하였다. 당시 기사에는, 태조의 아들인 방의(芳毅)는 익안공(益安公)으로 나타나며, 손자인 복근(福根)은 봉녕후(奉寧侯)로 기재되어 있다.12) 종친에게 잠시 사용된 공·후·백의 작호는 1401년(태종 1) 중국과 구분하기 위해 영구히 폐지되었다.13) 따라서 조선시대 종친의 관작은 왕자의 난 직후 일시적으로 공·후·백 작위가 사용된 적은 있으나 건국 초부터 군·원윤·정윤 계열의 작호를 사용한 것으로 이해할 수 있다.

종친만을 대상으로 하는 별도의 직위는 마련되지 않았지만, 이들을

---

9) 『태조실록』 권1, 태조 원년 7월 28일(정미)
10) 『태조실록』 권10, 태조 5년 7월 27일(임오)
11) 『태조실록』 권1, 태조 원년 8월 7일(병진)
12) 『태조실록』 권15, 태조 7년 9월 1일(계유)
13) 『태종실록』 권1, 태종 원년 정월 25일(을유)

대우하기 위한 노력은 지속적으로 진행되었다. 태조(太祖)는 자신의 아들과 사위를 군에 봉하였다.[14] 또 이러한 봉군자의 지위 계승에 적자와 서자의 구분도 없었다.[15] 이복근(李福根)은 태조의 첫째 아들 진안군(鎭安君)의 얼자(孼子)였다. 그는 처음에 원윤(元尹)의 작위에 봉해졌으나, 1395년(태조 4) 진안군의 장자로서 부친의 직위를 승습하여 진안군이 되었다가,[16] 봉녕군(奉寧君)에 봉해졌다. 둘째인 덕근(德根)은 태조의 묘비에 이름과 원윤의 지위가 기록되어 있는데,[17] 사망 시까지 원윤을 유지하고 있다.[18] 이들 사례에서 장자가 아버지의 지위를 계승하여 군(君)이 된 반면, 차자는 원윤의 지위를 유지한다는 사실을 알 수 있다. 또 하나 아버지 대에서 군이었지만, 다음 세대는 원윤의 지위에 봉해졌다는 사실이 주목된다.

이들이 서출(庶出)로 간주되었기 때문에 군(君)이 아닌 원윤(元尹)에 봉해졌을 가능성도 있지만, 이 가능성은 태조의 3남인 익안군(益安君)의 사례를 통해서 부정된다. 1404년(태종 4) 작성된 신의왕후의 비문에서 익안군은 찬성사 최인두(崔仁抖)의 딸과 혼인하여 석근(石根)을 낳았는데, 그의 직위는 원윤이다.[19] 정상적인 혼인을 통해 출생한 태조

---

14) 『태조실록』 권1, 태조 원년 8월 7일(병진)

15) 태조가 아들을 봉군한 위의 기록에 방번(芳蕃)을 서자로서 무안군(撫安君)에 봉해진 것으로 기록하고 있다. 방번이 서자인가에 대해서는 논란의 여지가 있지만, 이 기사를 서자에 대해서도 봉군(封君)한다는 당시의 정서를 반영한 것으로 이해하였다. 첩자에 대해서 동일한 작위를 부여하는 정황은 아래 서술하는 바와 같이 진안군의 얼자인 복근과 익안군의 적장자인 석근에게 동일하게 원윤이 초직으로 주어졌다는 점에서 분명하게 드러난다. 물론 이 경우도 복근은 지윤의 딸에게서 출생하였는데, 그의 출신이 진안군의 얼자인지는 논란의 여지가 있다.

16) 『태조실록』 권7, 태조 4년 2월 13일(정축)

17) 『태종실록』 권17, 태종 9년 윤4월 13일(을묘)

18) 『태종실록』 권23, 태종 12년 4월 25일(기묘)

(太祖)의 손자에게 원윤의 직위를 부여하고 있다. 그는 나중에 익평부원군(益平府院君)에 봉해졌다는 사실로 미루어 익안군의 적장자였음이 분명한데, 처음 받은 지위는 원윤이었다.[20] 즉 아버지 대에서 군이었지만, 다음 대에서는 원윤에 임명된다는 점이 확인되는 것이다.

이석근(李石根)의 사례에서는 또 다른 사실이 관심을 끈다. 1401년 (태종 1) 태종(太宗)은 공(公)·후(候)·백(伯)의 작위를 포기하면서, 봉군(封君)하는 작위제를 채택하였는데, 종친의 작위는 부원대군(府院大君)과 군(君)으로 구분되었다.[21] 익안공(益安公) 방의(芳毅)는 이때의 개정으로 부원대군이 되었고, 1404년(태종 4) 사망하였다. 아들인 원윤(元尹) 이석근은 아버지의 사망 이후인 1406년(태종 6) 익평군(益平君)에 봉해졌다.[22] 비록 부친의 직위를 승습하여 군(君)이 되기는 하였지만, 그 작위는 부친에 비해 한 단계 하향되어 부원대군이 아닌 군이었다.

정리하면, 건국 초기 국왕의 친척을 대상으로 한 작위제가 마련되었지만, 그 대상은 동성의 친족만을 대상으로 한 것은 아니었고, 사위를 비롯하여 가깝다고 인식된 사람들에게 포괄적으로 적용되었다. 또한 이렇게 부여된 직위는 적자만이 아니라 서출을 통해서도 계승될 수 있었고, 아버지의 직위를 승계하지 못한 아들은 원윤(元尹)이라는 별도의 직위를 부여받았다. 직위의 계승은 출생과 동시에 이루어지는 것은 아니고, 장자와 차자 이하가 모두 원윤의 직위를 받았다가, 계승자인 장

---

19) 『태종실록』 권7, 태종 4년 2월 18일(기축)

20) 『태종실록』 권8, 태종 4년 9월 26일(갑자)

21) 『태종실록』 권1, 태종 원년 정월 25일(을유)

22) 『태종실록』 권12, 태종 6년 8월 11일(정유). 익안군 방의가 태종 4년에 사망하였고, 의안군의 졸기에 아들 석근의 작위가 익평부원군(益平府院君)으로 기재되어 있지만, 이는 태종 4년의 사실을 반영한 것은 아니다. 이석근은 태종 17년에 부원군에 봉해졌다(『태종실록』 권34, 태종 17년 9월 12일(갑자)).

자는 나중에 봉군되는 방식이 적용되었다.

건국 무렵 동성의 친족 중 일정 범위에 특수한 지위를 부여하는데, 봉군(封君)하는 대상과 원윤(元尹)을 부여하는 대상으로 구분하였다. 또한 세대와 친소가 지위 부여의 범주를 구분하는 기준이 되도록 하였다. 봉군의 대상과 원윤으로 직위를 한정하는 방식으로 종친의 지위는 구분하여 책봉되었고, 아버지의 지위를 승계하는 세대는 지위를 하향화하는 원칙도 적용되었다. 그러나 성씨가 다른 사위 등에 대해서도 봉군하였고, 국왕의 방계 친족이 봉군의 대상으로 포함되었다. 이들 범주의 사람과 동성 친족에 대해서 동일한 지위를 부여하는 방식에 대해서는 곧바로 문제로 지적되었고, 전면적으로 수정되는 과정을 겪게 된다. 이점에 대해서 이어서 검토하고자 한다.

한 가지 덧붙이자면, 인용문은 후대에 이상적인 정비의 방향이라 인식하여 『고려사(高麗史)』의 편찬자에 의해 채택된 내용이다. 인용문에서는 종성(宗姓)의 제한된 범위에 군(君)의 지위를 부여하고, 지위의 계승이 적장자 중심으로 진행되어야 한다고 강조하고 있다. 이점은 종친 직위를 제도화하는데 가장 기본적인 전제가 되었다. 국왕 친족의 지위를 결정하게 될 법제의 구체적인 사항은 차후 국왕의 손을 거쳐서 단계적으로 진행되었다.

3. 태조계(太祖系) 종성(宗姓) 중심의 종친직 재편

건국 초기의 종친 지위는 일종의 관작(官爵)이라고 할 수 있다. 연대기 기록에서 종친에게 부여되는 직위를 작(爵)으로 표현하여 일반 관직과 구분하고 있다. 이들 직위는 칭호가 변경되지 않고, 그 자체로 출생의 신분이나 등급을 표시하고 있었다. 그러나 건국 초창기여서 아직 다양한 친족의 세대나 유형이 출현하기 이전이고, 또 관련 자료가 부족하여 세부적인 사항을 추적하는 데는 난점이 있다.

태종(太宗)은 종친 관작에 대해 전체적인 정비를 시도하였다. 향후 종실의 후손들에 대한 지위를 어떻게 인정할 것인가 하는 문제를 본격적으로 고려하기 시작하였다. 1401년(태종 1) 공(公)·후(候)·백(伯)의 작호를 폐지하면서, 작위의 대상을 봉군(封君)하는 범위와 원윤(元尹)·정윤(正尹)을 수여하는 범위로 이원화하였다. 원윤·정윤이 각각 2품의 작위[23]였던 것으로 보아 대군(大君)은 정1품, 제군(諸君)은 종1품이었다.

1) 1412년 1차 개정

1412년(태종 12) 봉군제(封君制)에 대한 정비작업이 본격적으로 시도되었다.[24] 1411년(태종 11) 말 태종은 태조의 후손이 아니면서 봉군(封君)된 것은 문제가 있다는 의견을 밝혔다.[25] 이를 시작으로 친인척의 관작제 전반을 재검토하였다. 이때의 개정은 우선 태조의 직계 후손과 여타의 친인척을 구분하여 작위를 부여하는 문제에 초점이 있었고, 이와 병행하여 적자와 첩 소생의 지위를 작위를 통해 표시하고자 하였다. 1412년(태종 12) 4월 구체적인 규정을 마련하였고,[26] 5월에 기존에

---

23) 『태종실록』 권22, 태종 11년 7월 14일(계유)
24) 태종대 종친직제의 정비는 태조의 방계 친족을 배제하는데 일차적인 의도가 있었다고 밝혀져 있다(신명호, 학위논문, 30-35쪽). 종친직제의 정비와 운영에 초점을 맞춘 이 글에서는 종친직제의 정비의 정치적 의도에 대한 부분은 제한적으로 서술하였다.
25) 『태종실록』 권22, 태종 11년 12월 11일(정유)
26) 『태종실록』 권23, 태종 12년 4월 25일(기묘)

봉작되었던 사람 중에 태조의 직계 후손이 아닌 사람과 외척에 대해서
일제히 다른 관직으로 임명하는 인사 조처를 단행하였다.[27] 이러한 조
처를 통해서 태조 직계의 종성 친족에 대해서는 제군(諸君)·원윤(元尹)·
정윤(正尹)으로 일원화된 별도의 관작이 주어지게 되었다. 다음이 이때
규정된 사항이다.

> 가-① 태조의 자손 중, 즉위한 군주의 嫡妃 소생 아들은 大君을 봉하
>   고, 嬪 소생은 君을 봉한다.
> 가-② 친형제는 大君을 봉하고 친형제의 嫡室 長子는 君, 衆子는 元尹
>   을 봉한다.
> 가-③ 즉위한 군주의 宮人 소생은 正尹이며, 친형제와 친자의 良妾 아
>   들도 正尹이다.
> 가-④ 長幼를 구분하기 위해, 元尹은 종2품, 副元尹은 정3품, 正尹은
>   종3품, 副正尹은 정4품으로 한다.

이 규정은 중국 제도의 검토를 전제로 마련된 것이었다. 당시 검토에
의하면, 중국의 한(漢), 당(唐), 송(宋)은 모두 황제의 형제와 황제의 아
들을 왕으로 봉했으며, 고려의 경우도 국왕의 형제와 국왕의 아들에게
봉군(封君)하였다. 조선에서도 이러한 전례에 비추어 종친 관작을 부여
하기로 하면서, 인용문의 규정이 제안되었다.

1412년(태종 12)의 규정에서는 국왕의 친형제에 대한 직위가, 국왕
의 직계에 대한 규정보다 구체적으로 제시되고 있다. 다음 <그림 2>
는 친형제의 직위를 정리한 것이다.

---

27) 『태종실록』 권23, 태종 12년 5월 3일(병술)

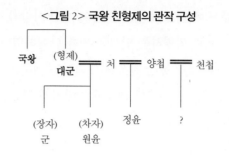

<그림 2> 국왕 친형제의 관작 구성

가-②에서 국왕의 친형제는 대군(大君)을 봉하기로 하였다. 또한 적처 소생의 장자는 군(君)을 봉하고, 차자 이하에 대해서는 원윤(元尹)을 봉한다고 하였다. 가-③에서는 양첩 소생의 아들에 대해서는 정윤(正尹)을 부여한다 하였다. 아마도 국왕의 천첩 아들과 동등한 직위를 부여함으로써, 국왕과 차등을 둔 것이다. 즉 양첩 소생이지만, 국왕의 천첩 소생과 동일한 지위를 수여한다는 의미이다. 다만, 친형제의 천첩 소생의 직위는 명확하게 언급하지 않았다. 부정윤(副正尹)이 이에 해당하는 것처럼 보이지만, 가-④에서 정윤(正尹)과 부정윤은 장유(長幼)를 구분하기 위해 마련된 것이다. 즉 규정에 의하면, 연령에 따라 부정윤이 되고 정윤이 되는 것처럼 생각된다. 이럴 경우 시간이 지나면, 직위가 변할 수 있는 여지를 마련한 것이지만, 처음 직위가 주어진 후, 승급이 이루어지는 시점은 언급되지 않았다. 천첩 소생에게 직위가 주어진 것인지에 대해서는 이때의 규정으로는 명확하지 않다. 다만, 가-④의 규정을 문자 그대로 수용하면, 부원윤 혹은 부정윤을 초직으로 받았다가 일정한 연령이 되면, 원윤 또는 정윤으로 승급하는 것이 되는데, 실제의 사례에서는 이런 경우가 단 한 사례도 확인되지 않는다.

국왕의 직계에 대한 직위 부여가 더 중요한 의미를 가질 것인데, 이에 대해서는 상당 부분이 모호한 상태이다. 인용문에 제시된 규정 중, 국왕의 직계 후손 관련 사항을 고려하여 정리하면 다음 <그림 3>과 같다.

<그림 3> 1412년(태종 12) 종친 관작 수여 대상

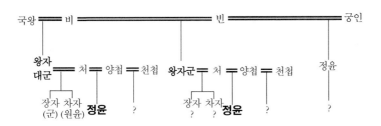

가-①과 가-③규정에 의하면, 왕비에게서 출생한 아들은 모두 대군(大君), 빈(嬪)의 경우는 군(君), 궁인(宮人)의 경우는 정윤(正尹)을 봉하였다. 궁인은 국왕의 천첩(賤妾)이었다. 이때 규정이 적용되던 1414년(태종 14)에 이비(李裶)에게 정윤의 작호를 부여하였는데, 이비의 친모는 중궁의 몸종이었다.[28] 따라서 1412년(태종 12) 규정의 궁인은 국왕의 비첩 신분을 지칭하는 표현임을 알 수 있다. 두 규정에 의하면, 적처와 후궁 아들의 관작을 달리 하면서, 다시 궁인 소생에 대해 등급을 낮추는 봉작을 하도록 하였다.

가-②규정에서 국왕의 친형제에게 대군(大君)을 봉작하였는데, 대군 아들의 경우 적장자는 군으로 임명하되, 나머지 아들은 원윤(元尹), 양첩자에게는 정윤(正尹)을 주도록 하였다. 가-②는 대군에 봉해진 국왕 친형제의 아들에 대한 봉작 규정이다. <그림 2>에서는 이 규정의 내

---

28) 『태종실록』 권27, 태종 14년 1월 13일(무자)

용을 대군의 직위를 받는 국왕의 적처 소생에게 그대로 적용하였다. 즉 가-② 규정에 따라, 국왕의 적손들의 지위를 정리하였다. 또한 가-③에서 첩 소생의 지위를 규정하면서, 국왕의 천첩 소생은 정윤을 수여하며, 국왕의 형제와 국왕의 친아들의 양첩 소생에게도 정윤을 수여한다고 하였다. 여기까지는 규정에서 분명하게 밝히고 있는 사항이다. 그러나 나머지 부분은 정확한 사항을 알 수 없다.

왕자대군(王子大君)의 경우는 형제대군(兄弟大君)과 동일한 지위인 것으로 판단되므로 그에 준하여 추정할 수 있지만, 왕자군(王子君)의 경우는 장자와 차자 이하의 아들에게 어떤 지위를 부여하는지 명확하지 않다. 또 궁인 소생의 왕자 정윤의 경우는 그 소생이 어떠한 지위를 얻는 것인지 전혀 언급하고 있지 않다. 이들은 직위 부여 대상에서 배제되는지도 분명하지 않다.

가-④에서 원윤(元尹)이 종2품이므로, 군에 해당하는 등급은 정1품에서 정2품까지가 된다. 대군(大君)이 정1품, 왕자군(王子君)은 종1품일 것이므로, 이들의 장자에게 주어질 군(君)의 등급은 정2품만 남게 된다. 따라서 왕자대군(王子大君) 및 왕자군의 장자에게는 정2품의 군이 주어질 것으로 생각된다. 즉 봉군의 대상은 국왕의 형제 및 국왕의 아들인데, 이들의 경우도 대군과 군으로 구분되었다. 봉군의 대상자는 장자에 의해 그 지위가 계승되지만, 정2품으로 등급이 하향된 군에 봉해지는 것이다. 이에 해당되지 않는 남은 사람에 대해서는 그 출생에 따라 원윤(元尹)과 정윤(正尹)이 수여되었다. 그럼에도 출생의 조건이 규정상 명확히 언급되지 않은 인물에 대해서는 어떠한 규정이 적용되었는지 확인되지 않는다. 1412년(태종 12) 규정은 태조의 직계 자손만 제군(諸君)·원윤·정윤 계열의 직위를 부여한다는 원칙을 엄격하게 제시한 것이기는 하지만, 세부적인 사항에 대해서는 명확한 규정이 확인되지 않는다.

태조(太祖)가 사망한 시점인 1409년(태종 9)에 작성된 건원릉(健元陵) 비문에서는 태조 계열 후손에 대해서 언급하고 있다.[29] 둘째는 정종(定宗)이고, 넷째는 태종(太宗)인데, 이들은 국왕이므로 봉작 대상은 아니다. 비문에 따르면, 첫째 아들 이방우(李芳雨)는 진안군(鎭安君)이었고, 그의 장자는 봉녕군(奉寧君) 복근(福根), 차자는 원윤(元尹) 덕근(德根)이다. 셋째 익안대군(益安大君)의 지위는 익평군(益平君) 석근(石根)에게 계승되었고, 석근에게는 일곱 명의 아들이 있었다. 이들 일곱에게는 아직 종친 관작이 없었다. 넷째 회안대군(懷安大君)은 태종과 정치적으로 경합한 경우이므로, 이 계열의 지위는 정치적인 영향을 받고 있다. 검토의 대상에서 제외한다. 막내는 이방연(李芳衍)인데, 과거에 급제했으나 일찍 사망하였고, 원윤에 추증되었다. 1409년(태종 9) 시점에서 태조 직계로 한정할 경우 관작의 대상은 그렇게 많은 인원도 아니었고, 아직 태조의 증손자 세대의 봉작이 본격적으로 전개된 상황도 아니었다. 즉 첫째 진안군의 손자들의 관작은 차후에 수여되고, 셋째 익안대군은 이미 사망한 상태였지만, 그의 손자들은 관작에 봉해지지도 않았다.

1404년(태종 4) 사망한 태조(太祖)의 셋째 아들 이방의(李芳毅)는 익안대군(益安大君)의 지위로 사망하였다.[30] 그런데 익안대군은 개국공신(開國功臣)이며, 정사공신(定社功臣)이었기 때문에 대군(大君)이 되었다고 언급되고 있다. 즉 이방의의 지위는 단순한 종친의 것으로 간주하기 어려운 측면이 있다. 그의 아들 이석근(李石根)도 이점이 반영되

---

29) 『태종실록』 권17, 태종 9년 윤4월 13일(을묘)
30) 『태종실록』 권8, 태종 4년 9월 26일(갑자)

어 특별한 대우를 받고 있다. 국왕의 아들 또는 국왕의 친형제에게 대군을 봉하는 것은 1412년(태종 12) 개정 사안인데, 이 이전에 여러 사유로 이미 대군의 지위를 부여받은 인물이 있었고, 이를 감안하여 국왕의 적실 아들의 지위를 대군으로 일괄 상향하는 제도화가 추진되었을 것으로 추정된다.

1412년(태종 12) 태조(太祖)의 첫째 아들 진안군(鎭安郡)의 차자 덕근(德根)은 원윤(元尹)의 지위로 사망한다. 그의 사망은 종친 관작 규정을 정비하는 계기가 되었다. 장례의 등급을 조정하는 문제가 발생하였고, 이와 더불어 등급 판정의 전제가 되는 신분 지위를 검토하기로 하였다. 1412년(태종 12) 개정안은 그의 사망을 계기로 종실을 대우하는 법제를 검토하면서 도출된 것이다.[31]

1412년(태종 12) 종친 관작제의 정비에 따라 효령군(孝寧君)과 충녕군(忠寧君)은 효령대군(孝寧大君)과 충녕대군(忠寧大君)으로 봉작되었고, 이와 함께 상왕(정종)의 궁인 소생인 원생(元生)과 군생(群生)에게 부정윤의 관작이 주어졌다.[32] 정종(定宗)은 국왕을 역임한 경우이므로, 이 두 사람은 국왕의 궁인 소생에 해당하는데, 부정윤(副正尹)의 직위가 부여되었다. 장유(長幼)의 구분에 따라 정윤(正尹)과 부정윤을 구분하기로 하였는데, 이 규정이 적용된 것인지도 분명하지 않다. 기록에는 이들이 상왕의 궁인 소생이라고만 언급하고 있을 뿐이다. 1412년(태종 12) 4월 기사를 근거로 이때 개정된 종친 직제의 구성과 각 등급별 수여 대상을 정리하면 <표1>과 같다.

---

31) 『태종실록』 권23, 태종 12년 4월 25일(기묘)
32) 『태종실록』 권23, 태종 12년 5월 3일(병술)

<표 1> 1412년 종친 관위(官位) 구성과 대상

품등	관작	수직대상		
		국왕	국왕형제	국왕친자
정1	大君	[妃]적자		
종1	君	[嬪]서자		
정2	君		적장자	(적장자)?
종2	元尹		적중자	(적중자)?
정3	副元尹			
종3	正尹	[宮人]서자	양첩자	양첩자
정4	副正尹			

    1412년(태종 12) 규정에서 국왕 친자의 적자, 즉 국왕의 적실 손자에 대해서는 어떤 지위를 부여하는지 명시하고 있지 않다. 기록의 누락인지, 당시로서는 자명하기 때문에 기재하지 않은 것인지 알 수 없다. 다만, 국왕 친자라고 기술할 때, 후궁(빈) 소생의 경우는 이에 해당되는 것으로 추정되지만, 궁인 소생의 경우는 이에 포함시키지 않는 것으로 판단된다. 궁인 소생의 지위를 정윤으로 규정하고 있는데, 이는 국왕 아들의 양첩 출생자에 부여하는 지위이다. 이렇게 되면, 국왕의 손자와 국왕의 아들 직위가 같게 된다. 따라서 궁인 소생은 친자라고 기술할 때, 이에 포함되지 않는 것으로 이해된다.

    추정해 보자면, 국왕의 친자는 적자와 서자에 따라 직위를 대군(大君)(정1품)과 군(君)(종1품)으로 구분한다. 그 다음 세대에 군의 직위를 부여하는 경우, 국왕의 아들로 군이 되는 경우보다는 등급을 낮추어야 하므로, 다음 세대는 정2품 이하의 품등으로 보아야 한다. 가-③에서 국왕 형제의 양첩 소생 아들과 국왕 친자의 양첩 소생 아들은 모두 정윤(正尹)으로 종3품을 부여하도록 규정하였다. 국왕을 기준으로 보면, 국왕 형제의 소생은 3촌 조카이고, 국왕 친자의 아들은 손자이다. 상식적으로는 손자의 직위가 높아야 할 것처럼 보이지만, 두 경우에서 양첩 소생에게 동일한 직위가 부여되고 있다. 양첩 소생에게 모두 정윤의 직위를 부여하기 때문에, 국왕 친자의 적장자와 나머지 적자는 국왕 형제의 아들에게 부여되는 것과 동일한 직위가 부여되었을 것으로 이해된다. <표 1>에 정리한 국왕 친자의 아들 세대에 대한 지위는 이러한 추정을 거쳐서 특정한 것이다.

정리하면, 1412년(태종 12) 규정은 태조(太祖)의 직계 후손과 방계 후손을 구분하고, 다른 성씨에 대해서는 관작의 종류를 달리하는 내용을 담고 있다. 봉군(封君)의 대상을 국왕의 2세대까지로 한정하되, 국왕의 친자와 국왕의 형제, 그리고 이들의 적장자까지만 군(君)의 지위를 받도록 하였다. 나머지 2세대까지의 자손은 원윤(元尹) 이하의 직위를 부여하였다. 아울러 세대를 내려가면서, 또 적자와 서자인지에 따라서 다른 지위가 부여되는 원칙을 적용하였다. 부여되는 지위에는 정1품에서 정4품까지 등급이 정해졌는데, 이러한 조처를 통해서 종친의 직위 명칭은 곧바로 해당 인물의 출생 신분과 서열을 나타낼 수 있도록 법제가 정비되었다. 그러나 이때의 규정은 2년을 채우지 못하고 미비점에 대한 보완이 시도되었다.

2) 1414년 2차 개정

1414년(태종 14) 의정부의 건의를 받아 새로운 종친 관작제가 개정된다. 당시 문제를 제기한 정부(政府)는 본종과 지파가 구분되었다는 중국의 사례를 전제로 기존의 법제가 적서(嫡庶)의 분정에서 미흡한 부분이 있었다고 지적하였다. 이러한 문제 제기를 전제로 개선안을 제시하였고, 국왕의 승인을 받았다.[33] 당시 마련된 종친 관작 규정은 다음과 같다.

나-① 즉위한 군주의 嫡妃 소생 諸子는 大君, 嬪子는 君, 宮人자는 元尹
    을 봉한다.
나-② 親子와 親兄弟의 嫡室 諸子는 君을 봉한다.
나-③ 친자와 친형제의 良妾長子는 元尹, 衆子는 副元尹, 賤妾長子는
    正尹, 衆子는 副正尹을 봉한다.
나-④ 원윤 이상은 그대로 한다. 正尹은 정4품, 副正尹은 종4품이다.
나-⑤ 良妾女孫에게도 4품직을 허락한다.[34]

　1412년(태종 12) 규정과 달라진 점에 주목해서 살펴본다. 먼저 나-①
규정에서 국왕의 궁인 소생 아들의 작위를 종3품 정윤(正尹)에서 정2품
원윤(元尹)으로 상향 조정하였다. 나-②에서 왕비 소생 아들의 아들, 즉
적실의 손자와 국왕 형제의 적실 아들은 장자와 나머지 아들을 구분하
지 않고 군(君)을 봉하는 것으로 하였다. 국왕 2세대 적실 손자와 조카
에 대한 지위를 장자와 중자(衆子) 구분 없이 동일하게 통일하였다. 반
면 나-③에서 양첩자와 천첩자의 경우는 장자와 나머지 아들의 지위를
구분하였다. 이전까지 천첩자 관련 규정은 명확하지 않았는데, 이 규정
에서 분명하게 언급하고 있다. 나-④에서 전체 품등도 조정하였는데,
종4품까지 한 등급 하향하여 이전에 정4품까지였던 종친 관작의 품등
범위를 확대하는 조치를 하였다. 국왕의 직계에 적용되는 종친 관작의
정비 내용을 정리하면 다음 <그림 4>와 같다.

---

33)『태종실록』권27, 태종 14년 1월 16일(신묘)
34) 양첩여손(良妾女孫)의 정확한 의미에 대해서는 검토하지 못했다. 1414년(태종 14)
　　의 본 규정과 1417(태종 17)의 친형제의 천첩녀손(賤妾女孫)에 대한 규정(다-②)은
　　이성자손(異姓子孫)에 대한 것이므로 이 글의 직접 검토대상은 아니다. 그렇더라도
　　이들이 적처의 여손(女孫)에 대한 규정이 없는 상태에서 특별히 언급된 이유에 대
　　해서 필자로서는 정확한 의미를 추구할 수 없었다.

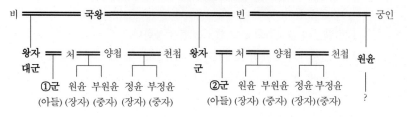

<그림 4> 1414년 국왕 직계 관작 구성

1414년(태종 14) 규정 개정의 핵심 문제제기는 적서(嫡庶)의 구분이었다. 적서는 이중적 의미를 갖는다. 장자와 나머지 아들이란 의미도 있고, 적자와 첩자라는 의미도 있다. 의정부의 문제 제기에서 제시된 사안은 중국의 경우 본종과 지파를 구분한다는 것이었다. 이럴 경우 적서는 적자와 첩자가 아니라 맏아들과 나머지 아들을 구분하는 문제가 된다. 그런데 1414년(태종 14) 개정된 규정에서의 적서는 장자와 차자의 구분인지, 혹은 적자와 첩자의 구분인지, 어느 쪽으로 단정하기 모호하다. 1412년(태종 12) 규정에서도 적실과 첩실 아들은 직위를 구분하고 있었다. 또 장자와 차자 사이에 차등화가 적용되고 있었다. 다만, 일관성에서 문제가 있었던 것인데, 이점은 1414년(태종 14) 개정 사항도 역시 마찬가지였다.

국왕의 경우 아들의 지위를 부여하는데, 출생 계통별로 보면, 장자와 나머지 아들을 구분하고 있지 않다. 적실인 왕비 소생의 경우는 대군에 봉하고, 빈에게서 출생한 경우는 모두 봉군한다. 궁인 소생은 모두 원윤(元尹)의 지위를 주도록 하고 있다. 출생 신분은 구분하고 있지만, 그 내부에서는 첫째와 둘째 이하를 구분하고 있지 않다. 즉, 맏이와 나머지 아들의 지위를 차등화하고 있지 않다. 반면에 국왕의 아들이 낳은 자식에 대해서는 적실 소생과 첩 소생의 직위를 달리할 뿐만 아니라,

여기에 더하여 첩 소생의 경우는 장자와 나머지 아들의 직위를 구분하고 있다. <그림 4>에서 왕자대군(王子大君)과 왕자군(王子君)의 적실 아들은 모두 군에 봉해진다. 반면에 이들의 첩 소생은 군이 아니라 원윤이나 정윤에 봉해지는데, 이에 더하여 장자인지 차자 이하인지에 따라서 다시 차등을 두고 있다.

1412년(태종 12) 규정과 비교하자면, 봉군(封君) 대상자의 아들은 적실 소생의 경우 장자와 차자 이하를 구분하던 원칙이 폐지되었다. 즉 왕자대군(王子大君)의 아들①과 왕자군(王子君)의 아들②은 이전 규정에서는 적실의 장자만 아버지의 관작을 계승하여 군이 되었고, 적실의 나머지 아들은 원윤의 지위를 받았다. 그러나 이번 개정으로 장자와 차자의 구분 없이 모두 봉군하는 것으로 개정되었다. 장자와 차자를 의미하는 적서의 구분이 오히려 약화되었다. 요약하면, 종전에는 적실 아들의 경우는 장차와 차자를 차등화하고, 첩 소생의 경우는 장차와 차자의 구분이 없었다. 이번 개정에서는 반대로 적실 아들의 경우는 장차와 차자의 구분을 없애고, 반면에 첩 소생의 경우는 양첩과 천첩 소생을 구분하면서 장자와 차자 사이의 차등화를 두도록 하였다. 이러한 결정이 왜 적서(嫡庶)의 구분을 강화하는 결과로 정리된 것인지 이해가 쉽지 않다.

1414년(태종 14) 개정 규정에서 각 종친직의 구체적인 품등을 알 수는 없다. 나-④에서 원윤(元尹) 이상은 종전대로 유지되는 것으로 하였고, 정윤 계열이 4품으로 하향 조정되었다. 원윤 이상에 부원윤(副元尹)이 포함되는지 분명하지 않지만, 달리 언급이 없으므로, 1412년 규정이 유지된 것으로 이해하고, 이때의 조정 내용을 정리하면 다음 <표 2>와 같다.

<표 2> 태종 14년 종친 관위(官位) 구성과 수직 대상

품등	관작	관작대상		
		국왕	국왕형제	국왕친자
정1	大君	[妃]嫡子		
종1	君	[嬪]庶子		
정2	君		적자	적자
종2	元尹	[宮人]庶子	양첩長子	양첩長子
정3	副元尹		양첩衆子	양첩衆子
종3				
정4	正尹		천첩長子	천첩長子
종4	副正尹		천첩衆子	천첩衆子

<표 2>에 정리된 바와 같이 이때의 규정은 천첩 소생의 아들에 대해서는 한 단계 더 등급을 낮추는 방식을 채택하였다. 국왕의 친자 중에서 천첩[궁인] 소생은 군이 아니라 원윤(元尹)의 지위를 부여하는 것이나, 직위 부여 대상자 중 천첩 소생은 일괄해서 정윤(正尹) 계열의 지위를 부여한 것이 그러한 내용이다. 나-④에 규정한 것처럼 정윤 계열은 4품으로 강급하였다. 그러면서 나-⑤에서 원윤 이상에는 변동이 없다고 명시하였다. 그럴 경우 부원윤이 어디에 위치하는지 알 수 없게 된다. 부원윤(副元尹)이 1412년 규정과 동일한 지위를 유지하든, 한 단계 강등된 지위를 갖든지에 상관없이 3품에서 한 단위는 빈자리가 존재하게 된다. 요점을 지적하면, 국왕의 아들의 경우 왕비나 빈(嬪) 소생의 경우는 한 등급 차등을 두면서 봉군(封君)하였지만, 궁인 소생의 경우는 원윤(元尹)에 임명하면서, 등급 상에서 두 등급의 차등을 두었다. 이런 방식으로 국왕의 아들의 아들, 즉 국왕의 2세대 손자의 경우 부인과 양첩에게서 출생한 경우에 한 등급의 차등을 두면서 직위를 부여하는데, 천첩의 경우는 양첩 소생보다 두 단계 차등을 두도록 하였다.

이 당시에 종친의 관작은 정규적인 승급이나 단계적 승급이 존재한 것으로 보이진 않는다. 관원의 지위는 정1품에서 종9품까지의 품등이

있고, 각 품등에 해당하는 관계(官階)가 정해져 있었고, 또 각 등급에 따른 관직이 제도화되어 있었다. 정3품 상위 등급에 통정대부(通政大夫)가 해당되는 관계이고, 이에 준하는 관직으로 육조(六曹)의 참의(參議)가 있었다. 그러나 종친의 관작에는 품등에 해당하는 정1품, 종2품 등의 등급이 부여되어 있지만, 관계(官階)에 해당하는 지위 표시 방식이 사용되지 않았다. 이들에게 주어지는 군(君), 원윤(元尹), 정윤(正尹) 등의 직위는 고착되어 해당 인물의 출신과 지위를 표시하는 역할을 하였다. 1414년(태종 14) 규정에서는 천첩 소생을 특별히 하향하여 범주화하는 의도를 가진 것으로 이해할 수밖에 없다. 이것이 정치적 고려에 의한 것인지, 아니면 신분 법제상 명확하게 차등화가 드러난 천인 소생에 대한 관습상의 차등화를 반영한 것인지에 대해서는 구체적인 자료가 드러나지 않는다.

　이때의 개정 중 이해가 쉽지 않은 부분은 첩 소생의 직위 대상자를 장자와 중자로 구분하였는데, 국왕 형제와 국왕 친자의 적자들에는 이러한 구분이 적용되지 않는다는 점이다. 물론 국왕의 아들도 출생 신분에 따라 직위를 달리하지만, 같은 신분 내에서는 장자와 차자 이하의 구분을 두지 않았다. 그럼에도, 나머지 직위 대상자 중 국왕의 2세대 자손과 조카 세대의 경우, 양첩 소생과 천첩 소생은 각각 적자와 중자(衆子)의 관작을 따로 부여하고 있다. 나-②와 나-③은 장자와 차자 이하를 구분하는 대상이 이전 규정과 완전히 다른 원칙을 적용한다. 1414년의 개정 사항을 적용한 첫 인사는 같은 해 1월 28일에 있었다.[35] <그림 5>는 당시의 인사 상황을 정리한 것이다.[36]

---

35)『태종실록』권27, 태종 14년 1월 28일(계묘)
36) 이원생과 이군생, 이비와 이인은 생모가 다르다. 본 그림은 출생의 신분만을 표시

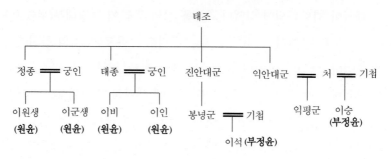

당시 인사로 태종(太宗)의 궁인 소생 아들인 이비(李裶)와 이인(李裀)이 원윤(元尹)이 되었고, 봉녕군의 기생 첩 소생인 이석(李碩)과 익안대군의 기첩 소생인 이승(李昇)에게 부정윤(副正尹)이 수여되었다. 이비와 이인은 종전 규정에 의해 1월 13일 정윤에 임명되었는데, 3일 뒤 규정이 개정되면서, 28일에 원윤이 되었다.

봉녕군(奉寧君)은 태조의 장자인 진안대군(鎭安大君)의 아들이므로 이석(李碩)은 태종(太宗)의 첫째 큰형의 손자였고, 이승(李昇)은 태종의 셋째 형인 익안대군(益安大君) 방의(芳毅)의 아들로 태종의 조카였다. 세대가 내려가면서 동일한 조건일 때, 직위가 하향되는 것이 원칙이었다. 그런데, 태조(太祖)로부터 2세대인 이승과 3세대인 이석이 같은 직위를 받고 있으므로 세대에 따른 하향 원칙이 준용되지 않았다. 현 규정에 의하면, 더 이상 하향할 직위 자체가 없었다.

더 문제는 국왕 형제의 손자에게 부여되는 직책이 규정상 명시되지 않았다는 점이다. 진안대군(鎭安大君)의 손자가 받는 직위가 당시 규정

한 것이다. 이원생과 군생의 경우는 이때의 인사는 아니고, 실록 기록상에서 본 규정이 개정된 이후 지니고 있는 직위를 확인한 것이다.

에 의하면 분명하지 않다. 즉, 봉녕군(奉寧君)의 기첩 소생인 이석(李碩)은 두 가지 조건, 국왕 형제의 천첩 소생이나 국왕 친자의 천첩 소생에 해당되지 않는다. 개정 규정 나-② 나-③에서 형제의 경우는 조카까지, 아들의 경우는 손자까지 직위 부여의 대상으로 명시하고 있다. 규정상 지위의 부여는 2세대까지만 언급하고 있다. 이석은 국왕 형제의 아들이 출생한 천첩 소생으로 3세대이다.

한편 상왕(정종)의 천첩 소생인 이원생(李元生)과 이군생(李群生)은 원윤(元尹)의 관작을 가지고 있는 것이 확인된다.[37] 이들은 1412년(태종 12) 규정에서는 국왕 형제의 아들로 처리되었는데, 이번 규정에 의해서 국왕의 천첩 소생 아들로서의 신분이 인정되었다.

1412년(태종 12) 종친 관작은 태조(太祖) 직계를 위한 개정이었기 때문에, 태조의 서형제(庶兄弟)의 후손과 외척으로 봉군(封君)되었던 사람에 대해서는 작위를 뺏으면서 삼군도총제(三軍都摠制), 총제(摠制) 등의 군직에 임명하였다. 1414년(태종 14) 개정을 거친 후 이들의 군직을 없애고, 돈녕부(敦寧府)를 새롭게 설치하여 돈녕부의 관직 체제를 마련하였다. 돈녕부의 설치 기록에는 그 대상자가 태조의 직계 후손이 아니어서 봉군(封君)될 수 없는 사람과 외손, 인척, 외척 등임을 밝히고 있다.[38] 이어진 임명 기사에는 총제 등의 군직을 가졌던 종친이 돈녕부 관직에 발령받고 있다.[39]

이때까지의 개정 내용을 정리하면, 종친에게만 예외적으로 적용되는 직위가 제도화되었고, 기존에 이러한 직위를 공유하였던 사람들을

---

37) 『태종실록』 권34, 태종 17년 7월 15일(무진)
38) 『태종실록』 권27, 태종 14년 1월 28일(계묘)
39) 『태종실록』 권27, 태종 14년 1월 28일(계묘)

실제로 다른 직위로 발령하는 조처가 병행되었다. 그래서 동일 성씨에 종친으로 국왕의 손자까지, 국왕 형제의 아들까지 직위의 세습이 장자 중심으로 진행되는 원칙을 명시화하였다. 그리고 세대가 내려가면서 직위를 하향하는 원칙을 실제로 적용하였다.

3) 1417년 3차 개정

1417년(태종 17) 종친 관작제는 다시 개정되었다. 종친의 봉작은 대상자와 그들이 받게 되는 직위, 해당 직위의 등급 등이 상호 유기적으로 연계되어 있는데, 이때의 개정이 이러한 사항을 종합적으로 알 수 있는 사실상의 최초의 작업이다. 그런데 정작 관작 개정 사실을 전하는 기사에는 그러한 내용이 자세히 언급되어 있지 않다. 이어지는 여인들의 관작인 명부(命婦) 관작의 개정 사항과 실제 인사 기록 내용을 통해서 이때의 개정 내용이 드러난다.

태종(太宗)은 기존의 관작제에 의해 자신의 궁인 소생 아들이 한품제(限品制)에 적용을 받고 있다는 사실에 문제를 느끼고 있었다. 태종은 자신에게 이미 세자가 있고, 세자에게도 아들이 있기 때문에 현실의 왕위의 계승에는 아무 어려움이 없다고 하면서, 만일 적처에게서 아들이 없는 상황에 직면할 경우 현재의 제도가 문제가 없는 것인지 의문을 제기하고 있다.[40] 즉, 중국의 역대 왕조에서 천첩 소생의 제위 계승자가 있다는 사실을 지적하면서, 조선의 경우도 그러한 상황을 설정해야 한다. 기존의 제도에 의하면 궁인 소생의 아들은 원윤(元尹)의 작위를 수여받고 있는데, 원윤의 지위가 어떤 성격인지 검토할 필요를 제기했던 것이다.

---

40) 『태종실록』 권34, 태종 17년 8월 12일(을미)

예조(禮曹)에서는 이 문제를 검토한 후, 즉위한 국왕의 아들은 친모의 신분에 상관없이 한품(限品) 규정의 적용을 받지 않으며, 국왕의 친자와 국왕 친형제의 적서 자손도 역시 한품(限品)의 대상에서 제외할 것을 건의하였다. 이와 별도로 친형제의 천첩 자손에 대해서는 기존과 동일하게 4품의 관작을 수여할 것을 제안하였다.[41] 다음은 당시 제안된 개정 원칙이다.

> 다-① 즉위한 군주의 빈(嬪)과 궁인(宮人) 아들의 봉작(封爵)과 친자 및 친형제 적서(嫡庶) 자손(子孫)은 그 품을 한정하지 않는다.
> 다-② 친형제의 천첩(賤妾) 자손(子孫)과 여손(女孫)은 정4품과 종4품을 준다.

인용문의 개정 내용은 모호하다. 이때 종친의 관작에 어떠한 변화가 있었는지 분명하지 않다. 한품(限品)의 의미도 정확하게 기술되어 있지 않다. 적서(嫡庶)라는 표현은 적자와 첩자의 의미가 아니다. 1414년(태종 14) 규정과의 일관성을 고려하면, 이는 장자와 나머지 아들[중자(衆子)]를 의미한다. 이점은 해당 조건에 있는 양첩과 천첩 소생의 아들의 실제로 받는 직위를 확인하면 드러나는데, 이에 대해서는 후술하였다.

다-①에서 국왕의 아들과 국왕의 형제의 아들에 대해서 장자와 중자를 동일하게 봉군(封君)하는 것은 이미 1414년(태종 14)에 시행된 사항이다. 그러므로 1417년(태종 17) 개정된 부분은 빈과 궁인의 소생에게 한품(限品)을 적용하지 않는다는 내용이다. 이 경우에도 빈의 소생과 궁인의 소생에게 같은 등급의 관작을 부여하는지는 확실하지 않다. 이

---

[41] 『태종실록』 권34, 태종 17년 9월 2일(갑인)

를 살펴보기 위해서는 추가적인 사항을 검토해야 한다.

1417년(태종 17)에는 명부봉작제(命婦封爵制) 개정이 있었다.[42] 이 개정에서는 남편의 등급에 따라 부인의 작호를 부여하면서 칭호를 어떻게 할 것인지를 규정하였다. 해당 규정에서 종친의 작호가 세부적으로 나열되고 있다. 다음 <표 3>은 이를 근거로 1417년(태종 17)의 종친 직제를 정리한 것이다.

<표 3> 1417년(태종 17) 종친 관작제

품등	정1		종1	정2	종2	정3	종3	정4	종4
관계	大匡輔國崇祿	輔國崇祿	崇祿	正憲	嘉靖	通政	中直	奉正	朝散
관작	大君	府院君	君	君	君	元尹	正尹	副元尹	副正尹

<표 3>에 정리된 바와 같이, 관계의 경우 종친에게 적용되는 별도의 관계가 마련되지 않았다. 일반 문무 관원에게 사용되는 관계를 그대로 종친에게 적용하고 있다. 1417년(태종 17) 종친 관작 개정과 관련되어 주목되는 점은 '종2품 가정대부(嘉靖大夫) 군(君)'이다. 1414년(태종 14) 종2품은 원윤(元尹)에 해당하는 등급이었다. 그런데 이때 원윤은 정3품 통정대부(通政大夫)에 배정되었다. 국왕의 궁인 소생 아들은 이전에는 종2품의 원윤이었다. 1417년(태종 17) 개정으로 이들에게도 봉군(封君)하기로 하였는데, 아마도 이들의 봉군은 종2품 가정대부(嘉靖大夫) 군(君)이 되었던 것으로 판단된다. 즉 등급은 종전과 동일하게 하면서, 봉군하는 방식을 택한 것이다. 그러면서 종전에 이들에게 수여되었던 원윤은 한 등급 하향되었다. 즉, 궁인 소생의 아들은 원윤에서 군으로 칭호가 개정되었지만, 품등은 동일하게 유지되었다.

---

42) 『태종실록』 권34, 태종 17년 9월 12일(갑자)

실제로 1421년(세종 3) 익평대군(益平大君)의 천첩 소생인 이인(李仁)은 종2품 가정대부(嘉靖大夫) 신의군(愼宜君)에 봉해졌고,[43] 1425년(세종 7)에는 정2품 정헌대부(正憲大夫) 신의군(愼宜君)으로 품등이 승급된 바가 있다.[44] 반면에 양첩 소생으로 원윤에 있었던 종친은 이전에는 종2품이었지만, 별도의 승급 조처가 취해지지 않는다면, 1417년(태종 17)의 개정 작업으로 품등이 한 등급 하향되어 정3품이 되었을 것으로 추정된다. 이때의 개정으로 양첩 소생이라는 조건에 의해 관작을 부여받는 경우 1414년(태종 14)에 비해 한 등급 자동 하향되게 되었다.

<표 3>에서는 원윤 이하의 작위의 서열 관계가 조정되었다. 다-②에서 국왕 형제의 천첩 자손에게 4품을 제수하는 것으로 규정하고 있으므로, 부원윤과 부정윤은 천첩 자손에게 부여되는 직책임을 알 수 있다. 따라서 원윤과 정윤에 대비하여 부원윤과 부정윤이 천첩 자손에게 적용되는 관작으로 기능하게 되었다. 관작의 명칭에 의해서 출생의 신분이 정확하게 표시되도록 의도된 것으로 생각된다.

1417년(태종 17) 개정된 종친 관작제에서 크게 주목되는 사항은 관계가 적용되었다는 사실이다. 종친의 등급을 표현하기 위해 일반 관원에게 적용되었던 관품을 적용하였다. 물론 일반 관원에 적용되는 것과 동일한 방식을 채택하지는 않았다. 일반 관원의 경우는 한 품등에 두 종류의 관계를 사용하였는데, 종친의 경우는 이중에 상위의 관계가 적용되고 있다. 어떻든 관계를 사용하여 직위를 표시한다는 것은 그만큼 서열 관계를 나타내는데, 보다 정교한 방식을 채택해야 할 필요가 있었음을

---

43) 『세종실록』 권14, 세종 3년 12월 13일(임인)
44) 『세종실록』 권27, 세종 7년 1월 26일(정유)

1장 종친직제의 정비와 운영   55

의미한다. 즉 종친의 수가 증가하고, 이들의 서열 관계를 표시하는데, 단순히 품등과 직위만으로는 충분히 수용되지 않는 난점이 발생하였던 것으로 보인다. 1417년 관작제 개정 결정이 있었고, 이 규정에 따라 인사가 단행되었다. <표 4>은 이때 이루어진 인사를 정리한 것이다.[45]

<표 4> 1417년 종친 인사

품등	관품	직위	이름(직위)
정1	대광보국	대군	효녕·충녕·성녕(대군)
	보국	부원군	복근(봉녕부원군)
종1	숭록	군	석근(부원군)
정2	정헌	군	이비(경녕군), 이인(공녕군)
종2	가정	군	원생(의평군), 군생(순평군)
정3	통정	원윤	
종3	중직	정윤	
정4	봉정	부원윤	
종4	조산	부정윤	이석·이승·이기(부정윤)

효령대군(孝寧大君) 등에게는 새로 대광보국(大匡輔國)의 관품이 수여되는 결정이 내려졌다. 이어서 서열에 따라 승작이 이루어지기도 하고, 새롭게 관작이 제수되기도 하였다. 태종의 궁인 소생 아들인 이비(李裶)와 이인(李䄄)은 정2품 정헌대부(正憲大夫)의 관품에 경녕군(敬寧君)과 공녕군(恭寧君)의 직위가 부여되었다. 정종(定宗)의 궁인 소생 아들인 원생(元生)과 군생(群生)은 이때 종2품 가정대부 의평군(義平君)과 순평군(順平君)이 되었다.

대군(大君)만이 아니라 이때 인사 명령이 내려진 모든 종실에게는 관계(官階)가 표시되었다. 이전까지는 나타나지 않았던 방식이다. 특히 효령대군(孝寧大君) 등은 관계의 부여 외에는 달리 인사가 다시 시행될

---

45) 『태종실록』 권34, 태종 17년 9월 12일(갑자)

이유가 없으므로 이때 처음으로 관계가 종실의 직위를 표시하는 방식으로 적용되었다고 판단된다. 이미 언급한 바와 같이 이들에게 적용된 관계는 해당 품등의 상위 관계이다. 즉 일반 관원에는 하나의 품등에 두 개의 관계가 사용되지만, 종실의 경우는 이중 상위 관계만 적용되었다. 동일한 군이라고 하더라도 관계를 사용함으로써, 정확히 그 서열 관계를 표시할 수 있었다.

<표 4>에서 부원군(府院君)은 국왕의 친자가 아니면서 정1품의 지위에 오른 종실에게 부여하는 작위로 1417년(태종 17)의 개정된 규정에 의해 최초로 부원군에 임명된 사람은 태조의 첫째 아들인 진안대군(鎭安大君)의 장자 복근(福根)이었다.[46]

예조(禮曹)에서 언급한 한품(限品)의 적용 대상이 아니라는 설명은 이들이 군(君) 지위를 부여하는 대상이며, 아마도 잠재적인 왕위 계승자임을 인정한 것으로 판단된다. 실제로 규정 개정 이후 단행된 첫 인사에서 태종(太宗)의 궁인 소생인 이비(李裶)와 이인(李裀)은 각각 경녕군(敬寧君)과 공녕군(恭寧君)에 봉해지면서, 이들에게 정2품의 품계가 주어졌다. 또한 상왕 정종(定宗)의 측실 자식인 원생(元生)과 군생(群生)도 종2품으로 각각 의평군(義平君)과 순평군(順平君)에 봉해졌다.[47]

이때의 개정에서 주목되는 또 하나의 사실은 원윤과 정윤을 3품으로 하고 부원윤(副元尹)과 부정윤(副正尹)을 4품으로 조정한 점이다. 1414년(태종 14) 개정에서 원윤(元尹) 계열은 양첩자를 위한 지위였고, 정윤(正尹) 계열은 천첩 아들에게 적용된 것으로 추정된다. 1417년(태종 17)

---

46) 『세종실록』 권1, 세종 즉위년 9월 7일(갑인)
47) 『태종실록』 권34, 태종 17년 9월 12일(갑자)

9월의 인사에서 이석(李碩)·이승(李昇)·이기(李頎)가 종4품의 조산대부(朝散大夫) 부정윤(副正尹)에 임명되었다. 이석과 이승은 각각 봉녕군(奉寧君) 복근(福根)과 익안대군(益安大君) 이방의(李芳毅)의 비첩 소생이었다.[48) 이기의 경우도 봉녕군의 졸기에 봉녕군의 천첩 자식으로 기재되어 있다.[49)

봉녕군(奉寧君)은 2등 정사공신(定社功臣)에 참여한 인물로 그의 봉군(封君)은 종친 신분만에 의한 것은 아니었다.[50) 봉녕군(奉寧君)의 천첩자인 이석(李碩)과 이기(李頎)는 태조(太祖)를 기준으로 할 때, 증손자에 해당한다. 반면 이승(李昇)은 태조의 손자였다. 이들에게 주어진 관직이 부정윤(副正尹)으로 동일하다는 점이 주목된다. 세대가 다르지만, 동일한 품등의 직위가 부여되고 있는데, 현재의 관작 체제로는 직위를 다르게 조정할 수가 없었다. 다-①에서 친자와 친형제의 적서 자손(子孫)으로 규정하고 있는데, 이것을 자(子)와 손(孫)을 의미하는 것으로 해석하면, 종친 관작의 수여 대상이 한 세대 확대된다. 이런 부분은 이전에는 명시되지 않았던 사항이다. 이제는 현 국왕인 태종(太宗)의 증손과 현 국왕의 방계로서 태종 형제의 손자, 태조의 증손 세대까지가 작위 대상으로 새롭게 편입된 것이다. 사실 이미 이들은 기존에 규정이 없었지만, 관작을 수여받고 있었다.

규정 다-①의 친자 및 친형제의 적자와 서자는 한품하지 않는다는 의미는 정확하지 않다. 문제는 봉군이 초직으로 주어지느냐 하는 것인데, 실제 확인되는 사례는 초직이 아니었다. 우선 적자의 경우를 확인하면,

---

48) 『태종실록』 권27, 태종 14년 1월 28일(계묘)
49) 『세종실록』 권14, 세종 3년 11월 3일(임술)
50) 같은 기록

양녕대군(讓寧大君)의 2자였던 이포(李誧)는 졸기에 의하면, 1431년(세종 13)에 통정대부(通政大夫) 원윤(元尹)을 초직으로 받고 있다.[51] 효령대군(孝寧大君)의 아들인 이친(李案)[52]과 4자인 이영(李䆡)[53]도 모두 통정대부 원윤이 초직이었음을 확인할 수 있다. 반면에 양녕대군의 장자는 1427년(세종 9) 순성군(順成君)에 봉해지는 것이 최초의 임명기사이다.[54] 순성군의 경우 이때의 제수가 초직인지 단정할 수 없지만, 1420년(세종 2) 원경왕후(元敬王后)의 묘지문에 양녕대군의 아들이 어리다고 밝혀 아직 관작이 없었다는 사실[55]을 고려할 때, 1427년(세종 9)에 군이 된 것은 초직으로 추정된다. 이럴 경우 대군의 장자는 초직으로 군이 되고, 나머지 적처에서 출생한 아들은 원윤을 거쳐 봉군되는 것으로 판단할 수 있다.

천첩자녀는 4품에 임명하기로 명시하고 있으므로 크게 문제되지 않는데, 양첩자의 경우는 어떠했는지 의문이다. 양첩자의 경우는 장자와 중자를 구분하여 적자에 비해 한 단계 아래 종친직에 임명하지 않았을까 하는 추정을 해본다. 즉 적중자가 원윤(元尹)으로 시작한다는 점을 고려하여 첩장자는 원윤, 첩중자는 정윤(正尹)으로 초직을 받았을 것으로 생각된다. 이와 관련된 정확한 자료는 확인되지 않는다. <표 5>는 1417년(태종 17) 정비된 각 품등별 종친직과 그 수여 대상을 추정한 것이다.

---

51) 『성종실록』 권43, 성종 5년 6월 21일(갑술)
52) 『성종실록』 권60, 성종 6년 10월 2일(무인)
53) 『성종실록』 권42, 성종 5년 5월 28일(임자)
54) 『세종실록』 권35, 세종 9년 1월 3일(임진)
55) 『세종실록』 권9, 세종 2년 8월 24일(경신)

<표 5> 1417년(태종 17) 종친 작위(官位)와 수직대상

품등	官階	관작	수직대상		
			국왕	국왕형제	국왕친자
정1	大匡輔國崇祿	大君	[妃]嫡子		
	輔國崇祿	府院君			
종1	崇祿	君	[嬪]庶子		
정2	正憲	君			
종2	嘉靖	君	[宮人]庶子	적長子, 적衆子	적長子, 적衆子
정3	通政	元尹		양첩長子	양첩長子
종3	中直	正尹		양첩衆子	양첩衆子
정4	奉正	副元尹		천첩長子	천첩長子
종4	朝散	副正尹		천첩衆子	천첩衆子

<표 5>에서 강조한 것처럼, 국왕의 아들은 생모의 신분에 상관없이 모두 봉군(封君)되는 것으로 개정되었다. 그러나 각각이 받는 작위로서 군의 품등은 차별이 있었다. 종2품의 군(君) 지위가 추가되었고, 종래 2품이었던 원윤(元尹)은 3품으로 등급이 하향되었다.

이때의 개정에서 국왕 형제의 적처 소생 아들과 국왕 친자의 적처 소생 아들은 장자인지, 차자 이하인지를 불문하고 동일한 등급으로 봉군되었다. 물론 이 규정은 이때 더해진 것은 아니고 1414년(태종 14) 개정 사항이 유지된 것이었다. 그런데, 실제의 종친 봉작 사례에서는 장자는 바로 봉군되었지만, 차자 이하의 경우는 원윤(元尹)을 거쳐서 추후에 봉군(封君)되는 것으로 이해하였다.

4) 종친직 개정의 원칙과 지향

태종대(太宗代)를 거치면서 2품까지로 한정되었던 종친의 관작이 4품까지로 범위가 넓어졌다. 또 종친 관작을 부여해야 할 경우의 수가 늘어나면서, 세대를 이어가며 작용해야 할 종친의 제도가 숙고될 수 있었다.

태종 때 이루어진 종친 지위의 개정 사항을 정리하면 <표 6>과 같다.

<표 6> 태종대 종친 관작 정비 추이

		1401년 (태종1)	1412년 (태종12)	1414년 (태종14)	1417년 (태종17)
1품	정	부원대군	대군	대군	대군 부원군
	종	군	군	군	군
2품	정	원윤	군	군	군
	종	정윤	원윤	원윤	군
3품	정		부원윤	(부원윤)	원윤
	종		정윤		정윤
4품	정		부정윤	정윤	부원윤
	종			부정윤	부정윤
비고		*공·후·백 폐지	*종친에만 수여	*장자·중자 구분	*일반 관계 적용

1412년(태종 12)까지 종친만을 대상으로 하는 별도의 직제는 없었다. 국왕의 친족과 인척 등에게 광범위하게 수여하는 관작을 이용하여 종친의 지위를 부여하였다. 그러다가 종친만을 대상으로 하는 직위를 따로 운영하게 되었다. 이때도 한 번 부여된 직위는 그대로 유지되는 것이 원칙이었고, 세대를 이어가면서 어떻게 운영되는지 원칙이 명확하게 확인되지는 않는다. 봉군(封君)의 대상을 매우 제한적으로 한정하였지만, 그 다음 세대에서 세습할 때, 강급(降級)한다는 원칙은 어느 세대까지 이어지는지 분명하지 않다. 봉군되었던 사람의 세습직은 2품으로 강급하여 군으로 임명하는 것이지만, 그 다음에는 세습되는지도 분명하지 않았다. 일부 세습하여 군으로 임명되는 경우가 확인되는데, 이때는 그대로 2품의 군이 되고 있어, 세습직임에도 아들이 아버지와 동일한 등급의 초직을 받게 되었다.

태종대(太宗代) 종실 관작 개정 과정에서 국왕의 친형제라는 규정이 왜 필요한지 생각해 볼 필요가 있다. 태조 방계를 배제한 이후, 종친 관작의 대상은 모두 태조(太祖)의 후손이 되었다. 그럴 경우 국왕의 친형제 지위를 별도로 규정할 필요는 없다. 모두가 태조의 자손이고, 이런 조건이 적용되는 사람은 모두 국왕의 아들, 손자, 증손자의 신분이 된다. 이런 상황에서 굳이 국왕의 친형제에게 관작을 봉작한다는 의미는 무엇인가?

공양왕(恭讓王) 때, 관련 규정이 제안되었을 때는 국왕이 특별한 방식으로 왕위를 계승하면서, 부친이 국왕이 아닌 조건에서 국왕이 되었다. 현 국왕의 지위에 걸맞게 주변 인물의 직위를 조정할 필요가 생겼다. 이러한 필요성 때문에 국왕의 삼촌과 친형제에 대한 직위 규정이 제안되었고, 또 그렇게 부여된 지위의 세습 방식이 고려되어야 했다. 아마도 이런 이유로 제안된 국왕 형제에 대해 봉작이 이러한 조건이 소멸된 후에 왜 여전히 유지되고 있는가에 대한 의문이 제기되는 것이다.

태종(太宗)이 종실 관련 법규를 조정할 때는, 이미 적용 대상자가 모두가 태조의 자손이기 때문에, 사실은 국왕의 2세대, 3세대 등의 조건 외에, 국왕의 친형제를 고려하는 별도의 추가 규정이 필요하지 않다. 해당 규정은 일관되게 '즉위한 임금(卽位之主)'이라는 표현을 사용하고 있다. 즉위한 임금이라는 용어가 과거의 국왕을 지칭할 목적으로 사용될 수는 없으므로, 이 표현은 현 국왕을 의미하는 용어로 이해된다. 현 국왕의 친형제라는 표현은 말 그대로 현재 국왕의 친형제에 대한 신분을 규정하게 된다. 현 국왕의 친형제라는 조건에서는 선친이었던 전 국왕의 이복형제가 배제된다. 태종 입장에서 자신이 현재 국왕의 지위를 가지고 있을 때, 태조(太祖)의 아들 중, 이복형제의 직위를 배려하지 않을 수 있는 법적 장치가 된다. 현실적으로 이것이 가능한지와는 별도로 규정상 현 국왕의 이복형제를 봉작의 대상에서 배제할 수 있는 법적 장치를 마련한 것이다.

또 한 가지는 정종(定宗) 자손의 직위와 관련된 사안이다. '현재 국왕'

을 강조해서 해석할 경우 정종의 아들은 법 규정으로는 국왕의 친형제의 아들이라는 신분상의 조건을 갖게 된다. 실제로 태종(太宗)은 태종의 궁인 소생 아들에 대해서 이러한 방향으로 접근했던 것으로 보인다. 정종에게는 왕비 소생 아들은 없었다. 그래서 태종이 세자의 지위로 왕위를 승계할 수 있는 명분을 세울 수 있었다. 왕비 소생 아들은 없었지만, 궁인에게서는 여러 명의 아들을 얻었기 때문에 어떻든 이들에게 국왕의 아들로서 왕위를 승계할 자격이 없는 것은 아니었다. 따라서 이들에게는 정치적으로 잠재적인 위험 요인이 있었다. 이들에 대한 봉작은 정치적 요인을 고려한 상태에서 이루어졌다. <그림 6>은 태종과 정종의 궁인 소생 아들의 종친 관작 추이를 정리한 것이다.

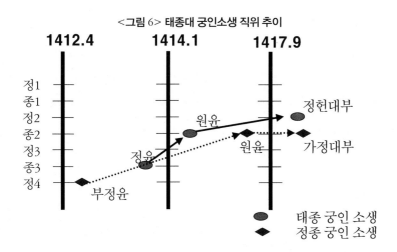

<그림 6> 태종대 궁인소생 직위 추이

비교하고자 하는 정종(定宗)의 궁인 소생은 이원생(李元生)과 군생(群生)이다. 이원생은 지씨 소생 중 첫 번째 아들이다.[56] 이군생은 공안부 여종이었던 자재(自在)에게서 출생한 여덟 자녀 중, 첫째였다.[57] 이

와 비교되는 태종(太宗)의 궁인 소생 아들은 이비(李裶)와 이인(李裀)이다. 태종 신도비문에 의하면, 이비는 궁인 김씨 소생이고, 이인은 신녕궁주(愼寧宮主) 신씨에게서 출생했다.[58] 각각의 생모는 달랐지만, 이들은 태종 때 나란히 종친 관작에 봉해지는데, 공교롭게도 형제 사이에 관작의 종류와 변화의 추이가 동일했다.

1412년(태종 12) 종친 관작 규정에서 국왕의 궁인 소생 아들과 국왕의 친형제의 양첩 소생 아들, 또는 국왕의 아들의 양첩 소생은 모두 정윤(正尹)에 봉해지도록 하였다. 그런데 정종의 두 아들은 이때 모두 부정윤(副正尹)의 직위를 받았다. 당시 규정에서 부정윤의 수여 대상은 명시되지 않았다. 그러나 국왕 친형제의 양첩 아들에 해당되는 정윤보다 하위의 직책임은 틀림없다. 이들은 국왕의 궁인 소생 아들도 정윤의 직책을 받도록 하였으므로, 국왕으로서 정종의 궁인 소생 아들로 처리되지 않았음도 분명하다. 이 인사에 의해서, '즉위한 군주'라는 규정은 현재 국왕을 의미하는 것으로 이해하였다. 이들은 현재 국왕이 아니라 전 국왕(상왕)의 소생으로 처리되었고, 구체적인 신분은 현 국왕의 친형제의 소생으로 처리된 것으로 해석된다. 반면에 태종의 궁인 소생인 이비(李裶)와 이인(李裀)은 모두 종3품 정윤(正尹)의 직위를 얻었다. 현 국왕의 궁인 소생이라는 신분에 부합되는 인사였다.

1414년(태종 14) 규정 개정 직후 정윤(正尹)이었던 이비(李裶)와 이인(李裀)은 종2품의 원윤(元尹)으로 승격된다. 며칠 사이에 승급된 것이지만, 이때의 규정에서 국왕의 궁인 출생자는 종2품 원윤(元尹)에 봉

---

56) 『세종실록』 권7, 세종 2년 1월 3일(임인) 정종 지문
57) 『태종실록』 권17, 태종 9년 4월 7일(기묘)
58) 『태종실록』 권36, 태종 18년 11월 8일(갑인)

하기로 하였으므로, 이 역시 규정에 해당되는 인사였다. 한편 정종(定宗)의 아들, 이원생(李元生)과 군생(群生)에 대한 별도의 인사 기록은 확인되지 않지만, 1417년(태종 17) 기록에 원윤으로 확인된다. 아마도 이 무렵쯤 이들도 직위의 상승이 있었는데, 그 이유는 확인되지 않는다. 어떻든 이 직위도 국왕의 궁인 소생자에 해당되는 것임은 분명하다. 어떻든 이들도 1414년(태종 14) 규정에서 국왕의 궁인 출생자에 해당하는 직위를 가지게 되었다.

1417년(태종 17) 다시 종친 관작제에 변화가 있었다. 이 개정에 의해, 이비(李裶)와 이인(李裀)은 각각 정2품 정헌대부(正憲大夫)로서 경녕군(敬寧君)과 공녕군(恭寧君)에 봉군되었다. 정종(定宗)은 두 아들은 종2품 가정대부(嘉靖大夫)로, 이원생(李元生)은 의평군(義平君)에, 이군생(李群生)은 순평군(順平君)에 봉해졌다. 당시 개정 규정에 의하면, 국왕의 궁인 소생은 봉군하도록 하였다. 개정 규정에 부합되는 인사였지만, 태종(太宗)과 정종의 아들 사이에 등급의 차등이 있었다는 사실이 주목된다. 사실 이때의 개정은 봉군만을 규정하고 있으므로, 이들 네 사람은 모두 종2품 가정대부(嘉靖大夫)로 봉군하는 것으로 규정의 요건을 충족할 수 있었다. 그럼에도 태종의 아들은 등급을 한 등급 상향하였다.

정종(定宗)의 아들은 봉군되기는 하였지만, 품등이 상향된 것은 아니었다. 이점을 주목할 필요가 있다. 이전 규정이 적용되던 제도에서 이들은 종2품의 원윤(元尹)이었다. 개정된 규정에서 원윤은 3품으로 하향되었다. 두 사람에게는 종전과 같은 등급인 종2품의 가정대부(嘉靖大夫)로서 의평군(義平君)과 순평군(順平君)이 되었던 것이다. 이와 달리 태종(太宗)의 아들은 정2품의 정헌대부(正憲大夫)로서 봉군되었기 때문에, 이들은 단지 봉군된 것이 아니라 실질적으로 종2품에서 정2품으로 품등의 상향이 있었다. 당시의 종실 봉작제가 제군(諸君)·원윤(元尹)·정윤(正尹)으로 구분되어 있었기 때문에, 봉군 자체가 특별한 의미를 갖는 것은 분명할 것이다. 그러나 태종의 아들에 대해서는 규정상의 봉군만 아니라 실질적인 품등의 승급이 이루어지는 조처가 더해졌다. 반면에 정종의 아들에 대해서는 단순하게 규정의 충족만 지켜졌고, 등급은 종전과 같이 종2품의 품등이 유지되었다.

1417년(태종 17) 이전의 봉작제는 사실상 승급이 이루어질 수 없는 구조였다. 지위가 주어지면, 장기간 고착되는 지위 표시로서 기능하도록 구상되었다. 태종(太宗)의 궁인 소생 아들은 직위상의 변화가 수반되었지만, 이는 개정 규정에 의해, 부합되는 지위를 찾아간 것으로 해석할 여지가 있다. 반면에 1417년(태종 17) 규정은 명확하게 품등의 승급이 가능한 구조를 가지고 있었고, 태종 자신의 비첩 소생인 이비(李裶)와 이인(李䄄)의 사례에서 알 수 있듯이, 의도적인 승품이 시행되었다.

1417년(태종 17)의 개정 작업으로 드러나는 종친의 관작제는 명확하게 승급을 전제하고 있다. 국왕의 아들을 대군(大君)과 군(君)으로 구분하였지만, 다음 세대는 종2품의 군이 되었다. 부원군(府院君)이나 종1품의 군은 승급하여 도달할 수 있는 직위로 설정되었다. 아직 시기적으로 제한되기 때문에 시간의 추이에 따라 종친 직위의 운영이 어떻게 이루어지는지에 대한 세부적인 사항을 추적할 수는 없다. 그럼에도 이 무렵에는 지속 가능한 형태로서의 종친 직제의 구성과 세대를 이어가면서 일정한 원칙에 의해 종친 직위를 부여해야 한다는 문제가 현실의 숙제로 드러나게 되었다. 1417년(태종 17)의 편제는 이런 문제의식을 반영하여 제정된 것이었다.

종친 관작이 2품에서 4품으로 범위가 넓어진 것은 그만큼 종친 내에서도 대우를 달리해야 한다고 인식된 존재가 늘어났다는 것을 의미한다. 관작은 신분을 나타내는 것인데, 하나의 관작으로 담아내기에는 구성원의 성격이 다양해졌다. 아들과 손자로 국한하는 경우에도, 생모의 신분에 따라 적자와 첩자가 있었고, 다시 첩자에는 양첩 소생과 천첩 소생의 구분이 이루어졌다. 여기에 장자에 대한 대우를 달리하려고 하였다. 이런 조건을 충족하면서, 관작을 통해서 그 출생의 신분적 차이를 나타내는 것이 종친 관작 운영의 목적이었다. 세대가 흐르면서 종래의 단순한 관작 제도로는 이러한 목적이 충족될 수 없었다. 이런 현실적인 문제로 인해 종친의 관작은 종류가 다양해지면서, 복잡한 운영 원칙을 모색하게 되었다. 4품까지로 관작이 하향되면서, 이들을 상위의 관작으로 옮겨주는 일이 빈번해졌고, 이런 과정을 거치면서 관작의 승급이 일상화되었을 것으로 이해된다.

관작의 승급이 제도로 수용되는 것은 세종 때의 종친 관작제 운영의 특징인데, 이제 종친의 관작은 봉작의 성격에서 일반 관직에 준하는 종친직제로 그 변화를 모색하게 된 것으로 이해된다. 세대의 증가에 따른 종친직 운영의 세부적인 문제는 세종대(世宗代)에 가서 고민이 더해지면서 법제의 정비가 본격화 된다. 종친에게 부여되는 지위의 성격도 변화되었다.

두 가지 문제가 분명해졌다. 국왕 태종(太宗)의 형제들에게서 손자 세대가 등장하였다. 이들에 대한 직위 부여 규정은 명시되지 않았다. 형제의 조카에게 부여된 지위가 다음 세대에 세습될 때 적용되어야 할 규정이 모호하였다. 현재의 관작 체계는 조카 세대나 국왕 자신의 손자까지에 국한되고 있었다. 다음 세대에 등급을 낮추는 봉작의 원칙을 준수하기 위해서 적용될 수 있는, 즉 등급 하향의 원칙을 적용할 수 있는

관작 자체가 없었다. 이런 점에서 현재의 관작 체제는 품등이 조정될
필요가 있었다.

또 다른 문제는 규정 개정의 결과 직위의 세습이 모호해진 점이다.
직위는 한 사람에게 세습되는 것을 원칙으로 한다. 적실 소생의 아들일
경우, 장자와 차자 이하를 차별화하는 원칙 속에서 세습의 면모가 부각
되는 것인데, 1414년(태종 14) 개정으로 특히 장자와 차자 이하 아들의
지위 구분이 모호해졌다. 따라서 직위의 세습을 명확히 하려면 보완이
요구되었다.

이제까지 종친 관작의 구성은 두 계통으로 구분되는데, 봉군자와 그
의 계승자를 하나의 범주로 하고, 기타 직위를 받는 사람의 범주를 다
른 하나로 하였다. 그래서 봉군자와 계승자는 군(君)이 되었고, 다른 사
람들은 원윤(元尹)이나 정윤(正尹)을 받도록 하였다. 그런데 1414년(태
종 14) 이후로 봉군자의 적실 아들 모두가 군의 직위를 받음으로써, 봉
군과 그 직위의 세습이라는 원칙이 모호해졌다. 즉 습직자와 다른 적실
아들과의 경계가 흔들리게 된 것이다. 이런 결과는 처음 법 개정의 의
도였던 적서(嫡庶)의 구분이 오히려 더 약화된 측면이 있었다.

정리하면, 직위가 부여되는 한계 세대의 원칙과 직위가 승계되는 습
직의 원칙이 명확하지 않았다. 세대가 내려가면서 직위의 변화가 이루
어지기 위해서는 지위가 주어져야 할 세대의 범위가 명확해야 했다. 그
러나 직위 강등의 원칙이 있었지만, 실제로 직위를 부여해야 하는 세대
에 해당되는 직위조차 마련되지 않은 상태였다. 이 부분은 향후 분명하
게 정리될 필요가 있었다. 또한 부여된 직위가 다음 승계자에게 전달되
기 위해서는 이와 관련된 분명한 규정이 요구되었다. 직위가 어떤 식으
로 승계되어야 하는지, 그 성격은 무엇인지에 대한 선언이기도 하였다.

천명을 받은 군왕은 직위가 발생하는 근원이었다. 그로부터 파생된 직위가 어느 범위까지 또 어느 시간대까지 확장되는가에 대한 판단이 종친 직위에 대한 규정이었다. 국왕은 세대를 이어가며 자연스럽게 교체된다. 새로운 국왕의 존재는 직위가 새롭게 파생되는 이유가 되었다. 새로운 국왕을 중심으로 지위는 다시 발생하였다. 이렇게 발생된 지위는 세대에 따라 하향될 것이었다. 하향된 지위의 범위는 어느 선에서 멈추어야 하는지. 또 발생한 지위가 특권의 성격을 띨 경우 이를 영속으로 설정할 것인지, 아니면 일정한 범위에서 멈추게 할 것인지 모두 문제가 되었다.

국왕과의 특별한 친연 관계에 의해 발생한 지위는 어떻든 특권이 될 성격이 있었다. 세대를 이어가며 특권을 인정할 경우, 특권의 소유자는 감당할 수 없는 정도로 확대될 수 있었다. 유교의 보편적 이념인 친친의 논리에 의하면, 어느 정도의 특권은 불가피하며, 또 용인되어야 했다. 그러나 국왕이 이어지면서, 각각의 국왕으로부터 파생되는 친친이 소멸되지 않는 특권으로 남는다면, 보편적 통치를 또 다른 편의 이념으로 하는 유교적 통치의 실현은 불가능할 것이었다.

4. 종친직(宗親職) 승습(承襲) 원칙과 대수(代數)의 한정

세종은 동성자손에 대해 대수(代數)를 제한하지 않고 복호(復戶)하는 방안을 검토한 적이 있었다. 그러나 이에 대해 종부시(宗簿寺)에서 『서경(書經)』「요전(堯典)」의 기록을 근거로 구족(九族)의 의미를 고조에서 현손에 이르기까지로 한정한다는 점과 『예기(禮記)』에도 5세 단문(袒免)으로 6세는 친속 관계가 소멸된다는 점을 지적하고, 이를 근거로

복호의 범위를 단문친으로 한정할 것을 건의하였다.[59)]

종성친(宗姓親)에 대해 대수에 상관없이 일정한 특권을 부여하는 발상은 조선 건국 이래 종친직(宗親職) 운영에서 실제로 작용하던 원칙이었다. 조선의 국왕이 항구적으로 혈통에 의한 왕위 승계를 지속하는 것과 동일한 원리로 종친직 수여자는 그러한 권리를 승습해 나가는 것으로 인식하였다. 이러한 방식은 고려 이래의 관행이기도 하였고, 이 점에 대해 명확한 인식이 있기도 하였다.[60)]

태종(太宗)은 봉군(封君)과 종친직의 대상을 태조(太祖)의 직계 후손으로 한정하였지만, 한편 사위에 대한 봉군(封君)은 그대로 시행하였다. 세종(世宗)은 봉군(封君)의 대상을 종성(宗姓)에 한정할 것을 주장하였고, 다시 종친직의 수여 대상을 일정한 대수로 제한하는 규정을 마련하였다. 1443년(세종 25)의 종친직 개정은 이러한 맥락에서 단행된 것이었다. 다음은 1443년(세종 25)의 종친직 개정 규정이다.[61)]

> 라-① 중궁의 아들은 大君, 측실의 아들은 君을 봉하며 정1품으로 資級이 없다.
> 라-② 王孫으로 承襲 예정자는 종2품, 중손은 정4품이다. 曾孫으로 승습예정자는 정3품, 衆曾孫은 종4품이다. 玄孫으로 승습예정자는 종3품, 衆玄孫은 정5품이다.
> 라-③ 승습대상자는 친부 사망 후 승습하는데, 왕손은 종1품, 증손은 정2품, 현손은 종2품이 된다. 승습예정자는 친부 사망 전에는 支子와 같다.
> 라-④ 諸孫으로 양첩 소생은 1등 내리고, 천첩 소생은 또 1등을 내린다.

59)『세종실록』권100, 세종 25년 5월 14일(무진)
60)『세종실록』권103, 세종 26년 2월 21일(신축)
61)『세종실록』권102, 세종 25년 12월 9일(기축)

라-⑤ 宗親 官階 규정.62) 사람됨이 謹良한 자는 特旨로 資級을 올린다.

라-⑥ 2품 이상은 尹, 3품은 正, 4품은 令, 5품은 監, 6품은 長이라 하는
데, 部曲·鄉·里의 이름을 써서 봉한다.

라-⑦ 승습예정자가 2품이 되면 君에 봉한다.

1430년(세종 12) 국왕은 친자와 친형제를 정1품의 대군(大君)과 군
(君)으로 봉하면서, 산관(散官)을 사용하지 않기로 하였다.63) 이는 이들
이 일반 관직보다 상위의 직위임을 천명하는 것인데, 향후 조선에서 적
용되는 원칙이 되었다. 대군과 군의 무계(無階)가 규정에 반영된 것이
1443년(세종 25) 라-①의 종친직 개정이었다.

라-⑤에서 관계(官階)를 독립시키면서, 문무관과 동일한 방식으로 각
품에 두 단계를 두도록 하였다. 즉 정1품의 관계로 현록(顯祿)과 홍록대
부(興祿大夫) 두 단계를 설정하였다. 관계의 승직은 별다른 기준이 없
이 사람됨이 근민[勤良]하다는 판단에 따라 임금이 임의로 결정하는 것
으로 하였다.

라-②에서 승습(예정)자에 대한 대우를 달리하고 있는 점도 이전과
두드러지게 달라진 점이다. 종친직의 수직자는 승습예정자와 비승습
자를 확연하게 구분하여 두 단계의 차등을 두고 있으며, 승습예정자가
승습하게 되면, 더욱 승작(陞爵)하도록 규정하고 있다. 그런데, 승습(예
정)자는 이전의 규정에서 적장자(嫡長子)를 대체하고 있는 표현이라는
점이 주목된다. 출생의 신분과 장자를 결합시켰던 종래 규정을 승습(承
襲)이라는 직위 계승에 초점을 맞추는 방식으로 개정된 것이다. 아마도

---

62) 종친계(宗親階)의 구체적 사항은 생략하였다. 생략한 종친계는 <표 10>에 제시하
였다.

63) 『세종실록』 권50, 세종 12년 12월 3일(기사)

승습이 양(良)·천첩자(賤妾子)를 통해 이루어지기도 하는 현실을 반영하여 1443년(세종 25)의 개정 규정에서는 신분적 표시를 배제한 것으로 추정한다.

승습 예정자는 2품에 이르면 윤(尹)이 아니라 군(君)에 봉하도록 하는 라-⑦ 규정도 추가되었다. 따라서 2품 이상의 종친직은 승습하여 봉군(封君)된 사람과 승직을 통해 봉윤(封尹)된 사람이 구분되는 형태로 운영되게 되었다. 승습예정자는 아버지가 사망한 이후에 부직(父職)을 승습하도록 하였는데, 승습직은 부직에 비해 한 품계 하향되도록 하였다.

출신에 따른 차별도 명확하게 하였다. 국왕의 경우 적자와 서자의 구별은 여전히 적용되었지만, 서자의 경우 출생 신분에 따른 차별은 적용하지 않았다. 라-④에서 국왕의 손자부터 양첩 출생자는 적자에 비해 한 단계, 천첩 출생자는 적자에 대해 두 단계 하향된 종친직에 임명하는 원칙을 마련하였다. 종친직(宗親職)의 명칭은 앞에 부곡(部曲)·향(鄕)·리(里)의 지명을 붙이도록 하는 라-⑥ 규정도 신설되었다. 1443년(세종 25) 11월 군호(君號)에는 별호가 적용되었으나, 원윤(元尹)·정윤(正尹)의 경우에는 그대로 직명만을 사용했기 때문에 이의 개정이 필요하다는 문제 제기가 있었다.[64] 한 달 뒤 단행된 종친직 개정에서 향·부곡·리의 명칭을 관직명 앞에 붙이기로 한 것은 이러한 제안을 반영한 것이었다.

1443년(세종 25)의 종친직 구성과 각 품등별 수직 대상을 정리하면 다음 <표 7>과 같다.[65]

---

64) 『세종실록』 권102, 세종 25년 11월 10일(신유)
65) <표 10>의 정리에서 수직대상의 자손(子孫)은 현직 국왕과의 관계를 나타낸 것이다.

<표 7> 세종 25년 종친직(宗親職) 구성과 수직(受職) 대상

관품	관계	관직	수직대상		
正1		大君	大君(嫡子)		
正1		君	君(庶子)		
正1	顯祿/興祿大夫	君			
從1	昭德/嘉德大夫		承襲孫		
正2	崇憲/承憲大夫	君/尹	承襲曾孫		
從2	中義/正義大夫		承襲玄孫	承襲예정孫	
正3	明善大夫	正		承襲예정曾孫	
正3	彰善大夫				
從3	保信/資信大夫			承襲예정玄孫	
正4	宣徽/廣徽大夫	令			衆孫
從4	奉成/光成大夫				衆曾孫
正5	通直/秉直郎	監			衆玄孫
從5	謹節/愼節郎				
正6	執順/從順郎	長			

    <표 7>의 정리 중 몇 가지 항목은 확인이 필요하다. 우선 1품 이상을 군(君)으로 칭했는지가 분명하지 않다. 규정 라-⑥은 2품 이상을 윤(尹)으로 지칭한다고 되어 있고, 규정 라-⑦은 2품 이상 승습자를 군(君)으로 칭한다고 되어 있다. 따라서 2품 윤과 병행하여 군의 칭호를 부여하는 경우가 확인되어야 한다. 라-⑥ 원칙이 승습(예정)자로 2품 이상이면 봉군(封君)할 수 있다는 것이므로, 2품의 관계(官階)를 가지고 봉군되거나 봉윤(封尹)된 경우를 추적해야 한다.

    1444년(세종 26) 7월에 있었던 인사는 이때의 종친직(宗親職) 개정을 반영한 인사였다.[66] 종친직 개정을 전하는 기사를 통해서 정확하게 알 수 없는 사항을 이때의 인사 내용을 통해서 추적할 수 있다. 다음 <표 8>은 제기된 문제를 해결할 수 있는 인사자 명단을 정리한 것이다.

---

66) 『세종실록』 권105, 세종 26년 7월 1일(무신)

<표 8> 1444년(세종 26) 2품 이상 종친직(宗親職) 수직 상황

관품	관계	수직자
從1	昭德大夫	①誼成君(채) ②順成君(개)
	嘉德大夫	
正2	崇憲大夫	①瑞原尹(친) ②咸陽尹(포) ③寶城尹(합)
	承憲大夫	①醴泉君(수)
從2	中義大夫	①順平君(군생) ②平安尹(녕) ③瑞山尹(혜) ④高陽君(질) ⑤永川尹(정) ⑥宜春君(우직) ⑦烏山君(주)
	正義大夫	

이 인사 기록은 서열 순서로 기재되어 있는데, 정1품에 해당하는 인물에 대한 인사는 없었다. 의성군(誼成君)은 효령대군(孝寧大君)의 아들이었고, 순성군(順成君)은 양녕대군(讓寧大君)의 아들이었다. 순성군은 양녕의 맏아들로 세종(世宗) 9년에 종2품 가선대부(嘉善大夫)로 봉군(封君)되었다.67) 순성군은 양녕대군의 적장자로 승습예정자였다. 의성군은 효령대군의 중자(衆子)였다. 이들의 인사를 통해 이렇게 정리할 수 있다. 1품의 직은 윤(尹)이 아니라 군(君)이었다. 적장자로서 승습(예정)자이건, 적중자(嫡衆子)이건 종법상의 자격과 관계 없이 1품의 직은 모두 군(君)이었다. 이 인사기록을 통해서 1444년(세종 26) 종친직 개정 기사에 2품 이상은 윤(尹)으로 칭한다고 기재하고 있으나, 1품의 경우는 군(君)을 칭했음을 알 수 있다.

숭헌대부(崇憲大夫) 서원윤(瑞原尹)의 관계(官階)를 실록 기사에는 숭덕대부(崇德大夫)로 기재하고 있다. 세종 25년 개정된 관계에 숭덕대부는 없기 때문에 이는 오기(誤記)인데, 종1품 가덕(嘉德)과 종2품 숭헌대부(崇憲大夫) 모두가 가능한 오기이다. 결론을 말하면, 이 기사에 나타난 숭덕대부는 숭헌대부를 잘못 기재한 것이다.

---

67)『세종실록』권35, 세종 9년 1월 3일(임진)

서원윤(瑞原尹) 이친(李案)은 효령대군의 아들이다. 그의 졸기에 의하면,[68] 그의 초직은 1427년(세종 9) 통정대부(通政大夫) 원윤(元尹)이었고, 1429년(세종 11) 가정대부(嘉靖大夫) 서원군(瑞原君), 세종 17년 정헌대부(正憲大夫)로 승차(陞差)되었다. 이 시기는 종친을 위한 독자적인 관계가 없던 시기이므로 일반 관원의 관계를 사용하고 있는데, 그는 1435(세종 17) 정2품에 승차되었음을 알 수 있다. 같은 기록에서 그는 1444년(세종 26) 정2품 숭헌대부(崇憲大夫)로, 1459(세조 5) 종1품 가덕대부(嘉德大夫) 서원경(瑞原卿)이 되었다. 1459년(세조 5) 서원경으로의 승차 기록은 따로 확인할 수 없지만 1464(세조 10) 서원경[69]의 직함을 가지고 있는 사실은 확인된다. 세조 때 종친 1품은 경(卿)을 임명하는 것으로 종친 관직이 개정되었기 때문에, 1444년(세종 26) 시점에서 이친이 1품이 아니라는 점은 분명하다. 따라서 1444년(세종 26) 인사기록에 기재된 숭덕대부(崇德大夫)는 숭헌대부(崇憲大夫)의 오기로 판단된다. 서원윤의 사례를 통해 알 수 있는 사실은 대군의 적중자(嫡衆子)로 2품의 품계를 갖게 되면 윤에 임명되었다는 것이다.

정2품직의 인사기록에서 윤(尹)과 군(君)이 모두 기재되어 있다. 예천군(醴泉君) 이수(李洙)가 어떻게 윤이 아니라 군호(君號)를 갖게 되었는지가 핵심적인 쟁점이다. 이수는 혜령군(惠寧君) 이지(李祉)의 아들이었다. 혜령군은 1440년(세종 22) 사망하였다.[70] 1443년(세종 25) 그의 아들 이수가 예천군(醴泉君)에 봉해졌는데,[71] 종친직 개정이 있고 단행된

---

68) 『성종실록』 권60, 성종 6년 10월 2일(무인).
69) 『세조실록』 권32, 세조 10년 1월 3일(병진).
70) 『세종실록』 권89, 세종 22년 6월 25일(을미).
71) 『세종실록』 권102, 세종 25년 10월 28일(기유).

1444년(세종 26) 인사에서 승헌대부(承憲大夫) 예천군(醴泉君)으로 임명되고 있다.[72] 1443년(세종 25) 이수가 몇 품의 군(君)이 되었는지 기록되어 있지는 않다. 그러나 혜령군은 세종(世宗)의 이복동생이었으므로,[73] 태종(太宗) 때 종친직 임명 규정에 의하면, 그는 친왕자의 적자(嫡子)로 종2품의 군에 임명된 것이다. 1443년(세종 25년)의 개정 규정에 의하면, 그의 자격은 서자군(庶子君)의 승습자였다. 이수가 윤이 아니라 군에 봉해진 것은 승습자가 2품 이상이면 봉군(封君)한다는 규정에 의한 것이다. 2품의 종친이 승습자일 경우에는 군, 일반 중자(衆子)일 경우에는 윤에 봉해진다는 것을 예천군의 사례를 통해 알 수 있다.

종2품 고양군(高陽君)은 경녕군(敬寧君)의 장자였다.[74] 중의대부(中義大夫)이지만 군호(君號)를 받은 것은 승습(예정)자였기 때문이다. 그 역시 윤(尹)이 아니라 봉군(封君)된 것은 장자의 지위 때문이었다. 의춘군(宜春君)은 안평대군(安平大君)의 장자였다.[75] 오산군(烏山君)은 임영대군(臨瀛大君)의 장자였다.[76] 임영대군은 세종(世宗)의 넷째 아들로 1469년(예종 원)에 사망하였기 때문에 오산군의 지위는 대군의 승습 예정자였다. 그러므로 그는 1443년(세종 25) 규정에 정확하게 적용을 받은 경우였다. 종2품 직에서 윤호(尹號)가 아니라 군호를 받은 인물은 원칙적으로 승습(예정)자였다. 따라서 1443년(세종 25) 규정에서 종2품의 종친직은 군과 윤이 지위에 따라 구분 사용되었음을 알 수 있다. 즉 승진하여 종2품이 된 경우에는 윤, 초직으로 승습(예정)직을 받는 경

---

72) 『세종실록』 권105, 세종 26년 7월 1일(무신)
73) 『세종실록』 권89, 세종 22년 6월 25일(을미)
74) 『세종실록』 권123, 세종 31년 3월 13일(계사)
75) 『세종실록』 권112, 세종 28년 6월 6일(임인)
76) 『성종실록』 권243, 성종 21년 8월 2일(임오)

우에는 군에 임명되었다.

예천군(醴泉君)의 사례는 또 다른 중요한 사실을 확인시켜 준다. 1443년(세종 25) 규정에서 수직 대상을 정하는 기준과 관련된 궁금한 점은 대군(大君)과 서자군(庶子君)의 아들이 동일한 규정의 적용을 받는가 하는 문제이다. 예천군은 서자군의 승습자이다. 이미 혜령군(惠寧君)이 사망하였기 때문에 부직(父職)을 승습한 상태였다. 1443년(세종 25) 규정에서 친왕자(親王子)의 승습직을 종1품으로 규정하고 있는데, 예천군은 이보다 한 등급 아래인 정2품에 봉군되었다. 예천군이 서자군의 승습자이므로, 1443년(세종 25)의 수직 대상자 규정은 대군을 기준으로 설정된 것이고, 서자군의 경우는 이보다 한 등급 아래로 적용되었을 것으로 추정할 수 있다.

1443년(세종 25) 종친직 개정은 향후 조선의 종친직 구성과 운영에 기반을 마련하는 작업이었다. 종친직은 이때를 기준으로 종친을 위한 종친계(宗親階)를 갖추게 되었고, 정6품까지의 종친직 체제를 마련하게 되었다. 또한 이제까지 봉군자(封君者)의 종친직이 장자를 통해 대수의 제한 없이 세습되도록 하였던 기존의 관행을 부정하고, 국왕의 4대 후손까지 종친직의 수여 대상이 한정되며, 단문친(袒免親)을 벗어나 6세대가 되면 일체의 특권이 부정되고 일반 사대부와 동일한 신분으로 전환된다는 원칙을 천명하게 되었다.

5. 『경국대전(經國大典)』 종친직제의 성립과 그 의미

1457년(세조 3) 정월의 종친직(宗親職) 개정77)은 대체로 1443년(세종 25)의 종친직 규정을 계승하는 것이었다. 당시 개정을 전하는 기사에도 1443년(세종 25) 법 제정이 전제라는 점을 밝히고 있다. 무엇보다 종친직 구성의 전제가 5세는 단문친(袒免親)이며, 6세는 친족 관계가 소멸된다는 인식에 근거하고 있음을 분명히 강조하고 있다. 종친직은 종친의 지위를 항구적으로 인정하는데 강조점이 있는 것이 아니라, 일정한 대수를 지나면, 친족 관계와 그와 관련된 제 특권이 소멸된다는 데 초점이 맞추어져 있는 것이다. 이때 종친직에서 개정된 부분은 1품 직을 경(卿)으로 하여 2품 윤(尹)과 구분되도록 한 것에 불과했다. 1457 년(세조 3) 규정의 초점은 대가제(代加制)의 적용에 있었다. 종친의 대 가가 현실적으로 의미가 없다는 점을 고려하여 사위가 대가할 수 있도 록 규정을 마련하였다. 대가의 나이를 16세 이상으로 한정하고, 당하관 (堂下官)인 통훈(通訓) 이하로 제한하는 규정이 이때 신설되었다.

1457년(세조 3) 7월에는 다시 각 품에 따라 정직(正職)과 종직(從職) 을 구분하는데 초점을 맞추어 종친직을 개정하였다.[78] 3품 이하 종친 직의 경우 정직과 종직의 직호(職號)를 이때 새롭게 정비하였다. 그 결 과 세종 25년 규정에서 3품 정(正), 4품 령(令), 5품 감(監)으로 편성된 종친직에 종3품 부정(副正), 종4품 부령(副令), 종5품 부감(副監)의 직위 가 새로 제정되었다.[79]

세조 때의 종친직은 1443년(세종 25)의 규정을 거의 그대로 승계하였 지만, 승습(예정)자는 군(君), 비승습자는 경(卿), 윤(尹)의 작호를 부여하 는 형태로 1·2품 직이 구성되었고, 3품직 이하의 구성에서 정직(正職)과

---

77) 『세조실록』 권6, 세조 3년 정월 20일(을유)
78) 『세조실록』 권8, 세조 3년 7월 5일(병인)
79) 세조 3년 규정에는 확인되지 않지만, 김성준은 경(卿)와 윤(尹)에도 부경(副卿), 부 윤(副尹)이 있었던 것으로 추정한 바 있다(김성준, 앞의 책, 1985, 344쪽).

종직(宗職)의 세부적인 직위를 마련했다는 점에서 부분적인 차이를 보이고 있다. 승습자와 비승습자를 구분한 종친직제는 종친 내에 신분을 구분하는 원칙을 하나 더 추가하는데, 적자 계열인지 서자 계열인지를 구분하는 것이다. 1461년(세조 7) 기존의 직제를 유지하면서 적자와 서자에 따라 직위 승계의 출발점에 차등을 두는 규정을 추가한다.[80] <표 9>는 당시의 개정 사항을 정리한 것이다.

<표 9> 세조 7년 종친직 개정 사항

관품	종친계	종친직	수직대상			
		世了 大君 君	大君(嫡衆子)		王子君(庶衆子)	
正1	顯祿/興祿大夫	君/卿				
從1	昭德/嘉德大夫	君/卿	승습손			
正2	崇憲/承憲大夫	君/尹	승습증손	예정손	승습손	
從2	中義/正義大夫	君/尹	승습현손	예정증손	승습증손	예정손
正3	明善/彰善大夫	正		예정현손	승습현손	예정증손
從3	保信/資信大夫	副正		衆子		예정현손
正4	宣徽/廣徽大夫	令		衆孫		衆子
從4	奉成/光成大夫	副令		衆曾孫		衆孫
正5	通直/秉直郎	監				衆曾孫
從5	謹節/愼節郎	副監				
正6	執順/從順郎	長				

종친의 초직을 부여하는 방식은 1443년(세종 25)의 규정을 반영하고 있지만, 적서(嫡庶)를 구분하여 부여하도록 수정하는 것이 이때의 가장 핵심적인 개정 사항이었다. 양첩과 천첩의 소생을 강등하여 수직하는 등의 다른 원칙은 그대로 수용되면서, 적서에 따른 출발점을 다르게 조정한 것이다. 2품 이상으로 승진할 경우 습직에 의한 군(君)과 구분하여

---

80)『세조실록』권23, 세조 7년 3월 20일(신유)

별도의 직위가 설정된 점은 1457년(세조 3)의 규정 사항을 그대로 유지하였다. 승습예정자는 승습 전까지 일반 자손과 동일하게 대우한다는 규정도 유지되었는데, 이미 이들에 대한 초직이 일반 자손과 다르게 설정되었다는 점에서 추가 조정이 있어야 하는 상황이었다.

『경국대전(經國大典)』은 기본적으로 세조 시기의 종친직 체제를 계승한 것으로 정6품까지의 종친직(宗親職)을 갖추고 있는데, 직명을 일반적인 관직 명칭의 원칙을 준수하여 부분적으로 수정한 점에서 약간의 차이를 보인다. 어떻든『경국대전』의 종친직 구성은 조선 건국 이후 오랫동안 다듬어 온 종친직 체제의 귀결점이었다. 종친직은『경국대전』단계에서 일반 관직 체제에 조응하여 무품(無品)에서 정6품까지의 일관된 체제를 갖추게 되었다. 다음 <표 10>은 이러한 정비 과정을 정리한 것이다.

<표 10> 조선초기(朝鮮初期) 종친직(宗親職) 정비과정

官品	태조	태종1	태종12	태종14	태종17	세종25	세조3	세조3	대전
無階						大君 君	大君 君	大君 君	大君 君
정1	公/候/伯 君	府院大君	大君	大君	大君 府院君	君	君/卿	君/卿	君
종1	君	君	君	君	君	君	君/卿	君/卿	君
정2	元尹	元尹	君	君	君	君/尹	君/尹	君/尹	君
종2	正尹	正尹	元尹	君	君	君/尹	君/尹	君/尹	君
정3			副元尹	元尹	元尹	正 正	正 正	正 正	都正 正
종3			正尹	副元尹	正尹	令	令	副正	副正
정4			副正尹	正尹	副元尹	令	令	令	守
종4				副正尹	副正尹	監	監	副令	副守
정5						監	監	監	令
종5						長	長	副監	副令
정6								長	監

『경국대전(經國大典)』 경관직(京官職) 조항에는 봉군(封君)의 대상이
2품 이상의 종친이며, 3품 이하의 종친직(宗親職)에도 읍호(邑號)를 사
용한다는 원칙이 규정되어 있고, 세주에 승습자(承襲者)는 부친의 사망
이후 승습한다는 규칙이 보충되어 있다.[81] 다시 정1품 아문(衙門) 종친
부(宗親府) 항에서 종친은 정수(定數)가 없다는 사실과 양첩 소생은 1등
을 감하고, 천첩 소생은 다시 1등을 감한다는 원칙, 친진(親盡)하면 문
무관 자손과 동일한 방식으로 입사해야 한다는 원칙이 규정되어 있다.
이어서 종1품의 군(君)부터 종친직 수여 대상을 명시하고, 해당 종친직
이 이들에 대한 초직(初職)이라는 사실이 명시되어 있다.

『경국대전(經國大典)』의 종친직(宗親職)은 성격이 다른 이원적인 구
성을 갖고 있다. 종친계가 없는 무계(無階)의 대군(大君)과 군(君)은 국
왕은 친자(親子)에게 주어진 것으로 작위(爵位)로서의 성격이 강하고,
승직(陞職)을 통해 도달할 수 없는 자리였다. 반면에 정1품에서 정6품
까지 직위는 원칙적으로 수직 대상자의 초직(初職)이어서, 이를 시발점
으로 하여 승직될 수도 있는 자리였다. 다음 <표 11>는『경국대전』
종친직의 구성과 각 등급별 수직 대상을 정리한 것이다.[82]

---

81)『경국대전』 이전, 경관직(京官職)

82) 표의 정리와 관련하여 약간의 부연이 필요하다.『경국대전』 규정에는 왕세자에 대
한 사항이 없다. 국왕과 마찬가지로 세자는 법 조항의 규정 대상이 아니라고 파악
한 것으로 생각된다. 왕비와 왕세자빈에 대한 규정도 동일한 기준에 의해 생략되어
있다. 본 표에서 종친직에 세자를 포함시킨 것은 정리의 편의를 위한 것이다. 다음
으로 수직 대상의 자(子)·손(孫)·증손(曾孫)은 세자(世子)·대군(大君)·왕자군(王子君)
과의 관계를 나타낸다. 국왕을 기준으로 할 경우 이들은 각각 손(孫)·증손(曾孫)·현
손(玄孫)의 관계가 된다.

<표 11> 『경국대전』 종친직(宗親職) 구성과 수직(受職) 대상

관품	종친계	종친직	수직대상			
		世子				
		大君	大君(嫡衆子)		王子君(庶衆子)	
		君				
正1	顯祿/興祿大夫	君				
從1	昭德/嘉德大夫	君	承襲嫡長子			
正2	崇憲/承憲大夫	君	承襲嫡長孫		承襲嫡長子	
從2	中義/正義大夫	君	承襲嫡長曾孫	衆子	承襲嫡長孫	
正3	明善大夫	都正				
正3	彰善大夫	正		衆孫	承襲嫡長曾孫	衆子
從3	保信/資信大夫	副正		衆曾孫		衆孫
正4	宣徽/廣徽大夫	守				衆曾孫
從4	奉成/光成大夫	副守				
正5	通直/秉直郎	令				
從5	謹節/愼節郎	副令				
正6	執順/從順郎	監				

『경국대전(經國大典)』의 종친직(宗親職) 규정은 이전 세조 때의 규정과 비교할 때, 한결 간결하고 정비된 형태이다. 우선 종친직은 1품과 2품을 군(君)으로 통합하고 있다. 1457년(세조 3)에는 승습(예정)자의 경우는 봉군(封君)하였지만, 비승습자의 경우는 1품은 경(卿), 2품은 윤(尹)으로 구성된 2원적인 직제를 갖고 있었다. 정3품의 종친직에 도정(都正)이 추가되어 당상관(堂上官) 종친직을 구분한 점도 『경국대전』규정에서 처음 마련된 규정이었다.

승습자(承襲者)의 경우 종래에는 승습예정자와 승습자, 비승습자를 구분하고 있었다. 아울러 승습예정자는 승습 이전에는 지자(支子)와 동일하게 간주한다는 모순된 규정도 갖고 있었다. 이미 승습예정자를 비승습자와 구분하는 관작 체제를 갖추고 있었기 때문에 이들을 지자(支子)와 구분하지 않는다는 규정은 사실상 무의미한 것이었다. 『경국대전(經國大典)』에서 승습자가 승습 이전에는 지자와 동일하게 간주한다는 규정은 생략되었다. 다만, 승습은 부의 사망 이후에 이루어진다는 규정을 두고 있을 뿐이다. 승습예정자를 위한 별도의 관직 수여 기준이 규정되어 있지 않으므로『경국대전』규정에서 승습자는 일반 중자(衆子)의 종친직을 부여받았다가 승습한 이후 승습직으로 승직되도록 설정된 것이다. 이전과 달리 승습자의 신분을 적장자(嫡長子)로 명시한 점도 주목된다. 승습(예정)자라는 규정이 신분상의 제약을 해제한 규정이었던 데 반하여『경국대전』은 승습자의 신분이 적자(嫡子)이며 장자(長子)이어야 함을 분명히 규정하고 있다.

세자에 대한 책봉 기준이나 원칙은 종친직 규정에 포함되어 있지 않다.『경국대전(經國大典)』규정에는 세자와 관련된 규정은 국왕의 규정과 동일하게 생략되어 있다. 반면에 종친직 규정에 세자의 자손(子孫)에 대한 지위 부여와 관련된 사항을 담고 있다. 대군(大君)과 서자군(庶子君)의 경우는 승습적장자(承襲嫡長子)의 지위를 따로 규정하고 있는데, 세자의 경우는 이 부분이 생략되어 있다. 그러나 세자의 경우는 승습이 곧 왕위 계승이기 때문에 이와 관련된 사항을 따로 규정하지 않은 것이라 할 수 있다. 세자의 자(子)는 세자가 왕위를 계승하는 순간 대군(大君)·군(君)으로 지위가 변하기 때문에 세자의 중자(衆子)로서의 지위는 한시적인 성격을 갖고 있다. 그럼에도 이전과 달리 이러한 사항을 『경국대전』에 포함시키게 된 것은 실제의 경험에 근거한 것으로 판단된다. 세조(世祖) 때에 세자의 신분으로 사망한 의경세자가 있었고, 세자가 왕위를 승계하지 못한 상태에서 자손이 남을 수 있는 경험을 하게되었다.『경국대전』규정에 세자의 자손(子孫)에 대한 지위를 별도로 마련한 것은 이러한 실제 경험을 반영한 것이었다.

<표 11>에서 설명되어야 할 사항은 수직 대상인 승습자(承襲者)와 중자(衆子)의 초직 이외에 존재하는 많은 빈칸의 문제이다. 수직 대상자에 비해 지나치게 많이 설정된 듯이 보이지만, 이 빈칸에 해당하는 종친

직은 종친직 운영의 일반 원칙을 적용하기에는 오히려 부족한 상태이다.

먼저 정1품 군(君)의 성격이다. 후궁 소생인 왕자군(王子君)의 경우 천첩자(賤妾子)를 상정하여 정1품 군을 설정했을 가능성인데, 이 가능성은 앞에서 설명한 바와 같이 태종 17년 이후 국왕의 친자(親子)는 대군과 구분할 뿐 달리 신분에 따른 차별이 부정되었다는 점에서 성립되지 않는다. 정1품 군은 종1품 이하의 종친직 수직자가 승진할 수 있는 자리였다. 품계(品階)를 두 단계로 설정하였기 때문에 종1품 수직자는 초직으로 가덕대부(嘉德大夫) 군(君)으로 시작하여 세 단계의 승직이 가능하였다.

다음으로 양첩과 천첩 출신에 대해 각각 한 등급의 차등 임명을 규정하고 있는 원칙이 『경국대전』 규정상의 종친직 편제를 통해 수용될 수 있는가 하는 점이다. 왕자군(王子君)의 적중자(嫡衆子)는 정3품의 초직을 받게 되어 있다. 따라서 천첩자는 이보다 두 단계 하향된 정4품 수(守)가 초직이 된다. 왕자군의 천첩자로 수(守)에 임명된 사람의 적자(嫡子)는 종4품 부수(副守), 양첩자는 정5품 령(令), 천첩자는 종5품 부령(副令)이 초직이 된다. 부령(副令)의 적자는 정6품 감(監)에 해당 하지만, 양첩자와 천첩자를 위한 초직은 종친직에는 더 이상 편제되어 있지 않다. 왕자군의 증손까지는 국왕의 현손(玄孫)으로 종친직의 수직 대상자이므로 부령의 양천첩자의 경우 차등 초직 제수가 가능하지 않다. 실제 사례는 이럴 경우 국왕의 현손에 해당하는 사람에게 적출(嫡出) 서출(庶出)에 상관없이 감(監)을 제수하고 있다.[83]

---

83) 이런 경우에 해당되는 사례는 많지 않지만, 성종(成宗)의 8남 이성군(利城君)에서 해당 사례를 찾을 수 있다. 이성군의 첩2남인 화산수(花山守)는 모친이 비(婢) 맹비(孟非)였다. 이성군의 적처 아들은 정3품 정(正)에 임명되었지만, 화산수는 천첩자로 두 단계 아래인 정4품 수(守)에 임명되었다. 화산수는 비(婢) 은복(銀福)에게서

초직 대상직으로 표시되지 않은 종친직의 많은 자리는 승직을 통해, 혹은 양천첩자의 차등 제수를 위해 마련된 것이었다. 그럼에도 종친은 정6품을 하한으로 설정한 기준과 차등 임명의 원칙은 서로 충돌하고 있는데, 보다 중시된 원칙은 정6품 하한선 기준이었음을 알 수 있다.

『경국대전(經國大典)』의 종친직(宗親職)은 일반 문무관직과는 달리 사수(仕數)의 집적을 통한 승직의 길이 마련되어 있지 않았다. 종친직은 세종 25년의 규정 이래로 국왕의 판단에 의해 승직될 수 있는 자리였다. 승직을 위한 자리는 마련되어 있지만, 승직이 오직 국왕에 의해 인품의 근량(勤良)이 인정되는 방법밖에 없다는 점은 국왕의 통제와 국왕에의 종속을 전제로 한 종친직 체제의 기본적인 성격을 보여주는 것으로 생각한다.

『경국대전(經國大典)』 종친직(宗親職) 구성은 오랜 동안의 정비를 배경으로 매우 간결하고 정비된 모습을 갖추고 있다. 무엇보다 향후 존재하게 될 수많은 종친에 대해 국왕을 기준으로 그들의 지위를 규정하고, 재생산되도록 하는 작동 원리를 갖고 있었다. 왕작(王爵)은 혈통에 근거한 영구적 계승을 이상으로 하고 있다. 종친직의 구성은 이와는 명확히 구분되어 있다. 종친직은 그 원인의 발생이 국왕과의 혈통적 친밀성에 근거하고 있기 때문에, 혈통적 친밀성이 소멸하게 되면, 그와 비례하여 지위의 하락과 소멸을 동반하게 되는 성격을 갖고 있다. 국왕의

의원부령(義原副令)을 얻었다. 화산수의 적자는 종4품 부수(副守)에 해당되지만, 의원부령은 천첩자였기 때문에 두 단계 하향되어 종5품 직인 부령(副令)에 임명된 것이다. 의원부령은 적처에게서 태천감(泰川監) 이인지와 비(婢) 연합(延合)에게서 덕천감(德川監) 이인체를 얻었다. 의원부령의 아들은 모친의 신분에 상관없이 모두 정6품 감(監)에 임명된 것이다. 이인체는 천첩자이므로, 이인지에 비해 두 단계 아래 종친직에 임명되어야 하지만, 정6품이 종친직의 최하한선이기 때문에 이 두 사람은 모두 감에 임명되었던 것이다. (『선원록』 권39)

친자에 대해 왕작(王爵)의 성격을 갖는 대군(大君)과 군(君)의 지위를 부여하지만, 그 지위는 영속되는 것이 아니라 대수의 계승에 따라 하향 소멸되도록 설정된 것이 『경국대전』 종친직의 가장 두드러진 특징으로 설명할 수 있다.

6. 소결

이상의 논의를 정리하면서 글을 마치고자 한다.

혈통을 통해 왕위가 계승되는 왕조 국가에서 종친(宗親)은 잠재적인 왕위 계승의 후보가 될 수 있었다. 종친은 잠재적인 왕위의 위협 요소가 될 수 있지만, 혈통에 의한 왕위 계승 과정에서 특정 성씨가 왕위를 독점할 수 있는 배경이기도 하였다. 종친에게 직사(職事)를 맡기지 않아 현실 정치에서 배제시키면서도, 한편으로 이들을 위한 독자적인 종친직 체제를 마련하여 이들의 특별한 신분을 표시하고 특권을 인정한 것은 종친이 지닌 양면적인 성격에 근거한 것이었다.

조선은 건국 직후부터 상위의 종친에게는 군호(君號)를 부여하고, 하위의 종친에게는 원윤(元尹) 이하의 종친직을 임명하는 이원적 직제를 운영하였다. 특히 봉군(封君)의 대상을 태조(太祖)의 직계로 한정하고, 점차 종성(宗姓) 이외의 봉군자를 극도로 제한함으로써, 종친을 위한 구분된 지위 체제를 갖추어 갔다. 고려 말 이래로 적자(嫡子)와 장자(長子)를 중시하는 가족제의 논리가 조선 사회에 도입되고 있었다. 태조대(太祖代)부터 종친직의 임명과 승계에 적자와 중자를 구분하고, 다시 태종 대에 와서 적장자에 의한 승습의 원칙을 천명한 것은 이러한 경향을 반영한 것이었다.

그러나 적자를 강조하고, 다시 신분적 차별을 반영하여 양천을 구분하는 것은 특정 성씨에 의한 왕위의 독점을 위해 결코 바람직한 것은 아니었다. 1417년(태종 17) 종친제의 전면적인 정비 작업은 이러한 인식에 근거한 것이었다. 태조(太祖)의 방계와 외척을 봉군(封君) 대상에서 배제하면서 봉군 대상자를 축소시킨 그동안의 경향과는 달리 1417년(태종 17)부터는 봉군(封君) 대상자를 국왕의 적서(嫡庶) 제자(諸子)와 친형제 및 친형제의 적(嫡)·서자(庶子)로까지 확대한 조처는 특정 성씨의 왕위 독점을 위한 든든한 배경을 구축하려는 의도였다. 이들은 봉군(封君)되었을 뿐 아니라 군호(君號)가 장자를 통해 영구적으로 승습되도록 종친직제가 정비되었다.

점차 증가하는 종친의 다수는 군호(君號)의 수직자가 아니었다. 점증하는 종친에 대한 처우의 기준이 필요하였고, 이는 항구적으로 종친직제를 운영하는 문제와 관련된 사안이었다. 종친직의 적용 대상을 국왕의 4세손(世孫)에 한정하고, 친족의 대우를 단문친(祖免親)에 그치게 한 기준은 종친직제를 정비하는 매우 중요한 원칙이 되었다. 1443년(세종 25) 종친직은 독자적인 품계(品階)와 직제(職制)를 갖추게 된다. 세대에 따라 차등하여 직위를 부여하고, 다시 출생 신분에 따라 직위를 차등하는 원칙은 지속 가능한 종친직제 구성을 모색한 결과였다. 특히 군호(君號)의 세습을 매우 중시하여, 세습자에게만 군호를 부여하도록 하였고, 비세습자에게는 봉윤(封尹)하는 별도의 체제를 갖추게 되었다. 그런 한편 군호의 세습을 4대로 한정함으로써, 봉군(封君)의 의미는 왕작(王爵)으로서 영대적으로 세습되는 독자적인 작위(爵位)가 아니라, 왕권을 통해 파생되고 소멸되는 종속적인 지위로 변화하게 되었다.

세조대(世祖代)를 거쳐 『경국대전(經國大典)』에 이르는 종친직(宗親職)의 정비는 건국 이래 축적된 종친 직제의 정비 방향과 경험을 수용하여 보다 정돈되고 지속적으로 운영 가능한 체제를 갖추는 데 강조점이 있었다. 『경국대전』의 종친직제는 일반 문무 관료의 관직 체계에 조응하여 체제를 갖추는 한편, 문무관료와 구분되는 무품(無品)의 대군과 군을 설정하여 일반 관직과 구별된 작위(爵位)의 성격을 담고 있었다. 그런 반면, 군호(君號)는 4세대를 승계한 후 소멸하도록 하여 영속적으로 지속되는 왕작(王爵)으로서의 의미를 영구히 배제하였다. 한편 하위 종친직의 경우는 정6품을 하한선으로 설정하여 원칙상 더 하위의 직위를 부여받아야 하는 경우에도 정6품의 감(監)을 보장하여 종친직의 일정한 품격을 유지하도록 하였다.

유교의 일반적 통치 논리로 언급되는 친친(親親)은 이를 국시로 채택한 조선에서 매우 중시된 이념이었고, 종친(宗親)의 대우와 처우에도 적용되는 논리였다. 물론 이에는 왕위의 독점과 유지라는 현실정치의 논리와 이유도 개재되어 있었다. 조선은 종친직제를 통해 친친(親親)의 유교적 이념을 실천하였고, 또한 그 직위와 특권을 국왕에 종속하여 파생하고 소멸하도록 함으로써 현실 정치의 필요를 수용하였다.

종친의 문제는 단순히 그들의 정치적 사회적 표시인 종친직제만을 통해서 해결될 수는 없다. 그에 수반된 녹봉(祿俸), 과전(科田), 수종인(隨從人) 등 공식적인 제반 특권과 대우, 이와 별도로 이들이 봉착했던 현실적인 제약에 대한 검토가 병행되어야 한다. 또한 현재 방대한 양으로 축적된 왕실 계보의 수록 대상 범위가 『경국대전(經國大典)』 규정으로 설명할 수 없다는 점에서 『경국대전』 체제 이후 종친 범주에 대한 인식과 실질적인 처우 상의 변화 추이가 아울러 검토될 필요가 있을 것이다.

2장

조선전기 묘지명(墓誌銘)에 나타난 종친직제 운영

1. 머리말

조선시대 종친은 특수한 신분층이었다. 종친은 특정 성씨가 왕위를 독점함으로써 확보되는 안정된 국왕권의 배경이기도 하였지만, 한편으로 국왕의 자리를 대체할 수 있는 정치적 위협 요소를 내포한 존재이기도 하였다. 종친이 가진 독특한 성격 때문에 조선에서는 건국 직후부터 이들에 대한 일정한 통제책을 강구하였고, 『경국대전(經國大典)』 종친직(宗親職) 규정은 이에 대한 귀결점인 것으로 이해된다. 이미 종친직제 및 종친에 대해서는 많은 연구가 집적되었다.[1]

---

* 이 장은 강제훈, 「조선전기 墓誌銘에 나타난 宗親職制 운영」, 『서울과 역사』97, 2011을 개고한 것이다.
1) 종친 관련 제도적 정비에 대해서는 다음의 논문 참조.
  김성준, 「朝鮮初期 宗親府」, 『한국중세정치법제사연구』, 일조각, 1985
  남지대, 「조선초기 禮遇衙門의 성립과 정비」, 『동양학』24, 1994
  정재훈, 「조선초기 왕실혼과 왕실후예 연구-『璿源錄』을 중심으로-」, 서강대 박사 국왕의 직계 4대, 8촌 이내의 동성친에 대해서는 이른 시기부터 정치현장에서 배제하면서, 일정한 특권과 지위를 부여하되, 철저하게 국왕권에 파생된 존재로 위치시키는 노력이 기울여졌다.『경국대전(經國大典)』 종친직(宗親職) 규정은 종친을 제도의 범주 내에서 예측가능하고 안정된 형태로 묶어두려는 장치였다. 대부분의 종친 연구는 이러한 종친의 정치적 지위와 역할을 규명하는데 집중하였다고 판단된다. 한편 종친직제의 정비에는 종법적 질서를 도입하려는 국가 정책에 부합하여 진행된 측면이 있다는 점이 강조되기도 하였다.[2]

종친직제의 정비 과정에 주목한 연구나 혹은 정비 이후의 종친의 존재 형태에 대해 검토한 연구는 모두『경국대전(經國大典)』 종친직(宗親職) 규정의 안정성에 대해서 의심하지 않는 것처럼 보인다. 이 규정의 정치적 의미를 배제하고 생각한다면, 이 규정은 매우 엄격한 부계 중심의 종법 질서를 전제하고 있고, 당시 사회는 이와는 부합되지 않는 사회였다.『경국대전』의 종친 규정 조항은 15세기 제정 시점에서 볼 때, 당시 사회가 쉽게 수용할 수 있는 내용이 아니라는 점에 주목할 필요가 있다. 부계 친족을 가정하는『경국대전』의 종친 직제는 15세기 조선의

학위 논문, 1994

신명호,「조선초기 왕실 편제에 관한 연구-'議親制'의 정착을 중심으로-」, 한국정신문화연구원 박사학위 논문, 1999.

지두환,「朝鮮初期 宗親封爵法의 變遷」,『한국사상과 문화』4, 1999

박　진,「조선초기 敦寧府의 성립」,『한국사학보』18, 2004

강제훈,「조선초기 宗親職制의 정비와 운영」,『한국사연구』151, 2010

종친의 동향에 대한 연구도 진행되었는데, 다음의 연구가 그러한 범주에 해당한다.

한충희,「朝鮮 世祖代(1445-1468) 宗親研究」,『한국학논집』22, 1995

김수경,「17세기 후반 宗親의 정치적 활동과 위상」,『이대사원』30, 1997

한충희,「朝鮮 世祖代(1455-1468)의 內宗親에 대하여」,『경북사학』21, 1998

2) 지두환, 앞의 논문, 1999와 강제훈, 앞의 논문, 2010 논문 참조.

일반적인 관행과 비교할 때 매우 이례적인 것이다. 당시의 사회는 부계와 모계 친족에 대해 동일한 수준에서 친족 의식을 가지고 있었음이 밝혀져 있다.3) 또한 동성(同姓)의 문중(門中)과 같은 특별한 혈연 집단이 형성되어 있지 않았고, 제사와 같은 유교적 의례도 외손(外孫)에 의해 봉행되는 것이 가능한 사회였다. 그럼에도『경국대전』의 규정은 동성(同姓) 집단에 대한 특별한 구분과 범주화를 전제하고 있다. 과연 이러한 규정은 종친을 법제의 범주로 묶어내는 적절한 기능을 수행하는데 문제가 없었을까? 적어도 규정대로 종친은 직위를 부여받고, 법 규정이 의도하는 바의 모습으로 존재하였을까?

『경국대전(經國大典)』규정의 적용 실제를 알기 위해서는 종친의 수직 실태를 파악해야 한다. 연대기 자료에는 대군(大君) 등 제한된 범위의 종친에 대해 기록을 남기고 있으나 상대적으로 하위직 혹은 세대가 멀어진 종친에 대한 기록은 소홀하게 처리되고 있다. 종친을 주인공으로 하는 묘지(명)(墓誌(銘))는 이러한 작업의 주요 자료로 활용될 수 있다. 마침 서울시가 16세기 작성된 묘지를 문화재로 지정한데 이어, 최근 중앙박물관에서는 묘지 전시를 시행하였고, 관련 자료가 도록으로 간행되었다.4) 이 글은 이들 자료를 검토하여『경국대전』규정이 당시

---

3) 관련 주요 연구는 다음과 같다. 다음 중 특히 이종서의 경우는 조선 초기 아예 정형화된 친족 조직 자체가 없다는 해석을 제시한 바가 있다.
　최재석,『한국가족제도사연구』, 일지사, 1983
　마크 피터슨(김혜정 역),『유교사회의 창출』, 일조각, 2000
　마르티나 도이힐러(이훈상 역),『한국사회의 유교적 변환』, 아카넷, 2003
　문숙자,『조선시대 재산상속과 가족』, 경인문화사, 2004
　이종서,『고려·조선의 친족용어와 혈연의식-친족관계의 정형과 변동』, 신구문화사, 2009
　박　경,『조선 전기의 입양과 가족제도』, 혜안, 2011

대에 어느 정도 효율적으로 기능하고 있었는지 추적하고자 하였다.

　이 글의 일차적인 목적은『경국대전(經國大典)』상의 종친직 규정이
제정 시점에서 얼마나 안정적으로 적용될 수 있었는지를 검토하는 것
이지만, 이를 통해서 종법적 사회 질서를 도입하고 실천하는 과정에서
당시 사회가 직면하고 해결해야했던 문제를 아울러 살펴볼 수 있기를
기대한다.

2.『경국대전(經國大典)』종친 규정과 적서(嫡庶) 차별 원칙

　종친에 대해서는『경국대전(經國大典)』이전(吏典) 종친부(宗親府)
조항에 종친에 적용되는 품계(品階)과 직함(職銜)이 제시되어 있고, 각
직함을 초직으로 받을 수 있는 대상이 규정되어 있다. 종친직의 수직

---

4) 이 글에서 중점 검토하는 묘지(명)(墓誌(銘))은 다음과 같다. 이들 묘지는 모두 종
친 관계 자료이며,『경국대전』이 완성된 직후에 해당하는 16세기 사례라는 공통
점이 있다.

　　<표 1> 16세기 종친(宗親) 묘지(명)(墓誌(銘))

	묘지(명)	시점	작성자	비고
1	中義大夫輪山君墓(誌)	1547	우찬성 閔齊仁	世宗 孫
2	王子雲川君妻鶴城郡夫人權氏墓誌	1565?	덕은군 송기수	成宗 子
3	王子全城君 丹陽郡夫人權氏附葬誌	1670?	?	成宗 子
4	昭德大夫廣川君墓誌銘	1589	洪聖民	成宗 孫
5	海安君墓誌	1573	?	中宗 子
6	居昌郡夫人墓誌幷銘	1567	풍저창수 申濩	해안군妻

윤산군(輪山君) 이탁(李濯)의 묘지(墓誌)(1)는 2011년 1월 서울시 유형문화재 313
호로 지정되었다. 이형우 교수와 김수정 팀장의 도움으로 관련 자료를 열람할 수
있었다. 나머지 묘지(명)는 국립박물관 소장 자료인데, 전시 도록인 국립중앙박물
관,『삶과 죽음의 이야기, 조선묘지명』, 2011에 사진이 수록되어 있다. 이동우 학
예관의 도움으로 도록 제작에 활용된 사진 자료를 열람할 수 있었다. 지면을 통해
사의를 표한다.

대상은 국왕의 현손(玄孫)까지이다. 종친직제는 하나의 단일한 체계를 갖추고 있지만, 국왕의 적자인 대군(大君)의 자손인가, 서자인 왕자군(王子君)의 자손인가의 여부에 따라 제수되는 종친직에 차등이 있었다.[5] 『경국대전』에 규정된 종친직을 제시하면 다음 <표 2>와 같다.[6]

<표 2> 『경국대전』 종친직(宗親職) 구성과 수직(受職) 대상

관품	종친계	종친직	수직대상				
		世子	(世子)				
		大君		嫡衆子			
		君				庶衆子	
正1	顯祿/興祿大夫	君					
從1	昭德/嘉德大夫	君		承襲嫡長孫			
正2	崇憲/承憲大夫	君	衆孫	承襲嫡長曾孫		承襲嫡長孫	
從2	中義/正義大夫	君	衆曾孫	承襲嫡長玄孫	衆孫	承襲嫡長曾孫	
正3	明善大夫	都正					
正3	彰善大夫	正	衆玄孫		衆曾孫	承襲嫡長玄孫	衆孫
從3	保信/資信大夫	副正			衆玄孫		衆曾孫
正4	宣徽/廣徽大夫	守					衆玄孫
從4	奉成/光成大夫	副守					
正5	通直/秉直郎	令					
從5	謹節/愼節郎	副令					
正6	執順/從順郎	監					

『경국대전(經國大典)』 종친직은 대군(大君)에서 감(監)까지로 구성되어 있다. 종친직은 봉작의 성격이 강한 대군/왕자군(王子君)과 직의 성격이 강한 나머지 직함으로 이질적인 구성을 갖고 있다. 각 종친 직에는 군(君)과 3품 이하 종친에게 읍호(邑號)를 사용하게 한다는 이전

---

5) 『경국대전』 규정에 이르기까지 종친 직제의 정비 과정에 대해서는 지두환, 앞의 논문, 1999 및 강제훈, 앞의 논문, 2010 참조.
6) 수직대상은 『경국대전』 규정에는 대군과 왕자군을 기준으로 자손 관계가 표시되어 있지만, 본 표에서는 국왕을 기준으로 관계를 수정하여 제시하였다. 본 표에서 국왕의 현손(玄孫)은 『경국대전』 규정에는 대군 혹은 군의 증손(曾孫)으로 표시되어 있다.

(吏典) 경관직(京官職) 조항의 일반 규정에 따라 실제의 지명을 붙이게 되어 있다. 대군과 왕자군은 품계가 없고 승직의 여지가 없는 봉작의 성격이 강하며 읍호를 사용하는 일반 원칙의 적용 대상도 아니다. 반면에 정1품 군에서 종6품 감까지는 읍호를 사용하고 현록대부(顯祿大夫)에서 종순랑(從順郞)까지 독자적인 종친 품계를 적용하며, 초직을 제수받은 이후 승직할 수 있는 자리이다.[7]

종친직(宗親職)의 하한선은 정6품이다. 종친은 문무관과 구분되는 별도의 품계를 사용하나, 각 등급은 일반 문무관과 마찬가지로 2단계의 자급으로 구성되어 있다. 즉 정1품 종친은 종친에게만 사용되는 자급을 받게 되는데, 해당 자급은 현록대부(顯祿大夫)와 홍록대부(興祿大夫) 두 단계로 이루어져 있다. 대군(大君)/군(君)은 승습되므로 해당 적장자는 원칙상 군에 봉해진다. 군호를 받기는 하지만 세대가 내려가면서 품계가 한 단계씩 하향되며, 왕자군(王子君)의 경우는 현손 대에는 승습직으로 정(正)을 제수받게 된다. 반면 승습자가 아닌 경우 대군의 아들은 군에 봉해지지만, 대군의 손(孫) 이하, 왕자군의 자(子) 이하는 군에 봉해지는 것이 아니라 정3품 정 이하의 종친직이 주어진다.

종친직의 운영 원리를 규정하기 위해 『경국대전(經國大典)』 종친부 항목에는 다음과 같은 보완 조항이 있다.

> ① 良妾의 소생은 1등을 내리고, 賤妾의 소생은 또 한 등을 내린다.
> ② 承襲하는 職은 아버지가 죽으면 제수한다.
> ③ 親盡이 되면 文武官 子孫과 같은 방식으로 벼슬에 나아간다.

---

7) 『경국대전』 규정에서 대군과 왕자군을 제외한 나머지 종친직은 초직으로 받을 수 있는 최상위가 종1품 가덕대부 군이다. 이 경우 네 단계의 품계상의 승직이 가능하다.

① 조항은 첩 소생 자손의 종친직 제수를 규정하고 있다. 이 조항을 통해 <표 2>에 제시된 일체의 종친직이 적처(嫡妻) 소생 자녀에 대한 초직 규정임을 알 수 있다. 양첩 및 천첩 소생은 <표 2>에 제시된 규정을 기준으로 한 단계, 혹은 두 단계 감등하여 종친직을 제수하도록 규정하고 있는 것이다.

② 조항은 승습하는 적장자에 대한 규정이다. 이들은 일반 자손과 구분되어 두 등급 상위의 종친직을 제수 받는데, 그 시점은 부친의 사망 이후라는 원칙을 규정하고 있다. 이들은 습직 이전까지는 일반 자손과 동일한 종친직을 갖고 있다가 부친 사망 후 습직 규정에 의해 해당 종친직에 제수된다.

③ 조항은 종친직(宗親職)의 수직 범위를 규정하고 있다. 친진(親盡)이 되면 문무관 자손과 같은 방식을 택하게 되므로, 친진이 되지 않은 동성 친족은 종친직의 수직 대상임을 밝히고 있는 것이다. 국왕의 현손에 해당하는 동성 친족은 모두 종친직의 수직 대상이다.

종친직(宗親職) 규정에 이러한 보완 조항이 필요한 것은 종친직제의 정비과정에서 발견된 문제에 근거한 것이었다.『경국대전(經國大典)』의 종친직제는 오랜 시험을 거친 규정은 아니었다. 후술하는 바와 같이 『경국대전』의 완성 시점을 기준으로 할 경우『경국대전』에 규정된 모습을 갖추기까지 관련 규정은 충분한 정비 시간을 갖지 못한 것으로 판단된다. 당시 쟁점이 되었던 사항을 중심으로 정리하면 다음 <표 3>과 같다.8)

---

8) 각 품계에 해당하는 종친직의 명칭은 시점에 따라 상이하기 때문에 <표 3>의 정리에서는 생략하였다.

<표 3> 종친직(宗親職) 초수(初授) 품계와 수직 대상

관품	종친계	1443년 (세종25)	1461년 (세조7)		經國大典	
無品	大君	嫡子	嫡子		嫡子	
	君	庶子		庶子		庶子
正1	顯祿/興祿大夫					
從1	昭德/嘉德大夫	승습孫	승습孫		승습嫡長孫	
正2	崇憲/承憲大夫	승습曾孫	승습예정孫 승습曾孫	승습孫	승습嫡長曾孫	승습嫡長孫
從2	中義/正義大夫	승습玄孫 승습예정孫	승습예정曾孫 승습玄孫	승습예정孫 승습曾孫	승습嫡長玄孫 衆孫	승습嫡長曾孫
正3	明善/彰善大夫	승습예정曾孫	승습예정玄孫	승습예정曾孫 승습玄孫	衆曾孫	승습嫡長玄孫 衆孫
從3	保信/資信大夫	승습예정玄孫	衆孫	승습예정玄孫	衆玄孫	衆曾孫
正4	宣徽/廣徽大夫	衆孫	衆曾孫	衆孫		衆玄孫
從4	奉成/光成大夫	衆曾孫	衆玄孫	衆曾孫		
正5	通直/秉直郎	衆玄孫		衆玄孫		
從5	謹節/愼節郎					
正6	執順/從順郎					

　종친 직제를 정비하는 여러 논점이 있었지만, 『경국대전(經國大典)』 단계에서는 적서(嫡庶)와 승습자에 대한 구분이 주요한 논점이었다. 1443년(세종 25) 종친직에는 다른 일반 관원과는 구분되는 독자의 품계가 적용되게 되었다.9) 이때는 대군(大君)/군(君)을 승습할 예정자와 승습한 사람, 기타 국왕의 자손을 구분하여 종친직을 제수하도록 하였다. 국왕의 손자에게는 정4품 종친직이 제수되었는데, 대군/군을 승습할 예정자라면 같은 손자라도 종2품을, 부친의 사망으로 직을 승습한 경우에는 종1품을 수여하도록 하였다.

　1461년(세조 7)에는 기존의 종친 직제는 적서(嫡庶)의 구분이 반영되지 않았다는 반성 아래 적서를 구분하여 종친직을 수여하도록 개정하

---

9) 『세종실록』 권102, 세종 25년 12월 9일(기축)

였다.[10] 국왕의 적자인 대군(大君)과 서자인 왕자군(王子君)의 자손에 대해 초직으로 받는 종친직을 구분하였다. 동일한 조건에서 대군의 자손은 왕자군(王子君)의 자손보다 한 등급 상향된 종친직을 제수 받도록 하였다. 그 결과 승습자와 승습예정자, 기타로 구분되었던 종친 직제에, 대군과 군의 자손을 차별하는 종친직 제수 규정이 추가되었다.

『경국대전(經國大典)』 규정에서는 적서(嫡庶)를 구분하는 원칙은 수용하면서, 승습예정자를 대우하는 규정을 배제하였다. 기존의 규정 중에는 승습 이전에는 일반 지자(支子)와 동일하게 대우한다는 사항이 있었는데, 승습예정자를 구분하는 수직 규정은 이 사항과는 충돌하고 있었다. 『경국대전』 규정에서는 아에 승습예정자에 대한 우대를 배제하였다. 반면에 일반 자손을 승습예정자에 준하는 선까지 상향하여 종친직을 설정하였다. 일반 자손의 초직을 상향하면서 적서의 구분은 더욱 엄격하게 규정하였다. 기존에는 승습자의 출생상의 신분을 분명하게 규정하지 않았다. 반면에 『경국대전』에서는 승습자를 적장(嫡長)으로 규정하고 있다. 즉 기존에는 종친직 수직 대상자의 친모가 처(妻)/첩(妾)인지를 구분하지 않았는데, 『경국대전』에서는 친모가 적처(嫡妻)여야 한다는 점을 명시한 것이다.

승습예정자에 대한 우대를 폐지하면서, 일반 자손의 지위가 상향되어야 할 이유가 궁금한데, 일반 자손의 초직을 상향 조정한 결과 초직의 대상이 명시되지 않은 종4품에서 정6품까지 네 등급의 빈 칸이 만들어지게 되었다.[11] 1443년(세종 25)과 1461년(세조 7)의 규정에는 최하한 종친직이 정5품이고 종5품과 정6품이 빈 칸으로 되어 있는데, 이는

---

10) 『세조실록』 권23, 세조 7년 3월 20일(신유)
11) <표 3> 참조.

양첩(良妾)과 천첩자(賤妾子)의 강급 규정을 고려한 것이었다.『경국대
전(經國大典)』에는 이보다 훨씬 많은 네 등급의 빈 칸이 설정되어 있다.
이는 그 동안의 종친직 운영 경험을 반영한 것으로 판단된다. 양첩과
천첩 자손의 강급 규정을 준수하기 위해서는『경국대전』규정의 네 등
급만으로도 충분하지 않기 때문이다. 천첩 혹은 양첩 소생으로 세대가
이어지는 경우『경국대전』규정은 차등 원칙을 모두 수용할 수 없게 된
다.[12] 승습예정자가 폐지된 것은 강급 규정을 적용할 수 있는 범위를
확대하기 위한 조처였을 것으로 생각한다.

정리하면, 1443년(세종 25) 수직 대상 종친을 승습자, 승습예정자, 일
반 자손으로 구분하였는데, 1461년(세조 7) 적서의 구분이 더해졌고,
『경국대전(經國大典)』규정에서는 예정자에 대한 구분이 배제되면서
적장자의 승습을 명시함으로써 적서(嫡庶)의 구분이 한층 강화된 모습
을 갖추게 되었다. 이렇듯 새로운 구분이 더해진『경국대전』의 규정이
현실의 종친들에게 적용되면서 제대로 작동할 수 있었는가 하는 점을
이어서 살펴보고자 한다.

3. 묘지(墓誌) 수록 종친(宗親)의 자녀 관계와 종친직(宗親職)
   수직(受職) 상황

이 글에서 검토하는 묘지명(墓誌銘)은 모두 16세기에 작성되었다.[13]
윤산군(輪山君) 묘지는 문화재로 지정되었고, 나머지 자료도 국립중앙

---

12) 이에 대한 자세한 내용은 강제훈, 앞의 논문, 2010, 88~94쪽 참조.
13) 주4) 표 참조. 묘지명 수록자에 대한 기록은 주4) 표에 정리된 해당 자료에 의한 것
   이므로 따로 인용하지 않는다.

박물관 소장 유물이므로 유물 자체에 대한 진정성은 따로 추적하지 않았다. 이 글에서는 해당 유물에 기록된 텍스트 정보를 주 검토 대상으로 하였다.

1) 윤산군(輪山君, 1462-1547) 묘지(墓誌)

윤산군(輪山君) 묘지(墓誌)는 의정부(議政府) 우찬성(右贊成) 민제인(閔齊仁)에 의해 1547년(명종 2) 작성되었다.

윤산군(1462-1547) 이탁(李濯)의 묘지 가장 앞머리는 윤산군이 임영대군(臨瀛大君)의 여덟 번째 아들임을 명시한 후, 출생 연도 없이 종친직 이력을 기록하고 있다. 총 5회에 걸친 승직의 사실이 기재되어 있는데, 1468년(세조 14) 7세의 나이에 보신대부(保信大夫) 윤산부정(輪山副正)이 되었다[14]는 기록을 시작으로 1476년(성종7) 창선(彰善), 1499년(연산군5) 명선(明善), 1541년(중종 36) 정의(正義), 1543년(중종 38) 중의대부(中義大夫)가 되었음을 밝히고 있다. 이 중 세 번은 승직 사유를 적고 있는데, 명선대부의 경우 대군의 친자(親子)라는 이유로, 1541년(중종 36)은 노직(老職)이 이유였다. 특히 1543년은 국왕의 특은(特恩)으로 승직하였음을 명시하였다. 흥미 있는 점은 종친직이 아니라, 종친 품계를 기재한 사실이다. 초직 윤산부정(輪山副正)은 종3품으로 해당 종친계는 보신대부(保信大夫)였다. 창선과 명선대부는 정3품 종친 품계이고, 해당되는 종친직은 각각 정(正)과 도정(都正)이었다. 정의

---

14) 1468년은 세조가 사망한 해이다. 윤산군의 초직 제수가 세조의 사망 이전인지 이후인지의 여부는 확인되지 않는다. 세조의 사망이 9월인데, 국상 초기에 종친직의 제수 여부가 불확실하다는 점에서 9월 이전에 수직이 이루어졌을 가능성이 높아 보인다.

와 중의대부는 종2품 품계로 군호(君號)가 사용되는 등급이었다. 『경국대전(經國大典)』의 세분화된 종친직제는 동일한 군(君)이라도 등급이 다르다는 점을 분명히 하려는 목적을 가지고 있었다. 윤산군 묘지는 이런 점에서 종친직제가 정비된 초기에 종친계에 의한 지위 표시가 중시되었음을 보여주는 자료라 판단된다.

묘지(墓誌)에 기재된 윤산군의 종친직이 어느 정도 신뢰할 수 있는지 의문의 여지가 있다. 묘지에 의하면, 성종(成宗)과 연산군(燕山君) 대에 두 번의 승작이 있었다. 그럴 경우 중종 치세기에 이미 정3품 도정(都正)의 지위에 있어야 하는데, 중종(中宗) 초기 실록 기사에서는 윤산부정(輪山副正)으로 나타나고 있다.15) 이런 의문점이 있기는 하지만, 어떻든 부정(副正)을 초직으로 받은 이탁은 정3품 윤산정(輪山正)과 윤산도정(輪山都正)을 거쳐 윤산군(輪山君)이 되었으며, 군호의 등급이 종2품에서 그쳤음은 분명하다.

종친직 이력에 이어 부인과 자녀 관련 내용이 이어지는데, 다음 <표 4>는 윤산군(輪山君)의 자녀 관계를 정리한 것이다.16)

<표 4> 윤산군(세종 손(孫)) 자손

	종친 자손	父
3세대	嫡子 ①팔거수 ②원성수 妾子 ①가덕부수 ②청계령 ③익주령 ④설산부수 ⑤신성령	윤산군
4세대	2남 1녀	팔거수
	3녀	원성수

---

15) 『중종실록』 권3, 중종 2년 8월 8일(기묘)

16) 종친직은 국왕의 4세대 후손까지 수여된다. 운천군은 임영대군의 아들로 세종의 2세대에 해당한다. 본 표에서 3, 4세대의 표시는 국왕 세종과의 관계를 나타낸다. 이후 표에서도 세대 표시는 기준이 되는 국왕과의 세대 관계를 의미한다.

윤산군(輪山君)은 부인 신석령(申錫寧) 여(女)와의 사이에서 2남 1녀를 두었고, 측실에서 5남을 얻었다. 적자 장남은 팔거수(八筥守), 차남은 원성수(原城守)이며, 측실에서 얻은 아들은 가덕부수(加德副守), 청계령(靑溪令), 익주령(益州令), 운산부수(雪山副守), 신성령(新城令) 순서로 기록하고 있다. 적자의 자녀 관계는 기술하고 있지만, 첩자의 자손은 생략되어 있다. 또한 기재 방식이 3세대 적자를 기재하면서 각각의 자녀 상황을 바로 기술하고 있다. 적자(嫡子)가 팔거수(八筥守)임을 기재한 후 바로 2남 1녀를 두었다고 기술하는 방식이다.

윤산군(輪山君)은 세종의 4남인 임영대군(臨瀛大君)의 아들이었다. 임영대군의 지위는 오산군(烏山君)이 승습한 것으로 생각된다.[17] 윤산군 이탁(李濯)은 임영대군의 천첩(賤妾) 소생이었다. 묘지(墓誌)에는 그의 모친이 생략되어 있으나,『선원록』에는 생모의 신분이 비(婢)로 기재되어 있다.[18] 윤산군은 대군의 천첩 소생이므로『경국대전』규정에 따라, 대군의 중자(衆子)가 제수 받을 수 있는 종2품 군(君)에서 두 단계 강등된 종3품 부정(副正)을 초직으로 받은 것이다.[19]

윤산군(輪山君)의 적자(嫡子)는 친부보다 한 등급 아래인 정4품 수(守)

---

17) 임영대군(臨瀛大君)의 승습자에 대한 기록은 확인되지 않는다. 다만 임영대군의 졸기에 이주(李澍)가 적장자임이 밝혀져 있으며(『예종실록』권1, 예종 1년 1월 21일(병자)),『선원록』에 이주가 오산군임이 기재되어 있다(『선원록』권27). 임영대군이 사망한 예종 원년은 이미 종친직의 승습 규정이 마련된 이후이고, 이주가 오산군의 종친직을 가지고 있다는 점에서 오산군이 임영대군의 승습자가 틀림없을 것으로 판단된다.

18)『선원록』권28

19) 또 한 가지 주목되는 사실은 정3품 당상관에 상응하는 도정(都正)이 초직의 등급 설정에서 배제되었다는 점이다. 종친직의 운영에서 종2품에서 한 등급 아래가 정(正)으로 설정되어 있다.

에, 첩자는 종4품 부수(副守)와 종5품 령(令)에 제수되었다. 부수에 제수된 사람은 양첩(良妾) 출생이고, 령은 천첩 출생이었다. 묘지(墓誌)는 이들이 출생 순서로 기재되어 있는데, 『선원록』에는 이들이 신분별로 분류하여 수록되어 있다. 따라서 윤산군 묘지는 가덕부수(加德副守) 이하 첩 소생의 출생 순서를 알 수 있는 기록이기도 하다. 16세기 초반 종친은 적서에 대해서는 서열을 분명히 하였지만, 첩자의 경우는 친모의 양천 신분에 관계없이 출생 순서로 서열이 정해지고 있음을 알 수 있다.

윤산군(輪山君) 묘지(墓誌)를 통해 알 수 있는 사항을 요약하면, 이 시기 종친직(宗親職)은 품계가 더 중요한 표지로 기능하였다. 윤산군은 당시로서는 드물게 86세까지 생존하여 매우 장수한 인물인데, 80세가 되는 1541년(중종 36)에 가서야 비로소 정의대부(正義大夫) 윤산군(輪山君)이 되었다. 그는 대군의 첩자로서 종친직을 제수 받았는데, 군호를 얻는 것이 쉽지 않았음을 짐작할 수 있다. 어떻든 윤산군은 대군의 천첩자로서 『경국대전(經國大典)』 규정에 따라 일반 아들보다 강등된 부정(副正)을 초직으로 받았고, 윤산군의 적자(嫡子)는 부친에 비해 한 단계 낮춘 종친직을 제수 받았다. 윤산군이 승습자의 위치에 있지 않았는데, 이런 경우 윤산군의 아들은 장자와 중자에 구분 없이 동일한 직위에 임명되었다.

2) 운천군처(雲川君妻) 학성군부인(鶴城郡夫人) 묘지(墓誌)

운천군처(雲川君妻) 학성군부인(鶴城郡夫人) 권씨 묘지(墓誌)는 덕은군(德恩君) 송기수(宋麒壽)에 의해 작성되었다. 시점은 명기되어 있지 않지만, 권씨가 1565년(명종 20) 사망하였으므로 이 무렵 작성된 것으로 추정된다.

묘지(墓誌)에 의하면 운천군(雲川君, 1490-1524)은 성종(成宗)의 15번째 아들로 숙의(淑儀) 홍씨(洪氏) 소생이었다.[20] 그는 30대 중반에 사망하였는데, 연산군(燕山君) 시절 생명을 위협을 느껴 두려워하다가 병을 얻었다고 한다. 1506년(연산군 12) 익명서 문제로 이들 형제는 조사를 받았는데,[21] 이 사건이 운천군에게 치명적이었던 것으로 생각된다. 본 묘지의 주인공은 학성군부인(鶴城郡夫人)이기 때문에 운천군 관련 내용은 상세하지 않다. 다만 두 사람 사이의 자녀 관련 사안은 비교적 상세하게 기록하고 있다. 학성군부인은 77세의 수를 누렸다. 묘지에는 양주에 있는 운천군의 묘소 주위가 협소하여 파주에 무덤을 조성한 사실이 기록되어 있다.

운천군(雲川君)은 학성군부인(鶴城郡夫人)과의 사이에서 1남 4녀를 두었는데, 1남은 요절하였고, 이어 4녀의 혼인 사실을 기록하고 있다. 운천군의 유일한 적자가 일찍 사망하였기 때문에 동모형(同母兄) 완원군(完原君)의 차자(次子)인 이천군(伊川君)을 계후(繼後)로 세웠다. 묘지의 후반부는 이천군의 자녀 및 그들의 종친직과 혼인 상대에 대해 기술하고 있다. 이천군은 적처에서 1녀를 두었고, 측실에서 4남 4녀를 얻었다. 측실 소생은 의령부수(義寧副守), 의흥부수(義興副守), 의양부수(義陽副守)였다. 묘지가 작성되는 시점에서 제4남은 아직 종친직이 없었지만, 『선원록』에는 의신부수(義信副守)로 기재되어 있다.[22] 묘지의 마지막 내용은 학성군부인 외손자 및 외손녀에 대한 사항을 기재하고 순서는 다음과 같다.[23]

---

20) 운천군의 사망 시점은 본 묘지에 기재되어 있다. 출생 시점은 『선원록』 권42, 성종대왕종친록에서 확인된다.
21) 『연산군일기』 권61, 연산군 12년 1월 6일(병술)
22) 『선원록』 권42

<표 5> 운천군(성종 자(子)) 자손

종친 자손		父	비고
2세대	子 ①(요절), ①繼後(伊川君), 女 ①(=사헌감찰 이구), ②(=의빈부 경력 이종효), ③(=종묘서령 박순년), ④(=순천군수 이경종)	운천군	종성
3세대	女 ①(=참봉 황정복) 妾子 ①의령부수 ②의흥부수 ③의양부수 ④(未爵) 妾女 ①(=충순위 용여해), ②-④ 妾女 幼	이천군	종성
	子 ①이결 女 ①(=유학 한요순) ②(=충의위 원언좌) ③(=현감 이?) ④(=충의위 이치맹) ⑤(=유학 조만종) ⑥(=유학 민경린)	감찰 (장녀)	異姓
	女 ①(=진사 송용동)	경력	異姓
	子 ①박계희 ②박계조 女 ①幼	령 (삼녀)	異姓
	子 ①진사 이주	군수	異姓

본 묘지에서는 운천군(雲川君)의 아들 세대와 손자 세대를 구분하여 기록하고 있다. 2세대에서 요절한 아들과 계후자로 세워진 이천군(伊川君)을 기록하고 그 다음에 딸과 배우자 관계를 기재하고 있다. 3세대는 먼저 이천군의 적녀와 배우자를 기재한 후, 첩자와 종친직함, 첩녀와 배우자 순서(順序)로 기록하였다. 이어서 운천군의 외손자 외손녀에 대해 기록하였는데, 모두 아들을 먼저 기재하고, 딸과 그 배우자를 기재하는 순서를 따르고 있다. 아들을 먼저 기재하고 딸을 나중에 기재하는 원칙이 지켜지고 있기 때문에 아들과 딸 사이의 정확한 출생 순서는 묘지(墓誌) 기록으로는 판단할 수 없다. 이런 상황은 2세대 운천군의 적녀와 첩자와의 관계에도 적용된다. 이들의 기재순서가 적자와 첩자를 구분한 기술이기 때문에 양자 사이에 출생의 선후 관계는 판단할 수 없다.

---

23) <표 5>에서 세대는 성종과의 관계를 나타낸다.

3) 광천군(廣川君, 1510-1588) 묘지명(墓誌銘)

전성군(全城君) 묘지(墓誌)의 작성자는 알 수 없다. 같이 기록된 부인 권씨(權氏)가 1569년(선조 2) 11월 사망하였으므로 1570년(선조 3)경 작성되었을 것으로 판단된다. 전성군은 성종(成宗)의 아들로 1490년(성종 21) 귀인(貴人) 권씨에게서 출생하였고, 1505년(연산군 11) 사망하였다. 9세에 군(君)에 봉해졌고, 16세 나이로 사망하였기 때문에, 부인인 단양군부인(丹陽郡夫人) 권씨가 익양군(益陽君)의 차자 광천군(廣川君)으로 후사를 삼았다. 전성군의 자손에 대해서는 광천군을 후사로 삼은 사실과 광천군에게 적처 소생 자녀가 없고, 서출로 5명의 아들을 얻은 사실을 기록하고 있다. 이와 관련된 사항은 광천군의 묘지가 남아 있으므로 이를 통해서 자세히 살펴볼 수 있다.

광천군(廣川君)의 묘지명(墓誌銘)은 1589년(선조 21) 홍성민(洪聖民)에 의해 작성되었다. 광천군은 성종의 손자로 익양군의 차자였다. 1510년(중종 5) 출생하였고, 1522년(중종 17) 3품 정(正)을 제수 받아 광천정(廣川正)이 되었는데, 전성군(全城君)의 후사로 결정되어 정2품 승헌대부(承憲大夫) 광천군이 되었다.[24] 인종(仁宗)의 혼전(魂殿)을 지킨 공으로 숭헌대부(崇憲大夫)가 되었고, 사옹원(司饔院) 제조도 맡았다. 1562년(명종 17) 중종(中宗) 천릉(遷陵) 작업에 대전관(大奠官)으로 참여[25]하여 종1품 가덕(嘉德)에 올랐고, 1567년(선조 즉위) 명종의 국상에 일을 맡아 소덕대부(昭德大夫)가 되었다. 광천군 칭호를 유지하면서 2품에서 1품까지 종친 품계가 승작되었다.

---

24) 후사로 결정되어 군호를 받게 된 시점은 알 수 없다.
25) 『명종실록』 권28, 명종 17년 9월 9일(경인)

『경국대전(經國大典)』상에 종친직(宗親職)의 승작(陞爵) 규정이 없는데, 광천군(廣川君)의 경우는 국상(國喪)으로 국가적인 업무에 참여하면서 정2품 품계인 승헌(承憲)에서 숭헌(崇憲), 종1품 가덕(嘉德)에서 소덕(昭德) 등으로 승작하였다. 그는 친부모와 양모의 상장 의례를 진중하게 처리하였고, 국상에서도 그러한 면모가 돋보인 존재로 묘사되고 있다. 또한 사옹원(司饔院)의 제조로서 관인 사회와 접점을 유지하면서 관료의 일원으로서 적지 않은 영향력을 갖고 있었다. 실록 기사에 따르면, 광천군은 이른 시기부터 일반 관료와 교유하면서, 상당한 수준의 정치적 실력을 행사하였던 종친으로 판단된다.26) 그런 영향력을 배경으로 중종 때는 기첩(妓妾)을 동행하는 등의 물의를 일으키기도 하였고,27) 명종 대에는 정치적 소동에 연루되기도 하였다.28) 어떻든 광천군은 당대에는 나름대로 이름이 알려진 종친의 일원이었다.29)

본 묘지의 후반부에는 광천군의 자(子)와 손(孫)의 종친직에 대한 정보를 담고 있는데, 기재 순서로 정리하면 다음 <표 6>과 같다.

그에게는 평산(平山), 평원(平原), 평해(平海), 평양(平陽), 평릉(平陵) 등 다섯 아들이 있었다. 이들은 성종(成宗)의 증손으로 3세대에 해당하는데, 묘지(墓誌)에는 이들이 모두 측실 소생이며, 그들의 종친직(宗親職)이 부수(副守)임을 밝히고 있다. 광천군(廣川君)의 초직이 정(正)이므로 규정에 의하면, 그의 적자는 부정(副正), 양첩자는 수(守), 천첩자는 부

---

26) 『중종실록』 권82, 중종 31년 6월 4일(정해)
27) 『중종실록』 권79, 중종 30년 4월 15일(을사)
28) 『명종실록』 권30, 명종 19년 4월 12일(계미)
29) 광천군의 졸기는 실록에서 누락되었다. 임진왜란이라는 큰 전란을 겪은 이후 작성된 『선조실록』에 전란 이전의 기록이 소략하다는 사실은 잘 알려져 있다. 광천군은 정상적인 경우라면 실록에 졸기가 기재되어 마땅한 등급의 인물이라고 판단된다.

<표 6> 광천군(성종 손(孫)) 자손

	자손	父
3세대	妾子 ①평산부수 ②평원부수 ③평해부수 ④평양부수 ⑤평릉부수	광천군
4세대	女 ①(=최광보) 妾子 ①-幼	평산부수
	子 ①덕양부령. 女 ①(=한게) 妾子 ①, 妾女 ① - 皆幼	평원부수
	子 ①영산부령 女 ①(=박이직) ②-幼	평해부수
	子 ①낭성정 ②경성부령 ③능성부령 女 ①(=왕위) ②餘-幼	평양부수
	子 ①의산부령 ②성산부령 ③무산부령 ④완산부령 女 ①(=이철건) 子,女 - 皆幼	평릉부수

수(副守)가 된다. 따라서 광천군의 아들은 모두 천첩자임을 짐작할 수
있다. 이들의 다음인 4세대에 대해서는 단순히 아들과 딸이라고만 기
재하고 있어 정처 소생인지 양·천첩 출생인지에 대해 알 수 없다. 성종
의 증손에 해당하는 3세대가 부수(副守)이기 때문에 4세대 적자(嫡子)
인 경우 해당 종친직은 부수보다 한 자급 아래인 령(令)이 되어야 한다.
그러나 본 묘지의 경우 아들로 언급하면서 종친직을 부령(副令)으로 기
재하고 있는데, 이는 이들이 천첩(妾子)일 경우에만 가능한 것이다. 따
라서 본 묘지에서 4세대 인물의 출신에 대해 명확하지 않은 서술을 하
고 있다고 판단할 수 있다. 묘지를 작성할 때, 3-4세대 인물들이 다수
생존한 상태에서 자신들의 신분적인 약점을 굳이 명시하지 않은 때문
으로 추정할 수 있다.

4) 해안군(海安君, 1511-1573) 묘지(墓誌)

해안군(海安君) 묘지(墓誌)에는 작성자가 명기되어 있지 않다. 사망

연도가 1573년(선조 6)이므로 그 무렵에 작성되었을 것으로 추정되지만, 작성의 경위가 밝혀져 있지 않고 기재된 사실에 오류도 확인된다. 해안군은 중종(中宗)의 차자로 숙원(淑媛) 홍씨 소생이었다. 중종의 왕자군(王子君) 중에 서열 2위로 1511년(중종 6) 출생하였고, 9세에 해안군에 봉해졌다. 중종으로부터 근후(謹厚)한 성품을 인정받았고, 종부시(宗簿寺)와 사옹원(司饔院)의 제조를 역임하였다. 응마(鷹馬)를 즐기고 음율(音律)에 밝았다. 해안군처(妻) 거창군부인(居昌郡夫人) 묘지(墓誌)에서는 15명의 첩을 둔 인물로 기록되고 있기도 하다.

해안군은 당대의 가장 서열이 높은 종친의 한 사람이었다. 명 사신을 접대하는 자리에서 종친을 대표하는 종재(宗宰)의 역할을 수행하고 있다.[30] 그가 사실상 중종의 첫째 아들로서의 역할을 담당하고 있다는 것은 나름대로 근후한 인품을 갖춘 때문일 것으로 생각된다. 반면에 헌관(獻官)의 역할을 한 해에 세 차례나 회피하여 파직된 일도 있고,[31] 사옹원 제조직을 제대로 수행하지 않아 탄핵을 받기도 하였다.[32] 아산 지역의 해택(海澤)을 두고 소송을 진행한 사례도 확인되는 것으로 보아 나름대로 가산(家産)의 경영에도 관심을 기울인 인물이었다.[33] 묘지에 해안군이 공직에서 성실히 근무한 것으로 굳이 명시한 것은 이러한 전력과 관련하여 해안군을 옹호하는 언급인 것으로 판단된다.

---

30)『중종실록』권84, 중종 32년 3월 11일(경인) 및 같은 책 권90, 중종 34년 4월 10일(정미)
31)『중종실록』권97, 중종 37년 1월 8일(기축)
32)『명종실록』권3, 명종 1년 2월 19일(병오)
33)『중종실록』권94, 중종 35년 10월 24일(임오). 당시 이 사건과 관련하여 중종은 해안군 장인의 종이 해택 소송에 관여되어 있기 때문에, 해안군 장인의 문제이지 해안군 관련 사안이 아니라는 판단을 한 바가 있다.

묘지명에 기재된 해안군의 자녀는 정처에게 아들은 없이 딸만 한 명이고, 첩자로 ①서릉수(西陵守), ②서흥수(西興守), ③오천수(烏川守), ④오산수(烏山守), ⑤서천수(西川守), ⑥오강수(烏江守) 등 6명이 있었다. 다음 <표 7>은 이들을 기재 순서에 따라 정리한 것이다.

<표 7> 해안군(중종子) 자녀

자손		父
2세대	嫡女 ①(=김군규) 妾子 ①서릉수 ②서흥수 ③오천수 ④오산수 ⑤서천수 ⑥오강수 妾女 ①=신택(예빈시 直長) ②=신상덕(제용감 副奉事) ③=구호(전 내섬시 奉事) ④=김준개(충의위)	해안군

순서는 적녀를 먼저 기록하고 이어서 첩자와 첩녀 순서로 기재하고 있는데, 첩자의 친모(親母) 정보는 기재되어 있지 않다. 통상 묘지명(墓誌銘)에 첩자의 생모 관련 정보가 누락되는 경우가 일반적이지만, 해안군(海安君)의 경우에는 단순한 누락이 아니라 기재 자체에 오류가 있다. 이들의 종친직(宗親職)이 정4품 수(守)인데, 왕자군(王子君)의 중자(衆子)가 제수 받는 정3품 정(正)보다 두 단계 낮은 직이므로 이들의 친모는 비첩(婢妾)인 것으로 추정지만, 이는 사실과 다르다. 『선원록』에 ③오천수(烏川守), ④오산수(烏山守), ⑥오강수(烏江守)는 수가 아니라 모두 부정(副正)으로 기재되어 있다.[34] 이들은 모두 양녀 가지(加知) 소생의 아들이었다. 반면에 서릉수(西陵守), 서흥수(西興守), 서천수(西川守)는 각각 비(婢) 의금(義今), 복지(福只), 보금(寶今)에게서 출생하여 생모가 다르다. 양첩과 천첩 자식으로 이들의 출생이 확인되지만, 본

---

34) 『선원록』 권46, 중종대왕종친록 2남 해안군

묘지명에서는 아마도 출생 순서에 따라 양첩, 천첩 소생에 대한 구분 없이 기록했던 것으로 판단된다. 묘지명의 작성자를 알 수 없어 왜 이렇게 기재했는지에 대해서는 판단할 수 없다. 다만 묘지명 작성 과정에서 이들 천첩자가 관여하지 못했을 것으로 추정할 수는 있다. 천첩자가 묘지명 작성에 주체가 되었다면, 이들의 출생에 따라 종친직이 달라지고, 그러한 내용을 기술에서 생략할 수는 없었을 것이다. 아마도 적녀의 주도로 묘지명이 작성되면서 첩 출생 자녀에 대해 부정확하게 내용이 기술된 것이 아닌가 추정해 본다.

해안군(海安君)의 후처(後妻)인 거창군부인(居昌郡夫人) 신씨(申氏) 묘지명(墓誌銘)이 남아있다.[35] 이 기록에 의하면 해안군에게는 15명의 첩이 있었는데, 부인 신씨는 이에 대해 불편한 내색을 하지 않았다. 이런 기술에서 더 나아가서 신씨는 세 딸과 아들 한 명을 출산하였는데, 딸 한 명만 생존하여 김군규(金君戣)에게 출가하였다고 밝히고 있다. 신씨가 계실(繼室)이라는 점을 고려할 때, 첩자가 이미 존재했을 것으로 추정된다. 그럼에도 신씨의 묘지명에는 직접 출생한 자녀 이외에 다른 자녀에 대한 일체의 기술이 생략되어 있다. 종친 부인의 묘지명에서 통상적으로 첩 소생 자녀에 대해 기술하는 것과는 다른 방식이다. 굳이 첩을 많이 두었다는 사실과 이를 크게 문제 삼지 않았다고 밝힌 점으로 미루어, 묘지명의 기술과는 달리 신씨가 이를 불편하게 생각했을 가능성이 엿보인다. 신씨 집안 사람인 신호(申護)는 거창군부인의 묘지명을 작성하면서 일체 첩자 관련 기술을 생략하였다. 또한 신씨의 사위 김군규의 경우 신씨 묘지명에 문과 급제자로만 기술되어 있지만, 해안군 묘

---

35) 주 4) 참조.

지에는 정3품 태복시정(太僕寺正)으로 상당한 지위의 문관 현직자로 기재되어 있다. 아마도 해안군 묘지가 작성 과정에서 적녀(嫡女)와 사위 김군규가 이를 주도하였고, 그러면서 첩자 관련 사실은 부정확하게 처리한 것이 아닐까 추정한다.

이상의 묘지(墓誌銘) 검토에서 나타난 기록상의 특징을 정리하면,[36] 먼저 적자와 서자의 구분을 분명히 하고 있다는 점이 주목된다. 반면 양첩/천첩 소생 사이의 차등이 적서의 엄격한 구분만큼 뚜렷하지 않은 모습도 나타난다. 또한 출생 순서에 상관없이 아들을 먼저하고 딸을 나중에 기록하는 방식을 채택하고 있다. 아울러 내외손을 불문하고 현존하는 모든 대상자를 예외 없이 수록하는 경향도 드러나고 있다.

4. 『경국대전(經國大典)』 종친직(宗親職) 규정의 안정성과 준칙 여부

『경국대전(經國大典)』 종친 관련 조항의 가장 일반적인 원칙은 국왕의 현손, 즉 4세대까지만 종친직을 제수하되, 세대가 내려가면 한 자급 하위의 종친직을 받도록 하고 있다. 대군과 왕자군의 승습(承襲)은 적장

---

36) 검토 과정에서 분명히 서술하지는 않았지만, 묘지(명) 기록에서 확인된 한 가지 사실을 첨부하자면, 왕자군(王子君)의 초직 연령이 9세로 명시된 점이다. 『경국대전』에는 대군/왕자군의 책봉 시점은 규정되어 있지 않다. 반면에 이들의 습직에 대해서는 사망 이후로 시점을 밝히고 있다. 성종의 왕자군이었던 전성군(全城君)은 9세에 수직한 것이 관례였다고 묘지에 기술되어 있고, 중종 왕자군인 해안군(海安君)도 9세에 수직하였다고 기록하고 있다. 두 가지 사례이기는 하지만, 특히 전성군경우 관례라고 기술한 것으로 보아 『경국대전』 제정 초기 왕자군의 책봉 시점은 9세였던 것을 판단된다.

자(嫡長子)로 한정하고 있고, 아울러 나머지 종친이 수직할 수 있는 종친직을 명시하고 있는데, 이때 수직 대상은 적자(嫡子)인 경우만을 기재하고 있다. 적자가 아닌 경우의 수직 원칙은 적자를 기준으로 양첩자는 한 자급, 천첩자는 두 자급 강등하는 것이다. 앞 장에서 언급한 것처럼 『경국대전』 조항에 마지막으로 반영된 원칙은 적서(嫡庶) 구분에 따른 차등이었다. 습직자를 적장자로 한정하고, 대군(大君)과 왕자군(王子君)의 자손에 대한 차등이 그것이었다. 이 장의 목적은 『경국대전』의 종친직 규정이 얼마나 안정되게 준수되었는가 검토하는 점이다.

1) 적장자 습직의 원칙

적장자에 의한 습직 원칙은 앞 장의 묘지명(墓誌銘) 검토에서 나타나는 것처럼 규정대로 지켜질 수 없었다. 운천군(雲川君) 계후자로서 이천군(伊川君)이 그러한 첫 사례이다. 이천군은 원래 이천정(伊川正)이었다. 왕자군의 적중자(嫡衆子)가 받는 정3품 정(正)을 제수 받았다가 운천군의 계후(繼後)가 되면서 습직으로 이천군이 된 것이다. 품계는 알 수 없지만, 종2품이었을 것으로 생각된다. 이천군의 친부는 운천군의 동모형(同母兄) 완원군(完原君)이었다.[37] 이천군이 운천군의 계후가 된 것은 적장자 습직의 원칙이 지켜진 것으로 이해할 수 있다. 정처에서 아들이 없는 경우 동종에서 양자를 들여온 경우에 해당하기 때문이다. 그런데 이천군 자손의 습직 사항은 규정과 어긋나고 있다.

실록기사에서 이천군(伊川君)은 성종(成宗)에게 행실이 훌륭하다는 칭찬을 받은 적도 있지만, 창기 관홍장(冠紅粧)을 혹애(惑愛)하여 정처

---

37) 『선원록』 권37, 성종대왕종친록, 3남 완원군

를 소홀히 대했기 때문에 딸의 불만을 사는 등 집안에 분란을 일으킨 것으로 나타나고 있다.[38] 중종(中宗)은 종실의 부적절한 행위에 우려를 표명한 바가 있는데, 당시 대표적인 인물로 이천군이 거론되기도 하였다.[39] 지방을 횡행하며 물의를 일으켰다는 것인데, 자세한 내막은 알 수 없지만, 첩자(妾子)의 속신(贖身) 사안이 언급되는 것으로 보아 천첩 출생자의 신분 문제가 개재되었던 것으로 생각된다.[40] 정황을 정리하면, 이천군은 적처와 금슬이 좋은 편은 아니었다. 여러 창기로부터 아들을 얻었고, 또 그 신분 문제로 적잖이 고민하였던 것으로 생각된다. 어떻든 이천군은 네 명의 첩자를 두었다.[41]『선원록(璿源錄)』에는 이천군 아들과 관련하여 홍미있는 정보가 수록되어 있다.[42] 이들의 생모 신분을 비(婢)로 밝히고 이름을 기재하고 있는데, 의령부수(義寧副守)는 금이(今伊), 의홍부수(義興副守)는 운정(雲貞), 의양부수(義陽副守)와 의신부수(義信副守)는 유복(兪福)이다. 그의 습직은 생모가 비(婢) 신분인 의령부수에 의해 이루어졌다. 양자를 들여 계후하지 않고 천첩자를 통해 습직을 했던 것이다.

광천군(廣川君)에서도 유사한 사례가 확인된다. <표 6>에 제시한 것처럼 광천군은 첩자만 다섯 있었다. 묘지에서 이들은 부수(副守) 타이틀을 가지고 있는데, 부친인 광천군의 초직이 광천정(廣川正)이므로 이들이 천첩자임을 추정할 수 있다. 실제로 관련 정보는『선원록(璿源

---

38)『명종실록』권20, 명종 11년 3월 6일(을축)
39)『중종실록』권79, 중종 30년 4월 1일(신묘)
40)『중종실록』권79, 중종 30년 4월 15일(을사)
41) <표 5> 3세대 이천군 항목 참조.
42)『선원록』권42, 성종대왕종친록, 13남 운천군

錄)』에서 확인된다.[43] 이들 형제는 모두 비(婢) 두질금(豆叱今)의 소생
이었다. 이들 중 첫째 아들 평산부수(平山副守)는 나중에 광천군을 습
직(襲職)하여 부정(副正)이 되었다. 이 경우도 왕자군(王子君)의 손자
이므로 정상적으로는 종2품 군(君)으로 습직이 되어야 하지만, 천첩
출생인 것이 반영되어 두 단계 하향된 종3품 부정(副正)으로 습직한
것이다. 이 경우에도 주목되는 사실은 정처(正妻)에게서 아들을 두지
못한 상태에서 양첩도 아닌 천첩 출생으로 습직이 가능했다는 점이다.
『경국대전(經國大典)』의 규정과 상관없이 습직이 이루어진 사례라고
할 수 있다.

　중종(中宗)의 왕자군(王子君)이었던 해안군(海安君)의 경우도 적장자
에 의한 승습이 이루어지지 않았다. 묘지명에 그의 첩자는 ①서릉수(西
陵守), ②서흥수(西興守), ③오천수(烏川守), ④오산수(烏山守), ⑤서천수
(西川守), ⑥오강수(烏江守) 등 6명이 기재되어 있다.[44] 앞에서 언급한
것처럼 이들은 서로 생모와 생모의 신분이 달랐다. 서릉수, 서흥수, 서
천수는 각각 모친을 달리하는 천첩 출생이었다. 반면에 오천수, 오산
수, 오강수는 양첩 가지(加知) 소생이었다. 출생 순서로는 서릉수가 가
장 앞섰던 듯하지만, 실제의 습직은 3남인 양첩 소생 오천수에 의해 이
루어졌다.[45] 이 사례는 지위의 승습이 첩자로 이어졌지만, 그 경우에도
모친이 양첩인지 천첩인지를 구분하여 습직된 것이었다. 어떻든 적장
자에 의한 습직이 아닌 점은 분명하다.

---

43) 이하의 광천군 가계에 대한 서술은 『선원록』 권39, 성종대왕종친록 10남 전성군
　　기록 참조.
44) <표 7> 해안군 자녀 참조.
45) 『선원록』 권46, 중종대왕종친록, 2남 해안군

『경국대전(經國大典)』 규정에 습직은 적장자에 의해 이루어지는 것으로 명시되어 있지만, 이천군(伊川君)이나 광천군(廣川君), 해안군(海安君)의 경우는 첩자에 의해 습직되었다. 특히 이천군과 광천군의 경우는 천첩자를 통해 습직되었다.46) 이천군이나 광천군은 각각 성종의 왕자군(王子君)이었던 운천군(雲川君)과 전성군(全城君)의 양자가 되어 운천군과 전성군의 적장자의 지위를 얻은 다음 습직한 경우였다. 그럼에도 본인들은 첩자에게 지위를 습직시키고 있다. 적자에게 아들이 없더라도 첩자가 있다면, 별도의 양자 입양 없이 습직하였다는 점을 확인할 수 있다. 운천군과 전성군에게 첩자가 있었다면, 애초에 양자를 들이지 않았을 가능성이 있다. 해안군은 중종(中宗)의 왕자군으로 적자(嫡子)는 없었지만, 양첩자(良妾子)와 천첩자(賤妾子)가 있었고, 출생 순서에 상관없이 양첩자 중에 가장 출생이 빠른 오천수(烏川守)를 습직자로 정했던 것이다.

정리하면, 적장자에 의한 습직 규정은 적처 소생의 아들이 있는 경우에는 당연히 적용되었다. 그러나 적처에게 아들이 없고, 양첩이나 천첩 소생의 아들만 있다면, 이들을 통한 습직도 가능하였다. 그러므로 습직은 적장자를 1순위로 하고, 적장자가 없을 경우에는 양첩자, 천첩자 순서로 이루어졌고, 그마저도 불가능할 경우 양자를 통해 계승이 시도된 것으로 정리할 수 있다.47)

---

46) 앞 장에서 묘지(명)의 기재에 양첩과 천첩 소생의 구분이 명확하지 않은 사실을 확인한 바가 있다. 현실에서 천첩자의 습직이 가능한 상황에서 양첩과 천첩 소생의 준별이 상대적으로 모호했던 것으로 생각된다.

47) 16세기 조선의 입양 습속에 대해서는 박경, 『조선 전기의 입양과 가족제도』, 혜안, 2011, VI장 참조.

2) 4세대 수직(受職) 원칙과 품계(品階) 강등 규정

이 절의 집중 검토 사항은 세대와 적서(嫡庶) 구분에 따른 종친직 강급 규정이다. 세대에 따른 강등 규정은 대체로 준수된 것으로 보인다. 그러나 동일 세대에서 적서 신분에 따라 한 단계 혹은 두 단계 강등하는 규정은 현실의 적용 과정에서 훨씬 복잡한 조건에 직면하고 있다.

(1) 이천군(伊川君)의 사례

이천군(伊川君)의 아들은 이천군의 초직(初職)인 정(正)을 기준으로 한 등급 아래인 종3품 부정(副正)을 받아야 하지만, 이들이 천첩 출신이었기 때문에 부정보다 두 자급을 낮추어 종4품 부수(副守)가 되었다.[48] 이천군의 손자는 부수를 기준으로 한 등급 아래인 정5품 령(令)이 아니라 종5품 부령(副令)으로 기재되어 있는데, 이유는 분명하지 않다.[49] 예를 들어 의령부수(義寧副守)의 아들은 청산부령(菁山副令)이었다. 이천군의 첩자 중 의양부수(義陽副守)와 의신부수(義信副守)는 첩녀(妾女)와 혼인한 것으로 나타나는데, 기록에는 나타나지 않지만, 첫째인 의령부수(義寧副守)와 둘째 의흥부수(義興副守)의 부인도 신분상의 문제가 있고, 이런 신분상의 이유로 아들의 종친직이 강등되었던 것이 아닐까 추정한다.[50]

그렇더라도 주목되는 점은 정처(正妻)가 서얼 혹은 첩녀의 신분을 가진 경우 그 소생을 강등하는가 하는 문제는 남아있다. 정처가 신분상

---

48) <표 5> 3세대 항목 참조.
49) 이천군 관련 서술은 『선원록』 42, 성종대왕종친록, 13남 운천군 기록에 근거한 것이다.
50) 이런 경우도 의신부수의 아들 초직이 광원령(光原令)으로 기재되어 다른 경우와 일치하지 않는다. 이유를 알 수 없는 어떤 사유가 있었던 것 같다.

하자가 있는 경우 소생에 대한 추가 강등에 대해서는 『경국대전(經國大典)』에는 규정되어 있지 않다. 『경국대전』 규정이 이례적으로 적장자의 승습을 명시하는 등 당시의 관행에 비해 적처에 대한 이념적인 지위를 강조하는 점을 고려할 때, 신분상 하자가 있는 여자를 정처로 맞이하는 경우는 아예 상정하고 있지 않았을 수 있다. 이러한 법제 운영 원칙과는 상관없이 현실에서 종친 첩자는 서얼녀(庶孼女) 혹은 첩녀(妾女)를 정처로 맞는 경우가 매우 흔했던 것으로 추정된다. 다음의 사례에서 이 점이 더욱 분명하게 드러난다.

(2) 광천군(廣川君)의 사례

이 가계는 매우 독특한 혼인 이력을 갖고 있다. 광천군(廣川君)의 다섯 아들은 평산부수(平山副守)가 서얼 김욱(金旭)의 딸과 혼인한 것을 시작으로, 둘째 평원(平原)은 서얼 정상(鄭瑺)의 딸과, 셋째 평해(平海)는 황헌(黃憲)의 첩녀(妾女)와, 넷째 평양(平陽)은 한현(韓絢)의 첩녀를 부인으로 맞이하였다. 다섯째 평릉(平陵)은 두 번 혼인하였는데, 각각 남준원(南俊元)과 남지원(南知遠)의 첩녀가 혼인 상대였다. 즉 이들 오형제는 모두 서얼의 딸 혹은 첩녀와 혼인하였다. 광천군의 승습자 평산부수에게는 정처에게 아들이 없어 양첩자(良妾子)인 의성부령(宜城副令)이 첫째 아들이 된다. 그의 지위는 양첩 소생이기 때문에 평산부수보다 두 자급 낮춘 부령이 되었다.

주목되는 사례는 광천군의 둘째 아들 평원부수(平原副守)의 경우이다. 그는 서얼의 딸과 혼인하여 덕양부령(德陽副令)을 얻었다. 평원부수의 적자(嫡子)는 부수(副守)보다 한 자급 낮은 령(令)이 되어야 하는데, 그의 아들은 부령(副令)을 초직으로 제수 받은 것이다. 정처가 서얼

의 딸이라는 신분상의 문제가 반영된 것으로 추정되지만, 정처의 신분
에 따라 출생자를 강등하는 규정은 없다. 그런데 평원부수에게는 양첩
소생의 아들로 금양부령(錦陽副令)과 전양부령(全陽副令)이 있었다. 양
첩 소생은 정처 소생보다 한 자급 낮춘다는 규정에 의하면 이들은 감
(監)이 되어야 한다. 이들은 강등되지 않고 그냥 부령을 제수 받았다.

<그림 1> 광천군계(廣川君系) 자손(子孫) 종친직(宗親職)

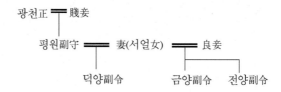

즉 이 경우도 정처가 서얼의 딸인 경우, 그 소생 자녀가 적자임에도
양첩 소생의 아들과 동일한 등급의 종친(宗親)직을 받고 있다. 『경국대
전(經國大典)』규정에 양첩자(良妾子)는 적자(嫡子)보다 한 자급 강등한
종친직을 제수한다는 규정이 적용되지 않고 있는 것이다. 정처의 신분
에 따라 그 소생 아들에 대한 강등이 가능한 것인지가 문제인데, 서얼
의 딸 혹은 첩녀와 혼인한 광천군의 다른 첩자도 모두 그 아들이 부수
(副守)인 아버지보다 두 자급 강등되어 부령(副令)을 제수 받은 것[51]으
로 보아 적어도 광천군 가계에는 정처의 신분을 반영하여 아들의 종친
직을 강등하는 원칙이 적용되고 있다고 할 수 있다. 즉 서얼녀(庶孽女)
나 첩녀(妾女)가 정처가 된 경우는 그 자식을 일반인의 경우보다 한 단

---

51) 광천군의 제4남 평양부수의 세 아들과 5남 평릉부수의 아들 7형제가 모두 부령을
    초직으로 제수 받았다.

계 강급하는 원칙이 있었다는 것이다. 그런 한편 평원부수(平原副守)의 사례에 나타나는 것처럼 이들의 양첩자를 추가로 강등하지 않음으로 신분상 하자가 있는 정처(正妻)와 양첩(良妾)의 소생에 대한 종친직 제수를 동일한 등급으로 처리하는 독특한 현상이 야기되었다. 해안군의 사례는 이보다 더욱 복잡한 양상을 보인다.

(3) 해안군(海安君)의 사례

해안군(海安君)의 양첩 소생인 오천부정은 해안군을 습직하여 군(君)이 되었지만, 그의 부인은 남치근(南致勤)의 첩녀(妾女)였다. 둘 사이에서 의성부수(宜城副守)가 출생하였는데, 오천부정(烏川副正)의 초직이 부정(副正)이므로 그 아들은 한 단계 낮은 정4품 수(守)가 되어야 하는데, 부수(副守)가 초직이었다. 이는 어머니의 신분을 고려하여 한 단계 하향된 종친직을 수여한 것으로 판단된다. 오천부정은 첩자 6명을 두었는데, 양녀 흑금(黑今)에게서 안성부수(安城副守), 춘성부수(春城副守)를, 향복(香福)에게서 강성부수(江城副守), 해성부수(海城副守), 영성부수(泳城副守), 낭성부수(浪城副守)를 얻었다. 이들은 모두 첩자이지만, 정처 소생과 동일하게 초직으로 부수(副守)를 제수 받았다(<그림 2> 참조). 정처

<그림 2> 오천부정(烏川副正) 적(嫡)/첩자(妾子)

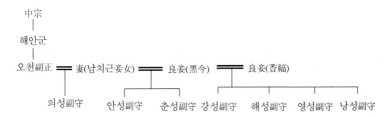

에게 신분상 하자가 있는 경우 첩자에 준하여 한 등급 하향하여 종친직을 제수하고 있는 또 다른 사례가 되는 것이다.

해안군(海安君)은 오천부정(烏川副正)을 통해 승습되었지만, 이 이후에 승습이 어떻게 전개되었는지는 알 수 없다. 오천부정의 적장자는 의성부수(宜城副守)인데, 그는 승직하여 도정(都正)가 된 것으로 확인된다. 의성부수가 습직했다면, 그는 왕자군인 해안군의 손자로서 군호(君號)를 받아야 하는데, 그렇지 못한 것으로 보아 이 집안의 습직(襲職)과 그에 수반되었을 봉사권(奉祀權)은 다른 쪽으로 옮겨진 것으로 생각된다.[52]

오천부정(烏川副正)의 가계에서도 일일이 열거하지는 않지만, 오천부정의 첩자는 대부분 첩녀 혹은 서얼녀를 적처(嫡妻)로 맞아들였고, 그 소생은 적자임에도 아버지 대와 비교할 때, 두 자급 아래의 종친직을 받고 있다. 또한 오천부정의 첩자의 양첩 소생들은 적자와 동일한 직급의 종친직을 제수 받았다. 예를 들어 해성부수(海城副守)는 김정목(金庭睦) 첩녀(妾女)와 혼인하였고, 둘 사이에서 출생한 적자는 종4품 부수(副守)보다 두 단계 아래인 종5품 언흥부령(彦興副令)을 초직으로 받았다. 한편 해성부수의 양첩인 정옥(正玉)과의 사이에서 출생한 아들도 창흥부령(昌興副令)으로 종5품 부령(副令)을 초직으로 받고 있다.

해안군(海安君)의 양첩 세 번째 아들 오강부정(烏江副正)은 그 가계 계승 방식이 잘 이해되지 않는 경우이다. <그림 3>은 그를 중심으로 자손의 종친직을 표시한 것이다.

오강부정(烏江副正)은 구민원(丘敏元) 첩녀를 부인으로 맞아 철원부수(鐵原副守)를 얻었지만, 그가 일찍 사망하여 이복형제 서천수(西川守)

---

52) 해안군, 오천군의 습직 사항은 조선왕조실록 등 연대기에서 확인되지 않는 것은 물론이고, 『선원록』에도 관련 사실이 누락되어 있다.

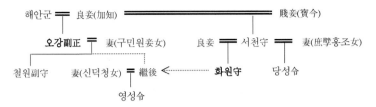

〈그림 3〉 오강부정(烏江副正) 가계도

```
   해안군 ══ 良妾(加知) ══════════════════════════ 賤妾(寶今)
      │                                                │
  오강副正  妻(구민원첩女)        良妾 ══ 서천守 ══ 妻(庶孽홍조女)
      │                              │              │
 철원副守   妻(신덕청女) ═ 繼後 ◁┄┄┄┄ 화원守        당성令
              │
            영성令
```

의 아들 화원수(花原守) 이효성을 계후자(繼後子)로 세웠다. 서천수는
서얼 홍조(洪造)의 딸을 부인으로 맞았기 때문에 그의 아들은 정4품 수
(守)보다 두 단계 낮은 정5품 당성령(唐城令)을 초직으로 받았다. 왕자
군(王子君)의 적중자(嫡衆子)는 정3품 정(正)을 제수받는 법인데, 첩자
의 강등 규정에서 의하여, 양첩자는 종3품 부정(副正), 천첩자는 정4품
수가 초직이 된다. 그러므로 해안군의 양첩자인 오강부정과 천첩자인
서천수는 규정에 부합되게 종친직을 받은 것이 확실하다. 서천수의 적
자가 정5품 당성령이 된 것은 이제까지 검토한 바와 같이 처의 신분상
하자가 있는 경우 아버지보다 한 자급이 아닌 두 자급 강등하는 원칙이
적용된 것으로 보인다. 화원수는 양첩자이므로, 그의 초직은 아무리 높
게 설정되어도 정처 아들과 같은 령(令)이어야 한다. 문제는 그의 초직이
친부와 같은 수였다는 사실이다.

　양부(養父)인 오강부정(烏江副正)의 정처가 첩 소생의 딸이어서 그의
아들이 종4품 부수(副守)였다는 점, 화원수(花原守)의 친부(親父)가 왕
자군(王子君)의 천첩자로서 서천수(西川守)가 되었고, 그의 정처 아들
이 정5품 당성령(唐城令)이었던 점을 고려할 때, 출생 신분이 서천수의
양첩자였음에도 화원수가 될 수 있었던 것은 매우 독특한 상황이라고
할 수 있다. 화원수의 생부와 양부는 모두 서얼의 딸 혹은 첩의 딸을 부

인으로 맞이했기 때문에 정처에게 신분상의 하자가 있었던 것은 분명하다. 그러나 서천수의 첩자에 불과했던 화원수는 생부와 양부의 정처 아들보다 더 높은 종친직을 받은 것은 의문이 아닐 수 없다.

화원수(花原守)의 양부인 오강부정(烏江副正)이 신분상 아무 문제가 없는 정처(正妻)를 맞이했을 경우 그 사이에서 출생한 아들은 종3품 부정(副正)보다 한 등급 아래인 정4품 수(守)를 제수 받을 수 있기는 하다. 화원수가 어린 시절 양자로 입양되고, 그의 입양 전 신분이 일체 무시될 경우, 또한 현재 오강부정의 처의 신분(妾女)이 고려되지 않을 경우, 화원수를 초직으로 받을 수 있기는 하지만, 이런 가능성은 사실상 불가능하다. 어떤 경우에도 오강부정의 현실의 정처를 배제할 수는 없으며, 그 정처에게 구민원 첩녀(妾女)라는 신분상의 문제가 있기 때문이다. 다만, 화원수의 친부인 서천수(西川守)는 서천군(西川君)으로 승직하였고, 그가 오강부정의 계후로 결정된 것은 부친의 지위가 서천군인 시점이었다고 추정된다.[53] 이런 현실적인 지위를 배경으로 규정에 어긋난 종친직 제수가 이루어진 것은 아닌가 추정한다.

화원수(花原守)의 정처는 신덕청(辛德淸) 녀(女)이다. 신덕청은 정3품 내의원(內醫院) 정(正)으로 상당한 고위직이라 할 수 있는데, 그의 딸은 특별한 신분상의 하자가 기재되어 있지 않다. 그럼에도 화원수와의 사이에서 출생한 아들은 영성령(靈城令)으로 수(守)보다 두 자급 하향된 종친직을 받고 있다. 아마도 화원수의 자리가 철원부수(鐵原副守)를 대신한 자리이므로, 부수(副守)를 기준으로 한 등급 낮은 령(令)를 제수한 것이 아닌가 추정해 본다. 즉, 화원수의 종친직이 법적인 규정과 어긋난다는

---

53)『선원록』에는 오강부정이 서천군의 아들 화원수로 계후했다고 기재되어 있다.

점을 전제로, 계후자 화원수가 가계를 계승하기 전 생존했던 철원부수를 기준으로 이보다 한 등급 낮은 령(令)으로 종친직이 결정되었을 가능성이 있다고 생각한다. 어떻든 화원수는 종친직 제수의 원칙에 어긋나는 사례임은 틀림없고, 아들의 종친직이 영성령임을 고려할 때, 수직(守職)을 초직으로 간주하지 않았을 가능성이 있다는 점을 지적해 둔다.

해안군(海安君)의 천첩 소생인 서릉수(西陵守)의 가계는 더욱 이채로운 종친직(宗親職) 사례를 보이고 있다. 서릉수는 적처 소생 없이 첩자(妾子)만 둔 경우였다. 그의 양첩 소생은 정4품 수(守)보다 두 단계 낮은 정5품 연성령(蓮城令)을 초직으로 받았다. 그의 천첩 소생은 이보다 한 등급 낮은 종5품 연은부령(蓮恩副令)이 초직이었다.

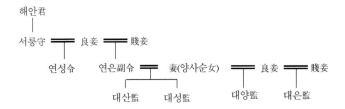

<그림 4> 서릉수계(西陵守系) 종친직(宗親職) 수직(受職)

연은부령(蓮恩副令)은 양사순(梁思順) 여(女)와 혼인하였고, 그 사이에서 두 아들을 얻었다. 이들이 정6품 대산감(帶山監)과 대성감(帶城監)이었다. 연은부령에게는 양첩과 천첩 소생의 아들이 있었는데, 그들도 모두 정6품 감(監)을 초직으로 제수 받았다. 양녀 희일(希逸)에게서 얻은 대양감(帶陽監)과 비 귀향(貴香)에게 얻은 대은감(帶恩監)이 그들이었다. 이들은 모두 종친직(宗親職)의 최하한인 정6품직을 얻고 있는데, 이 경우에는 정처와 양첩, 천첩 소생에게 모두 동일한 자급의 종친직이

제수되었음을 알 수 있다. 국왕의 현손, 즉 4세대까지 종친직의 수직 대상이라는 일반 원칙과 양첩과 천첩 소생에 대한 강등 규정이 충돌하는 경우 4세대 수직의 원칙이 더욱 중요하게 준수되었음을 알 수 있다. 적서를 구분하는 원칙은 『경국대전(經國大典)』 규정 성립 시점에서 바로 얼마 전에 도입된 것이었고, 현실의 종친의 혼인 관계나 가계 계승의 실제와는 상당한 괴리가 있는 사안이었다고 생각된다.

적장자에 의한 승습과 적서의 엄격한 구분은 서얼 혹은 첩녀를 정처로 수용하는 16세기 조선의 사회적 관행 속에서 잘 준수되기 어려운 상황이었다. 반면에 4세대 수직의 원칙은 반드시 준수되고 있었다. 4세대까지의 수직을 위해 세대 간, 혹은 적서 간의 차등 원칙은 포기될 수도 있었던 것이 당시 종친직 운영의 현실이었다.

5. 소결

이 장에서는 『경국대전(經國大典)』 종친직(宗親職) 규정의 안정성을 검토하는 것을 일차적인 목표로 두고, 이의 사례로 16세기 묘지명(墓誌銘)에 기록된 사실과 인물을 중심으로 『경국대전』 규정의 적용 여부를 추적하였다. 세종(世宗) 때 만들어진 종친 규정은 대군(大君)과 왕자군(王子君)을 특별한 지위에 위치시키고, 해당 직위를 승습하는 자와 그렇지 않은 일반 자손으로 구분하고 있었다. 세조(世祖) 때 여기에 적서의 구분을 두어 차별하는 조항을 신설하였고, 『경국대전』에서는 이를 더욱 강화하여 적장자로 승습자를 한정하는 조항을 추가하였다. 이는 부계 친족을 강조하는 종법적 친족 질서를 법제화한 것이었지만, 이는 부계 친족 조직이 존재하지 않았던 당시의 현실과는 괴리가 있는 것이었다.

16세기 작성된 몇 건의 묘지명(墓誌銘) 검토를 통해 다음과 같은 사실이 확인되었다. 적서의 차별 조항이 종친직 제수에 반영된 것은 1461년 결정사항이었다.『경국대전(經國大典)』의 최종판이 간행된 1485년(성종 16)을 기준으로 20년 전의 결정이었다. 더구나 이 규정은 승습자의 자격으로 적장자를 특별히 명시하고 있었다. 적서의 차별은 동일 세대에서 적자와 서자에게 신분에 따라 자급을 차등하는 방식이었고, 승습의 후보를 적장자로 한정함으로써 적자 특히 장자에 대한 우위를 명시하였다. 그러나 현실의 승습 과정에서 적자에 의한 지위 계승이 불가능한 경우가 속출하였고, 이를 보완하는 방법으로 입양을 통한 계후(繼後)는 적극적으로 시행되지 않았다. 양첩 혹은 천첩 소생의 아들이 존재하는 경우 승습의 대상을 첩자로 설정하고 있어 적장자 승습 규정은 사실상 형해화된 것이 16세기 사례에서 확인되었다.

동일세대에서 적자와 양/천첩자를 차별하는 규정은 대체로 준수되었다고 할 수 있다. 그러나 적처 소생을 우대하는 규정도 적처에게 신분상의 하자가 없을 경우, 양첩에 비해 우월한 위치를 인정받는다고 할 수 있다. 즉 적자에 비해 첩자를 강자(降資)하는 것이 원칙이었지만, 이는 어디까지나 정처(正妻)에게 신분상 하자가 없는 경우에 적용되는 원칙이었다. 현실의 관행에서 첩녀 혹은 서얼녀가 정처로 선택되는 상황에서 적서에 따른 차등 규정은 엄격하게 지켜질 수 없었다.

이를 근거로『경국대전(經國大典)』규정을 해석한다면, 적서(嫡庶)의 차별을 명시한 종친직 관련 규정은 적처에게 신분상 하자가 없는 경우를 전제하고 있다고 판단된다. 만약 적처에게 신분상의 하자가 있다면, 그 소생의 지위는 양첩에 준하여 처리될 수도 있었다. 적서의 구별은 특정 남자에게 어떤 여성이 처(妻), 혹은 첩(妾)으로 맺어지는 사회적 관계에 기인한 것이다. 그런데 16세기 당시 종친직을 둘러싼 관행에는 여인의 원래의 신분 상태(첩녀(妾女), 서얼녀(庶孽女)가 반영되어, 소생 아들에게 적용되는 독특한 현상이 확인되었다. 즉 신분상의 하자가 있는 여성은 법제적 차원에서 온전하게 처의 지위를 인정받지 못한 것으로 해석된다.

반면에 4세대 수직의 원칙은 절대적으로 준수되었다. 이 원칙을 지키기 위해 세대 간 차등이나 적서 간 차등의 원칙도 포기될 수 있었다. 즉 국왕의 현손, 또는 8촌 범위 내의 동성 남친(男親)은 이들의 신분상의 지위가 적자이거나 첩자이거나에 상관없이 종친직의 수직 대상이 되었고, 이의 준수를 위해 다른 여타의 규정은 무시될 수 있었다.

이제까지의 검토를 통해 『경국대전(經國大典)』 종친직 규정이 그렇게 안정적인 준칙이 아니라는 사실을 확인하였다. 이 규정은 적용되어야 할 이상이었고, 실천을 목표로 한 규정이었음에는 틀림없다. 그러나 부계 친족이나 적서를 구분하는 신분적 질서에 익숙하지 않았던 당시의 현실 때문에 국왕과의 특수 관계에 있는 신분 범주에서도 항상 효율적으로 작동한 것은 아니었다. 종친직 규정이 봉착했던 모순이 어떤 식으로 해소되었는지는 향후의 구체적인 검토가 필요하다. 적장자 승습의 원칙은 양자 제도의 일반화를 통해 한층 엄격하게 준수되었을 가능성이 있다. 첩녀나 서얼녀가 적처의 지위에 놓임으로써 야기되었던 문제는 시간의 경과에 따라 이들을 적처(嫡妻)에서 배제하면서 해소되었을 것으로 생각된다. 그러나 종친이라는 특수 지위로 인해서 과연 그러했는지에 대해서는 보다 많은 사례 연구가 축적되어야 한다.

3장

『선원록』에 나타난 성종(成宗) 후손의 종친직 제수

1. 머리말

조선은 신분제가 작동하는 사회이다. 여기서 신분제는 단순히 사람들 사이의 범주화와 구분을 언급하는 것은 아니고, 지위가 세습되는 시간적 구분까지 포괄하는 전통사회에서의 신분제를 의미한다. 사람들 사이의 구분은 현대 사회에서도 법제로서 시행하는 것이기 때문인데, 전통시대가 현대 사회와 구분되는 점은 지위의 세습과 출생에 의한 차별을 용인한다는 점이다. 조선의 경우는 통상 지배신분으로 양반 관인을 설정하지만, 본래 문무관원을 의미하는 양반이라는 용어가, 신분 문제로 검토될 때는 현직 관료의 범위를 넘어서서, 사회적 관습적 계층 범주를 의미하는 것으로 전용된다. 문제는 조선에서 현직 관인의 범주를 넘어서는 인

---

* 이 장은 강제훈, 「조선 成宗系 종친을 통해 본 宗親職 제수와 운영」, 『한국학논총』 2019를 개고한 것이다.

적 집단을 지배층으로서 법제화하지 않았다는 사실이다. 더구나 사회적
관습으로 인정되는 양반 범주는 고정된 실체가 확인되지 않는다.

종친은 법제화가 이루어진 특별한 신분이다. 이들은 출생에 의해 지
위가 결정되고, 4세대에 걸쳐 특별한 직위가 보장된다. 이들 계층에 대
해서는 관서를 중심으로 일찍부터 주목이 되었지만,[1] 직위의 구체적인
세습과 관련 법제의 적용과 운영에 대해서는 심층적인 연구가 진행되
지 못했다.[2] 종친은 명확하게 법제에 의해 직위가 보장되고, 해당 인원
은『선원록(璿源錄)』등 관련 기록에 구체적으로 정리되어 있다.[3] 『경

---

1) 관서를 통한 친인척 등의 예우에 대해서는 다음의 글이 참조된다.
　김성준,「朝鮮初期의 宗親府」,『한국중세정치법제사연구』, 일조각, 1985
　남지대,「조선초기 禮遇衙門의 성립과 정비」,『동양학』24, 1994
　박　진,「朝鮮初期 敦寧府의 成立」,『한국사학보』18, 2004
2) 제한된 대상에 대한 사례 연구로는 강제훈,「조선전기 묘지명에 나타난 종친직제
　운영」,『향토서울』79, 2011 참조.
3) 최근에 왕실 계보에 대한 자료 소개와 검토가 간헐적으로 시도되고 있다. 이에 대
　한 본격적인 연구가 필요한 시점으로 생각된다. 왕실 계보와 관련된 최근의 연구를
　소개하면 다음과 같다.
　홍순민,「조선후기《璿源系譜紀略》改刊의 추이」,『규장각』13, 1990a
　홍순민,「조선후기 王室의 구성과 璿源錄 -1681년(숙종7)《璿源系譜紀略》의 편찬을 중
　심으로」,『한국문화』11, 1990b
　鄭求福·申明鎬,「敦寧譜牒」,『藏書閣圖書解題Ⅰ』, 한국정신문화연구원, 1995
　정재훈,「《璿源錄》의 編纂과 그 內容」,『부산사학』30, 1996
　신명호,「조선전기 왕실정비와 족보편찬 - 선원록류와 돈녕보첩을 중심으로-」,『경기
　사학』2, 1998
　김문식,「조선시대 왕실자료의 현황과 활용 방안」,『국학연구』2, 2003
　서울대 규장각,『규장각 소장 왕실자료 해제·해설집』, 서울대규장각, 2005
　강제훈,「(해제)장서각 소장《敦寧譜牒》의 개관과 자료적 특징」,『敦寧譜牒』(영인본)
　한국학중앙연구원, 2006
　원창애,「(해제)장서각 소장《敦寧譜牒》의 개관과 자료적 특성」,『敦寧譜牒』(영인본)
　한국학중앙연구원, 2007
　홍우의,「《璿源系譜紀略》〈발문〉 연구」,『장서각』17, 2007
　김일환,「조선후기 왕실〈八高祖圖〉의 성립과정」,『장서각』17, 2007

국대전(經國大典)』에 종친이 규정된 과정에 대해서는 어느 정도 실체가 구명되었다.[4] 그러나 이러한 법 규정이 적용되었던 실제 상황에 대해서는 최근에 검토가 시작되고 있는 실정이다.[5]

조선 왕실의 부계 친족에 대한 대우와 정비는 향후 조선의 신분제와 종법적인 가족제도를 준비해가는 과정이었다. 조선이 적지 않은 시간을 거치면서 정비한 부계 친족에 대한 규정은 『경국대전(經國大典)』에 법 조문화되었다. 그동안의 연구에 의하면, 조선 왕실의 부계 친족은 종친(宗親)으로 지칭되게 되는데, 이때 종친은 특정 국왕을 기준으로 4세대(현손)까지의 동성친을 의미하였다. 이들에게는 별도의 직위가 제수되었다. 이들은 종친부(宗親府) 소속이었는데, 그 소속 여부를 종부시(宗簿寺)에서 판단하였고, 자격을 획득하여 종친 직위를 지닌 종친은

안미경, 「장서각 소장 《璿源系譜紀略》의 서지적 연구」, 『장서각』 17, 2007
원창애, 「조선 후기 선원보첩류의 편찬체제와 그 성격」, 『장서각』 17, 2007
이미선, 「조선왕실보첩류 활용을 위한 기록물 현황조사」, 『국학연구』 13, 2008
원창애, 「조선 후기 《敦寧譜牒》 연구」, 『조선시대사학보』 48, 2009
김일환 외, 『장서각 소장 왕실 보첩류 목록 및 해제』, 민속원, 2010

4) 지두환, 「朝鮮初期 宗親封爵法의 變遷」, 『한국사상과 문화』 4, 1999
강제훈, 「朝鮮初期 宗親職制의 정비와 운영」, 『한국사연구』 151, 2010
강제훈, 「조선전기 묘지명에 나타난 종친직제 운영」, 『향토서울』 79, 2011

5) 이런 주제의 연구는 정재훈에 의해 본격화되었는데, 연구자의 사정에 의해 추가 연구가 진행되지 못했다. 왕실 계보 기록을 활용한 연구는 최근에 새롭게 시도되고 있는데, 관련 연구를 제시하면 다음과 같다.
정재훈, 「조선초기 왕실혼과 왕실후예 연구 -『璿源錄』을 중심으로-」, 서강대 박사학위 논문, 1994
원창애, 「조선 왕실보첩에 나타난 친족의식」, 『한국계보연구』 4, 2013
박 진, 「朝鮮前期 王室婚姻 硏究」, 고려대학교 박사학위논문, 2014
이지훈, 「조선 『璿源錄』 기재 대상의 범위와 대우」, 『古文書硏究』 52, 2017
양정현, 「조선 『璿源錄』 중종 공주·옹주 계열 후손의 연혼 양상과 그 성격」, 『古文書硏究』 52, 2017
박정재, 「조선 『璿源錄』에 기재된 宗親의 통혼 양태와 그 의미」, 『古文書硏究』 52, 2017

의무적으로 종학(宗學)에서 유교 이념을 학습하도록 하였다. 이들은 특권을 법적으로 보장받고 있었는데, 이 범위를 정확하게 확인하기 위해서 종부시에서「선원록(璿源錄)」,「종친록(宗親錄)」과「유부록(類附錄)」을 작성하였다. 이들 자료는 숙종(肅宗) 대에『선원록(璿源錄)』이 편찬되면서 전면적으로 수정 정비되었다. 왕실 관련 자료는 간헐적으로 관심이 대상이 되고 있기는 하지만, 10만 명이 넘는 연인원을 수록한 것으로 추정되는 이들 자료에 대한 본격적인 연구는 아직 초보적인 단계라고 할 수 있다.

이 글은『경국대전(經國大典)』의 종친 규정이 실제 적용 과정에서 어떠한 의미를 갖고 있는지를 살피는 것을 목적으로 한다. 적용의 실제를 분석하기 위해 숙종 때 간행된『선원록(璿源錄)』을 주요 자료로 활용하였다. 국가가 공식적으로 기재하고 관리한 사람들의 정보가 수록된『선원록』은 향후 조선 사회의 신분적 실상이나 정치적 지향을 이해하는 주요한 자료가 될 것으로 기대된다. 이 글은 이러한 가능성에 대한 실험적인 시도이기도 하다.『선원록』에는 다양한 성씨의 집단이 수록되어 있지만 이 글에서는 종친직을 제수 받은 국왕의 동성 친족만을 대상으로 하였다.

이 글에서는『경국대전(經國大典)』규정이 완성된 성종(成宗) 대를 출발점으로 하여 성종의 4세대 후손까지 종친 규정이 적용될 때, 실제 야기되었던 양상을 검토하고자 하였다.『선원록』은 규장각(奎章閣)과 장서각(藏書閣)에서 모두 자료를 공개하고 있는데, 이 글이 대상으로 하는 성종(成宗) 후손의 경우에는 두 기록 사이에 큰 차이는 발견되지 않았다. 이 글의 시도가 관련 연구를 시작하는 촉매제가 되기를 기대한다.[6)]

2. 경국대전의 종친직 규정과 특징

조선의 경우 국왕의 동성 친족에 대해서 독특하게 지위를 규정하고 있다. 동성 친족을 어떻게 대우할 것인지 긴 시간의 논의를 거치면서 정리하였는데, 그 결과가 『경국대전(經國大典)』 규정으로 수록되어 있다. 관련 연구에 의하면, 종친 직위는 두 종류로 구성되어 있다. 종친 직위는 출생의 조건에 의해 주어지는 것이다.

국왕의 적처 소생은 왕자대군(王子大君), 후궁 소생은 왕자군(王子君)의 작위가 주어진다. 이들의 직위는 종신토록 변하지 않는 것이다. 그러나 이들 외에도 일정한 범위 내의 국왕의 동성 후손에게 지위가 부여되었는데, 이들의 지위에는 왕자대군이나 왕자군과는 달리 품등(品等)이 부여되었고, 이들에게만 적용되는 특별한 계(階)와 직명(職名)이 별도로 규정되어 있었다.[7] 이들 지위는 승품(陞品)과 승직(陞職)이 허용되었다. 일반 관직이 사수(仕數)와 고과(考課)의 성적을 종합하여 승품(陞品)과 천직(遷職)이 이루어지도록 규정된 데 비하여 종친직은 별도의 승진 규정이 없었다.[8] 국왕의 주관적인 판단만이 이들의 승진의 유일한 기준이었다.

종친은 종학(宗學)에서 학습하는 것이 의무였고, 학습의 결과를 평가

---

6) 이 글에서는 『선원록』에 대한 별도의 각주를 표시하지 않았다. 『선원록』에 대해서는 한국학중앙연구원 장서각 웹사이트에 원문과 해제가 제공되고 있으며, 규장각 소장본은 별도로 영인 출판되기도 하였다. 이 글의 작성을 위해서 두 자료를 교차 검토하였는데, 필자가 진행하는 대학원 연구 과정에서 엑셀에 입력하는 작업을 진행하고 있다. 본 연구는 입력된 엑셀 자료를 근거로 하였다. 이 글에 사용된 각종 표 정리를 위해 박사과정 양정현과 홍근혜의 도움을 받았다.

7) 『경국대전』 이전 京官職, 正一品衙門, 宗親府

8) 『경국대전』 이전 京官職. 제3조

하도록 규정하고 있다. 동일하게 유교 경전 학습이 의무로 적용되는 문관에게는 평가의 결과 품계가 상향되도록 하였지만, 종친의 경우는 이마저도 명확하게 원칙이 마련되어 있지 않았다.[9]

왕자대군(王子大君)과 왕자군(王子君)의 경우처럼 주어진 후 종신 토록 변하지 않는 지위는 작위로 이해되는데, 이들과 달리 국왕의 나머지 후손에게 주어지는 직위는 품계와 직위로 구성되어 있어 살아가면서 승품과 승직이 가능하였다. 이들의 경우는 작위보다는 관직에 가까운 성격이 있었지만, 승진의 일반 원칙이 마련되지 않았다는 점에서 일반 관직과는 구분된다. 즉, 종친직은 작위와 직위로 이원적인 성격을 가진 지위로 구성되어 있다. 종친은 품계에 의하면 봉군(封君)되는 2품 이상과 3품 이하의 직위로 구분되는데, 등급에 상관없이 모든 종친 직위는 읍호(邑號)를 사용하도록 하였다. 그러나 이러한 읍호의 사용 원칙은 대군과 군에는 적용되지 않았다.[10]

대군(大君)과 군(君)의 작위는 원칙적으로 적장자를 승계자로 하여 한 사람에게 계승되지만, 적장자 이외의 소생에게도 직위가 부여되었다. 또 적장자에 의해 승계되는 지위는 부친에 비해 항상 하향되도록 설정되어 있었다. 승습되는 직위건 그렇지 않고 주어지는 직위이건 모든 직위는 국왕의 4대 후손까지만 한정되었다. 대군과 군의 작위를 제외한 일체의 직위는 품계와 직위로 구성되어 있어 일반 관직과 구성 요소는 동일하였지만, 승품(陞品)과 승직(陞職)을 위한 일반적인 원칙의 적용을 받지 않는다는 점에서 차별이 있었다.

물론 조선 후대로 내려오면서 부계친 중심의 친족 제도가 사회 바닥

---

9) 『경국대전』 예전 獎勸. 제4조 및 제5조
10) 『경국대전』 이전 京官職. 제2조

까지 확산되는 과정에서 국왕의 동성 친족으로서 인정되는 범주가 확대되기도 하였다. 예를 들어 왕실의 친인척을 기록하는『선원록(璿源錄)』에서 종친의 수록 범위가 6대에서 9대 후손까지 확대된 것을 들수 있다. 사회적 관행을 반영한 이러한 변화에도 불구하고, 종친 직위를 부여하는 범위는『경국대전(經國大典)』에 규정된 이후 변화하지 않았다. 문제가 되는『경국대전』종친부의 관련 규정을 제시하면 다음과 같다.11)

가) ① 종실(宗室) 제군(諸君)의 관부. 종친은 정해진 수가 없다.
    ② 양첩(良妾) 소생은 한 등급을 낮추고, 천첩(賤妾) 소생은 또 한 등급을 낮춘다.
    ③ 승습직(承襲職)은 아버지가 사망한 뒤에 제수한다.
    ④ 친이 다하면 문·무관 자손의 예에 따라 벼슬한다.

나) ① 종1품 군(君), 대군을 승습하는 적장자에게 처음 제수.
    ② 정2품 군(君), 왕세자의 중자, 대군을 승습하는 적장손, 왕자군을 승습하는 적장자에게 처음 제수.
    ③ 종2품 군(君), 왕세자의 중손, 대군의 중자, 대군을 승습하는 적장증손, 왕자군을 승습하는 적장손에 처음 제수.
    ④ 정3품정(正), 왕세자의 중증손, 대군의 중손, 왕자군의 중자, 왕자군을 승습하는 적장증손에게 처음 제수.
    ⑤ 종3품 부정(副正), 대군의 중증손, 왕자군의 중손에게 처음 제수.
    ⑥ 정4품 수(守), 왕자군의 중증손에게 처음 제수.

인용 사료 가)는『경국대전(經國大典)』종친부(宗親府) 조항의 일반

---

11) 조항의 구분은『경국대전』의 구분을 준용한 것이다. 번호는 필자가 부여하였다.

규정이다. 보이는 것처럼 네 조항으로 구성되어 있다. 첫 조항은 종친부가 종실의 군 칭호를 갖는 인원으로 구성된 관부라는 정의와 함께 정원이 고정되지 않았다고 규정하고 있다. 실제로 종친부는 군 칭호 외에도 다양한 관직이 존재하지만, 대표가 되는 최고위 직위를 기준으로 기술한 것인데, 이 조항에서 기준이 되는 직위는 국왕의 아들인 대군(大君)과 군(君)이다. 자녀의 출생이 임의로 조종되는 것이 아니므로, 정해진 인원이 없다는 사항도 당연한 것이다. 두 번째 조항은 종친 직위를 부여할 때의 원칙인데, 적자와 첩자인 경우에 적용되는 사항이다. 여기서는 간단히 한 등이라고 감등의 원칙을 기술하고 있지만, 이 부분의 이해를 위해서는 좀 더 세밀한 검토가 요구된다. 세 번째 조항은 대군과 군의 직위는 세습되는데, 세습 직위는 부친이 사망한 이후에 제수된다는 내용이다. 세습 직위를 받기 전에는 아들에 해당하는 공통의 직위를 제수 받았다가 부친이 사망한 이후에는 세습 직위를 받는다는 규정이다. 세습 직위를 얻는 인원과 나머지 형제 사이에는 상당한 차등이 존재하였다. 네 번째 조항은 종친의 신분이 종료되면, 일반 관원과 동일한 기준이 적용됨을 명확히 한 규정이다. 조항의 규정은 명료한 듯 보이지만, 그 세부적인 내용을 이해하는 것은 간단하지 않다.

인용 사료 나)는 종친부(宗親府)를 구성하는 각 품의 자리에서 부가적인 사항이 기술된 부분을 발췌한 것이다. 『경국대전(經國大典)』의 규정 중에는 횡간(橫看)으로 정리한 항목이 있다. 이런 항목은 세로로 읽는 한문의 기술 방식과는 달리 가로로 작성되었고, 유사한 성격을 비교 열람하기에 편리하였다. 이런 횡으로 열람하도록 하는 횡간의 정리는 관서와 관직에 대한 규정이 대표적인데, 종친부의 경우도 이런 방식으로 관련 사항이 정리되어 있다. 이에 의하면, 종친부에 규정되어 있는 관원은 왕자대군(王子大君)과 왕자군(王子君)을 제외하고 22자리이지만, 부가 사항이 기술된 항목은 나)에 인용한 6종류의 자리뿐이다. 왕세자(王世子)와 대군(大君), 왕자군으로 구분하여 해당되는 인원을 기술하고 있는데, 이 기술이 필요한 자리와 필요하지 않은 자리는 상상을 통해서 빈 칸을 메워서 이해해야 한다. 가) 규정은 종친부 관직에 적용되는 것인데, 실제 종친부(宗親府)를 정리한 표에는 누가 각각의 자리에 해당하는지 기술되어 있지 않다. 다만, 나)에 제시한 것처럼 6종류의 자리에 해당되는 인원만 기술하고 있을 뿐이다. 나머지 규정되지 않는 자리는 가)규정의 적용을 받는 것으로 이해되지만, 구체적인 내용은 명확하지 않다. 다음 <표 1>은 나)의 규정을 반영하여 정리한 것이다.12)

<표 1> 『경국대전』 종친 관직 구성

	품등	종친계	종친직	왕세자	왕자대군		왕자군		비고
					습직	후손	습직	후손	
1	정1	현록대부	군						
2		흥록대부							
3	종1	소덕대부							
4		가덕대부			2세				ⓐ
5	정2	숭헌대부							
6		승헌대부		2세	3세		2세		ⓑ
7	종2	중의대부							
8		정의대부		3세	4세	2세	3세		ⓒ
9	정3	명선대부	도정						
10		창선대부	정	4세		3세	4세	2세	ⓓ
11	종3	보신대부	부정						
12		자신대부				4세		3세	ⓔ
13	정4	선휘대부	수						
14		광휘대부						4세	ⓕ

---

12) 비고에는 해당 직위에 해당하는 종친을 규정하고 있는 항목을 ⓐ-ⓕ로 표시하였다.

15	종4	봉성대부	부수						
16		광성대부							
17	정5	통직랑	영						
18		병직랑							
19	종5	근절랑	부령						
20		신절랑							
21	정6	집순랑	감						
22		종순랑							

종친의 지위는 품계가 없는 대군(大君)과 군(君)을 시작으로 정1품에서 정6품까지로 구성되어 있다. 2품까지는 군이고, 그 이하는 도정(都正)에서 감(監)까지로 각 품계별로 칭호가 정해져 있는데, 대군과 군을 제외한 각 칭호의 앞에는 읍호(邑號)가 추가되었다. 명칭은 군부터 감(監)까지 9종류이지만, 명칭에 해당하는 품계가 있기 때문에 22종류로 등급이 구분된다.[13]

<표 1>에서 2세, 3세는 각각 왕자대군(王子大君) 혹은 왕자군(王子君)의 아들과 손자를 의미한다. 이들이 초직으로 받게 되는 위치를 표시하였다. 국왕을 기준으로 왕자대군과 왕자군이 1세에 해당하고, 4세는 현손으로 종친 직위를 받는 마지막 세대이다.

종친의 직위를 다시 정리한다. 일반 관직은 품등과 관계, 관직으로 구성된다. 종친의 경우는 종친에게만 적용되는 종친계(宗親階)와 종친직(宗親職)이 따로 마련되어 있었다. 일반 관직과 마찬가지로 종친의 직위도 품등이 부여된다. 일반 관직의 품등은 정1품에서 종9품까지로 구성되지만, 종친의 경우는 정1품에서 정6품까지로 편제되어 있다. 각 품등별로 해당되는 직위가 있는데, 이점도 일반 관직과 동일하다. 종친계는 하나의 품등에 두 개씩 존재하는데, 종친계를 기준으로 하면, 종

---

13) 품계가 없는 대군과 군은 제외한 수치이다.

친은 22단계의 층위가 있는 셈이다. 품등과 종친계, 종친직은 정확하게 일대일로 대응되지 않는데, 각각 그 기능이 상이하기 때문이다.

『경국대전(經國大典)』의 종친직(宗親職) 규정은 명확하지 않은 부분이 있다. 먼저 가)② 한 등급 낮춘다(降一等)의 의미이다. 후술하겠지만, 한 등급은 품등(品等)을 의미한다. 품등은 하나 낮아지지만, 종친계(宗親階)는 두 단계 낮아진다. 모든 세대의 규정은 이런 기준으로 보면, 아버지 세대에 비하여 아들 세대는 한 등급 하향되는 것을 알 수 있다. 종친이 직위를 처음 받을 때, 기본적인 직위는 출생의 조건에 따라 ⓐ-ⓕ까지의 하나로 규정하고 있다. 그럴 경우 규정되지 않은 나머지 직위의 의미인데, 이것은 가)②의 등급 하향 규정을 충족하기 위한 것이다. 그럼에도, 역시 후술하는 바와 같이, 『경국대전』에 규정된 종친직으로는 이러한 등급 하향의 원칙을 충족할 수 없다.

통상 종친을 지칭하는 종친직(宗親職)은 여러 품등을 포괄하기 때문에, 이것만으로는 종친의 정확한 출생 상의 지위를 표시할 수 없다. 군(君)의 경우 품등으로 4등급을 포괄하고 있고, 종친계로는 여덟 층위로 구성되어 있다. 따라서 종친에게 부여된 'ㅇㅇ군(君)'이라는 칭호는 품등과 계에 의해 다양한 서열을 포괄하게 된다. 군보다는 덜하지만, 나머지 종친직도 하나의 등급에 두 종친계를 담고 있다. 따라서 종친의 대표 칭호인 종친직만으로는 『경국대전(經國大典)』에 규정된 하향 등급 원칙을 담아낼 수 없다. 동일하게 승진이 이루어지는 경우에도 승진의 일차적인 적용은 종친계를 기준으로 하고, 이에 준하여 종친직의 승직이 이루어졌을 것으로 추정된다. 이 글에서 중점적으로 검토하게 될 사항이다.

논점을 정리하면, 가)②의 등급 하향 원칙과 가)③의 승습직 원칙은 규정만으로는 구체적인 실상을 알 수 없다. 더구나 나)①-⑥은 모두 22

종류에 달하는 종친 표시 지위 중, 여섯 경우만 규정하고 있어, 나머지 종친 지위가 어떻게 적용되었는지 그 실상을 파악할 수 없다. 한걸음 더 나아가서, 가)와 나)의 규정이 실제 종친의 직위를 표시하는데, 충분한 사항이었는지에 대해서도 사례의 검토 없이는 단언할 수 없다. 즉 종친직(宗親職)은 네 세대를 거치면서 제수되는 것인데, 네 세대라는 시간의 흐름이 변수로 주어지는 경우, 『경국대전(經國大典)』 규정은 어떤 방식으로 유지되는 것이며, 이 규정만으로 충족되지 않는 조건이 발생하는가의 여부이다. 장을 바꾸어 제시된 논점에 대해 사례를 통해 추적해보고자 한다.

3. 성종계 왕자군 후손의 종친직 초수(初授)와 승직(陞職)

종친직(宗親職)은 네 세대의 적용 사례를 통해서만 실상이 검토될 수 있다. 현재까지 이를 포괄적으로 검토한 연구는 많지 않다. 이 글에서는 성종(成宗) 후손의 사례를 검토의 범위로 한정하였다. 대군(大君) 계열은 없지만, 왕자군(王子君)이 14명 존재하기 때문에 다양한 사례를 확보할 수 있다는 이점이 있고, 무엇보다 『경국대전(經國大典)』이 성종 때 완성되었기 때문에, 성종의 후손은 완성된 종친 규정이 적용되었다는 점도 고려되었다.

성종(成宗)에게는 두 명의 적자가 있었다. 한 명은 연산군(燕山君)이고, 또 다른 한 명은 중종(中宗)이었다. 모두 국왕 역임자인데, 연산군은 폐위되어 지위가 승계되지 못했고, 중종은 그 자신이 국왕이었기 때문에 종친직(宗親職) 승계와는 무관하다. 부연하면, 종친직의 원칙은 국왕으로부터 그 지위가 파생되는 것이다. 종친 지위는 국왕의 아들부터 현손까지에 부여되는 것으로 지위 발생의 원천이 국왕이었다. 따라서 국왕 자신은 종친직의 부여 및 승계 대상이 아니고, 그 지위는 왕세자를 통해 별도의 계승 관계가 발생한다. 다음 <표 2>는 출생 연도를 기준으로 성종 후손을 정리한 것이다.[14]

<표 2> 성종 선원록 기재 대상의 세대별 생년분포

	1세대	2세대	3세대	4세대	총합	비고
1476~1480	4(4)				4(4)	
1481~1490	8(8)				8(8)	
1491~1500		3(2)			3(2)	연산군(1495)
1501~1510		16(8)			16(8)	중종(1506)
1511~1520		23(14)	3(1)		26(15)	
1521~1530		4(3)	37(18)		41(21)	
1531~1540		2(1)	59(16)	12(3)	73(20)	
1541~1550		4(4)	51(18)	51(19)	106(41)	인종(1545) 명종(1546)
1551~1560			29(7)	77(27)	106(34)	
1561~1570			29(15)	155(41)	184(56)	선조(1568)
1571~1580			13(8)	149(40)	162(48)	
1581~1590			5(4)	101(37)	106(41)	
1591~1600			4(1)	48(21)	52(22)	
1601~1610			2(0)	42(23)	44(23)	광해군(1609)
1611~1620				32(18)	32(18)	
1621~1630				14(9)	14(9)	인조(1623)
1631~1640				5(1)	5(1)	
1641~1650				4(3)	4(3)	효종(1650)
1651~1660				1(1)	1(1)	현종(1660)
미상	3(3)	29(11)	36(10)	80(18)	148(42)	
합	15(15)	81(43)	268(98)	771(261)	987(375)	

<표 2>에 보이는 것처럼 성종(成宗)의 왕자군(王子君)은 15세기 후반 출생하여 16세기에 활동하였다. 2세대의 경우는 대부분이 16세기 전반부 출생자들로 주 활동 시기도 16세기에 해당된다. 연산군(燕山君)

---

14) ( )안에는 종친직 제수 대상, 즉 동성 남성을 기재하였다.

과 중종(中宗)의 치세 기간에 해당한다. 3세대는 출생 분포가 80년에 걸쳐 있고, 활동 시점도 그정도의 차이가 발생한다. 이 세대는 16세기와 17세기에 걸쳐서 활동했다고 보여진다. 4세대는 16세기 후반에 주로 출생하였다. 출생의 분포는 1530년대에서 1650년대에 걸치고 있지만, 이들 세대의 절대 다수는 1560년대에서 80년대 사이에 출생하였고 17세기 초반이 주 활동 시기라 할 수 있다. 이 세대는 전란과 정변을 극심하게 경험한 세대이기는 하지만, 이 글에서는 이러한 사회적 환경이 주는 영향의 크기를 서술에 반영하지 못했다.

1) 왕자군 직위의 습직 양상

『경국대전(經國大典)』 종친 규정에는 왕세자의 자손에 대한 직위가 마련되어 있다. 법 규정이 제정될 시점에서는 사후에 덕종(德宗)으로 추숭된 의경세자(懿敬世子)의 아들이 생존한 상태였다. 의경세자는 세자로서 사망하였고, 아들인 월산군(月山君)과 자을산군(者乙山君)이 있었다. 자을산군은 나중에 성종(成宗)이 되었고, 월산군은 덕종의 아들로 월산대군(月山大君)이 되었다.[15] 덕종으로의 추숭은 1475년(성종 6)에 있었는데,[16] 1471(성종 2)에 월산대군이 될 수 있었던 것은 한 해 전에 의경세자를 의경왕(懿敬王)으로 높이는 조처가 있었기 때문이다.[17] 의경왕으로 추숭한 뒤에도, 1471년(성종 2) 존호(尊號)를 올리는 조처가 있었고, 이에 따른 후속 조처가 이어졌는데, 이 과정에서 월산군은 국왕의 아들 자격으로 대군(大君)으로 직위가 조정되었다. 이 이후 왕

15) 『성종실록』 권9, 성종 2년 2월 1일(갑진)
16) 『성종실록』 권52, 성종 6년 2월 26일(을사)
17) 『성종실록』 권2, 성종 1년 1월 22일(신축)

세자의 아들로서 지위가 계승된 경우는 사실상 발생하지 않았다. 17세기 소현세자(昭顯世子)가 세자로서 사망하였는데, 그 세 아들은 정치적으로 연루되어 희생되었다. 이들에게 주어진 군호(君號)가 유일한 세자후손의 종친직 사례였다. 따라서 왕세자의 지위로 승계된 종친 직위는 정상적인 경우에는 발생하지 않는다. 왕세자가 국왕이 되면, 그 아들은 국왕의 아들로서 종친직을 부여받기 때문이다.

왕자대군(王子大君)과 왕자군(王子君)은 지파(支派)를 형성하여, 해당 지파에서 불천위 제사의 대상이 된다. 이들에게는 4세대 동안 직위의 승계가 이루어진다. 왕자대군과 왕자군의 직위 승습자(承襲者)에게는 동일한 세대의 다른 종친에 비해 두 단계 상향된 지위가 제수된다. 성종의 경우는 직위가 승습된 대군은 사실상 없었기 때문에, 여기서는 왕자군에 대해 그 승습 상황을 검토하고자 한다. 성종(成宗)에게는 14명의 왕자군이 있었다. 다음 <표 3>은 이들의 직위 승습 상황을 정리한 것이다.

<표 3> 성종 왕자군과 직위 승습

	1세대	생모		2세대	3세대	4세대
1	桂城君(恂)	숙의 하씨	초직	桂林君(계후)	延陽副正	積善正(계후)
			승직		君(증)	君(승)
2	安陽君(㤠)	귀인 정씨	초직	從南守	德城副守 副正(습)	
			승직	都正(습)	德豊副守 副正(습)	麗興令
3	完原君(憕)	숙의 홍씨	초직	伊城正	義原副正	雲興守
			승직	君(습)	君(증)	正(습)
4	檜山君(恬)	숙의 홍씨	초직	桂山正(계후)	豊城副正	德仁守
			승직	君(습)	君(습)	正(습)
5	鳳安君(㦀)	귀인 정씨	초직	興原君	箕城副正(계후)	坡林令(첩자)
			승직		君(습)	
6	甄城君(惇)	숙의 홍씨	초직	完山正	宣城副正	德林守
			승직	君(승)	君(습)	都正(습),君(증)

7	益陽君(懷)	숙의 홍씨	초직	龍川正	淸城副正	鷄林守
			승직	君(증)	君(습)	正(습)
8	利城君(慣)	숙용 심씨	초직	景陽正	寧平副正	完昌守
			승직	君(습)	君(습)	正(습)
9	景明君(忱)	숙의 홍씨	초직	安城正	平原副正	錦溪守
			승직	君(습)	君(습)	正(습)
10	全城君(忭)	귀인 권씨	초직	廣川正(계후)	平山副守(첩자)	宣城副令(첩자)
			승직	君(습)	副正(습)	君(승)
11	茂山君(悰)	숙의 김씨	초직	永善正	慶興副正(계후)	德原守(계후)
			승직	君(습)	君(습)	正(습)
12	寧山君(悸)	숙용 심씨	초직	長興副正(첩자)	德源守	竹津副守
			승직	君(습)	都正(승)	副正(습)
13	雲川君	숙의 홍씨	초직	伊川正(계후)	義寧副正(첩자)	菁山副令
			승직	君(습)	副正(습)	副守(습)
14	楊原君(憘)	숙의 홍씨	초직	咸寧正	靈川副正(계후)	礪原守
			승직	君(습)(崇憲)	君(습)	正(습)

먼저 직위 승습의 원칙을 다시 한 번 살펴본다. 왕자대군(王子大君)의 경우는 적자를 통해 직위가 승습될 경우 4세대까지 'ㅇㅇ군(君)'으로 지위가 부여된다. <표 1>에 제시한 바와 같이 2세대는 종1품 가덕대부(嘉德大夫), 3세대는 정2품 승헌대부(承憲大夫), 4세대는 종2품 정의대부(正義大夫)로서 군호를 유지하게 된다. 반면 왕자군(王子君)의 경우는 이보다 하향되어 2세대는 정2품 승헌대부, 3세대는 종2품 정의대부 군(君)이 되지만, 4세대는 정3품 창선대부(彰善大夫) 정(正)에 제수된다. 왕자군의 경우는 군으로서 지위가 승습되는 것이 아니라 4세대는 정으로 강등되도록 규정하고 있다. 즉, 왕자군의 승습 직위는 2, 3세대에서 군, 4세대에 정이 되었다. <표 3>에서 이러한 원칙이 준수되고 있는지 살펴본다.

<표 3>의 승습자는 초직으로 받은 종친직과 이후 승직을 통해 습직이 이루어진 상황을 정리하였다. 각 승습자는 초직과 승직을 기재하였는데, 승습자가 부친의 사망 이후 습직하기 때문에 습직 이전에 지니고

있던 직위와 습직 이후 변화된 직위를 정리한 것이다. 2세대에서 초직이 정(正), 승직은 군(君)으로 기재되면 정상적인 습직이 이루어진 것으로 이해된다. 다만『선원록(璿源錄)』의 기재만으로는 각 지위에 상응하는 종친계(宗親階)의 여부는 확인할 수 없다. 10.전성군(全城君)은 양자를 통해 직위가 승습되었는데, 관련 사실을 전하는 묘지명(墓誌銘)이 남아 있다.[18] 이에 의하면 익양군(益陽君)의 차자였던 광천정(廣川正)은 전성군의 후사가 되면서, 정2품 승헌대부(承憲大夫) 광천군(廣川君)이 되었다.

<표 3> 왕자군(王子君)의 종친직 직위 승습은 여덟 경우는 원칙이 준수되고 있다. 원칙이 준수 여부가 불확실한 경우를 살펴보면, 먼저 1. 계성군(桂城君)의 경우는 후사가 없어서 계림군(桂林君)을 양자로 하여 지위가 승습되었다. 처음부터 계림군을 후계로 들인 경우이므로 별도의 승직 조처가 없었다. 귀인(貴人) 정씨 소생의 2.안양군(安陽君)과 5. 봉안군(鳳安君)은 연산군(燕山君) 때 사사(賜死)되었다. 귀인 정씨가 폐비와 사사의 원인이었다고 지목되어 연산군에게 피화되면서, 이에 연루되어 참혹한 최후를 맞았다. 이들에 대한 습직은 중종 때 귀인 정씨가 복권되면서 나중에 정치적 판단에 의해 진행되었기 때문에 일반적인 습직과는 차이가 발생하였다.

10.전성군(全城君)은 광천정(廣川正)을 양자로 들여 2세대를 습직하였다. 그런데 광천정은 천첩자를 통해 3세대의 후사가 이어졌다. 전성군의 3세대가 천첩자를 통해 습직이 이루어졌기 때문에 통상적인 습직 지위인 종2품 군(君)보다 두 단계 강등하여 종3품 평산부정(平山副正)

---

18) 광천군 묘지명 및 관련 내용에 대해서는 강제훈, 「조선전기 墓誌銘에 나타난 宗親職制 운영」, 『鄕土서울』 79, 2011, 2쪽 참조

이 습직 지위가 되었다. 양자를 통해 지위의 등급을 유지하는 선택을 할 수 있었는데, 왜 이런 선택이 이루어지지 않았는지에 대해서는 이유가 명확하지 않다.

12. 영산군(寧山君) 계열도 비슷한 사례이다. 양첩남 장흥군(長興君) 이상(李祥)이 습직하였는데, 『선원록(璿源錄)』에 의하면 본래는 장흥부정(長興副正)이었다가 승습하여 장흥군이 되었다.[19] 2세의 습직자는 정2품 승헌대부(承憲大夫) 군(君)이 된다. 그러나 장흥군의 경우는 첩남으로서 한 등급 하향되어, 종2품 정의대부(正義大夫) 장흥군으로 습직하였던 것으로 판단된다. 장흥군의 습직자는 덕원수(德原守)인데, 『선원록』에서는 덕원수의 습직 사실은 기재되지 않고, 승직하여 도정(都正)으로 기재되어 있다. 초직은 수(守)였다가 습직으로 정(正)이 되고, 추후에 도정(都正)로 승직한 것으로 추정되지만, 『선원록』 이외에서 해당 사항이 추적되지는 않는다.

영산군의 첩남이었기 때문에 장흥부정이 초직이었고, 이를 기준으로 장흥부정의 아들은 한 등급 하향되어 덕원수에 제수되었다. 덕원수의 아들은 죽진부수에 제수되었다. 덕원수와 죽진부수는 모두 적자였고, 이들의 습직은 통상적인 규정보다 하향된 직위로 이루어졌다. 부연하면, 왕자군의 2세대와 3세대는 각각 정2품 승헌대부와 종2품 정의대부 군(君)으로, 4세대는 정3품 창선대부 정(正)으로 습직하는 것이 원칙이다. 그런데 영산군의 경우는 2세대에 양첩 소생의 장흥부정으로 습직하게 했기 때문에, 종2품 정의대부(正義大夫) 군이 되었다. 3세대와 4세대는 통상적인 습직보다 한 등급 하향되어 정3품 정(正), 종3품 부정

---

19) 장흥군에 대해서는 범법에 의해 실록에서 언급되는 사례가 확인된다(『명종실록』 권5, 명종 2년 1월 16일(기사)).

(副正)으로 습직하였다. 이들은 모두 적자였지만, 장흥군보다 아래 세대이므로, 세대 사이의 강등 원칙에 의해 장흥군을 기준으로 한 등급씩 하향하여 제수가 이루어졌기 때문이다.

13. 운천군(雲川君)의 경우도 유사한 습직 사례이다. 2세대에서 이천정(伊川正)을 양자로 들여 이천군(伊川君)으로 습직하였는데, 3세가 천첩자인 의령부수(義寧副守)를 통해 습직하게 되면서 습직이 의령부정이 되었고, 4세대에서는 이보다 한 등급 강등된 청산부령(菁山副令)이 승습자가 되면서 습직은 청산부수가 되었다.

정리하면, 대체로 습직은 원칙이 준수되고 있다. 습직의 지위는 두 가지 원칙이 적용되고 있다. 다음 세대는 앞 세대보다 한 등급 강등한 지위를 부여받는다. 첩자의 경우는 적자보다 등급을 강등한다. 양첩자는 한 등급, 천첩자는 두 등급 강등하는데, 이 두 가지 원칙을 적용하여 습직이 이루어지고 있다. 다만, 정치적 사유에 의해 사정이 발생한 경우에는 통상적인 원칙이 준수되지 않기도 하였지만, 이는 특별한 사정에 의한 예외 상황으로 이해된다. 하나의 원칙을 더하면, 종친 직위의 강등이 있는 경우 강등된 직위를 기준으로 앞의 두 원칙, 즉 세대간 강등과 첩자의 강등 원칙이 적용된다.

습직은 특별한 의미를 가진다. 나머지 종친직(宗親職)이 국왕의 동성 친족에 대한 우대의 성격이 있다면, 습직은 이에 더하여 왕자대군(王子大君)과 왕자군(王子君)의 지위 자체가 계승되도록 고려된 것이다. 왕자대군과 왕자군이 세습되어야 하는 봉작으로써의 성격을 분명히 표시하는 기능을 하는 것이다. 그럼에도 여전히 풀리지 않는 의문은 남는다.

왕자대군(王子大君)을 세습하는 지위는 품등 강등은 있지만 어떻든 군호(君號)가 유지되도록 고려되었다. 그런데 2세대에서의 습직이 정1품

이 아니라 종1품으로 설정된 이유는 분명하지 않다. 아직까지 이를 추적할 자료가 확인되지는 않았지만, 아마도 종친계(宗親階)의 승진을 통한 지위 상승을 고려한 것으로 추정한다. 정1품인 경우에는 한 단계의 승품만 가능하지만, 종1품으로 직위를 습직한 경우에는 세 단계의 승계(昇階)가 가능하다. 종친의 관직 진출을 차단하면서 특별한 종친직을 통해 특별한 신분을 표시하지만, 여전히 정치 일선에서 소외된다는 점에서 『경국대전(經國大典)』에 정리된 종친 관리 체제는 종친 입장에서 달가운 것만은 아니었다. 실제로 종친 직제가 정비되는 과정에서, 종친들로부터 종친직의 승급 원칙을 마련해 달라는 요청이 있었다.[20] 그러나 이러한 요청은 최종적으로 수용되지 않았고, 결국 종친의 승진은 전적으로 국왕의 주관적 결단에 의하도록 결정되었다. 어느 정도의 승급 여지를 확보하는 것이 이러한 체제 정비의 방향과 부합하는 것이었다.

직위 승습과 관련하여 한 마디 덧붙이자면, 왕자대군(王子大君)과 왕자군(王子君)의 승습직은 상호 한 등급 하향되도록 설정되어 있다. 세조대(世祖代)를 거치면서 적자와 서자의 지위 차별을 보다 명확하게 정비하는데, 『경국대전(經國大典)』은 이러한 기조를 반영하여 적자인 왕자대군과 서자인 왕자군의 지위를 차등한 것으로 보인다. 비록 왕자대군과 왕자군은 품등이 없는 특별한 지위를 가지고 있지만, 2세대 이후의 지위에 분명한 등급 차이를 설정함으로써, 적서로서의 위치가 분명히 드러나도록 고려하였다.

---

20) 『성종실록』 권3, 성종 1년 2월 1일(경술), 같은 책 권67, 성종 7년 5월 21일(계해), 같은 책 권69, 성종 7년 7월 10일(신해)

2) 2-4세대 종친의 종친직 제수와 승직

(1) 2세대 종친의 초직과 승직

성종(成宗)을 기준으로 4세대까지의 종친 직위 상황을 분석하고자
한다.[21]

성종 2세대의 종친의 직위를 살펴볼 때, 왕자대군(王子大君)의 경우는
사실상 의미가 없어진다. 성종의 왕자대군은 모두 국왕이 되었다. 연산
군(燕山君)과 중종(中宗)이 그들인데, 국왕이 될 경우 별도의 선원계보
(璿源系譜)가 시작되므로 특정 국왕의 후손으로서 파악하지 않는다. 즉
국왕을 정점으로 하여 파생되는 것이 종친 직위이므로, 국왕은 특정 국
왕의 2세대가 아닌 자신이 세대를 결정하는 또 다른 시작점이 된다. 단,
연산군의 경우는 국왕에서 정치적 이유로 강등된 사례인데, 연산군의 자
손 역시 정치적 이유로 축출되었고, 모두 후사가 단절되었기 때문에 종
친 직위의 유무를 추적하는 검토의 대상이 되기에 적합하지 않다. 성종
의 후손들은 이런 사연으로 모두 왕자군 계통으로만 분석이 가능하다.

성종(成宗) 2세대 종친으로 왕자군(王子君) 계열은 모두 38명인데,
이 중 14명은 첩자이다. 왕자군의 적자가 받는 직위는 정(正)이고, 양첩
과 천첩자는 이보다 낮은 직위를 받게 되는데, <표 4>에 나타난 바와
같이 이러한 원칙이 잘 적용되고 있다.[22]

---

21) 필자는 학생들과 『선원록』의 정리 및 분석을 시도하였다. 이 글의 서술에 사용된
   자료는 공동 작업의 결과물이다. 특히 성종 후손의 종친 직위 상황 정리에는 박사
   과정생 홍근혜 및 양정현의 도움을 받았다. 신분상의 차별을 받는 적처(嫡妻) 관련
   사항은 대학원생 김다솜의 검토를 참고하였다.
22) <표 4>에서 『경국대전』 규정에 의해 초직에 해당하는 부분을 따로 표시하였다.
   이후 초직을 정리한 표에서도 같은 방식으로 표시하였다.

<표 4> 성종 2세대 종친 초직 상황

2세대		종2 정의대부 군	정3 창선대부 정	종3 자신대부 부정	정4 광휘대부 수	합
왕자군	적자	2	23	0	0	21
	양첩자	0	0	5	0	5
	천첩자	0	0	0	9	9
		1	23	5	9	38

다만 한 사람은 군(君)의 직위를 받고 있는데, 여기에는 나름의 사정이 있다. 홍원군(興原君) 이경(李瓊)이 해당 인물이다. 홍원군은 봉안군(鳳安君) 이봉(李熢)의 아들이다. 봉안군의 귀인(貴人) 정씨 소생이다. 귀인 정씨는 폐비 윤씨가 폐출된 데 직접 원인을 제공하였다고 지목된 성종(成宗)의 후궁 엄씨와 정씨 중 한 사람이다. 1504년(연산군 10) 이들은 연산군으로부터 혹형을 당하였고, 봉안군은 정씨의 아들로서 이천에 유배되었다가 이듬해 사사되었다. 봉안군은 종중의 반정 이후에 신원되었는데, 홍원군 이경은 봉안군을 습직하여 바로 군으로 임명되었다. 통상 습직은 부친 사후에 이루어지는데, 이 경우는 정치적 사유로 인하여 2세대에 주어지는 일반적인 초직이 아니라 바로 습직이 된 사례이다.

함녕정(咸寧正) 이수선(李壽璿)은 습직으로 군(君)이 되었는데, 종친 관계인 숭헌대부(崇憲大夫)가 특별히 기재되어 있다. 본래 습직하여 군이 되는 경우 숭헌대부를 받게 되는데, 그의 경우는 여기에서 한 단계 승급하였음을 별도로 표시한 것이다. 그런데 2세대 습직자 7명 중에 함녕군이 유일한 사례라는 점에서 습직자에게 한 등급 승급도 쉽지 않은 일이었음을 추정할 수 있다. 종친 초직에서 벗어나 승직한 경우는 모두 11 사례이다. 여기에 습직자 7명이 더해지므로 2세대 종친 38명 중 18

명이 처음 받은 종친 직위에서 변동이 있었다. 습직자 중에서는 단 한 사람만이 품계상의 변화가 있었다. 습직으로 얻는 직위가 당연직이라는 점을 고려한다면, 38명 중 직위상의 변화를 경험한 사람은 습직자 중에서 한 사람을 포함하여 12 사례라고 할 수 있다. 2세대의 종친은 국왕의 손자 세대로 국왕과 매우 긴밀한 관계라 할 수 있는데, 1/3 정도의 인원만이 직위 변화가 있었다. 직위 변화를 경험하지 못한 종친에게 직위는 사실상 작위처럼 기능했다고 할 수 있다.

정(正)을 초직으로 받은 23명 중에 7명의 습직자를 제외하고 6명이 승직하였고, 이 중 두 사람이 한 등급 오른 도정(都正), 나머지 네 사람은 최소 두 등급의 승급을 의미하는 군(君)이 되었다. 부정(副正)으로 시작한 다섯 사람 중에 두 사람이 승급하였는데, 한 사람은 군까지 승급하였고, 다른 한 명은 품계는 명선대부(明善大夫)로 아마도 세 계급 승급하였고, 직위는 정으로 한 급 승직하였다. 수(守)로 시작한 9명 중에서 세 사람이 승직하였는데, 두 사람이 군호를 받았고, 한 명은 도정(都正)를 받았다.

기재 원칙이 정확하게 지켜졌다면, 음성수(陰城守) 이유(李裕)는 성종(成宗)의 12번째 왕자군(王子君)이었던 영산군(寧山君)의 천첩 소생이었다. 그는 정4품 종친 품계의 아래에 해당하는 광휘대부(廣徽大夫)로 시작하였을 것이다. 정4품 선휘대부(宣徽大夫)로 승계한 이후, 종3품의 자신대부(資信大夫)로 부정(副正)을 받고, 다시 품계가 보신대부(保信大夫)로 승계하고, 창선대부(彰善大夫) 정(正)을 거쳐 명선대부 도정에 도달했을 것이다. 음성수의 생졸년을 알 수 없기 때문에 각각의 직위를 유지한 기간을 파악할 수 없지만, 음성수에서 시작하여 음성도정(陰城都正)에 이른 이유(李裕)는 다른 종친에 비하면, 직위의 변화가 폭넓게 이루어진 드문 사례라고 할 수 있다.

(2) 3세대 종친의 초직과 승직

다음 <표 5>는 성종의 3세대 종친의 초직 상황을 정리한 것이다. 특별히 표시한 부분이 『경국대전(經國大典)』규정에 의해 3세대에서 제수될 수 있는 초직이다. 세대에 따른 강등과 신분에 의한 강등이 적용된 결과 3세대에서 받을 수 있는 초직의 범위가 종3품 부정(副正)에서 종5품 부령(副令)까지 다섯 종류로 확대되었다.

<표 5> 성종 종친 3세대 초직 상황

2세대	3세대	종3 자신대부 부정	정4 광휘대부 수	종4 광성대부 부수	정5 병직랑 영	종5 신절랑 부령	합
적자	적자	33	0	0	0	0	33
	양첩	0	8	0	0	0	8
	천첩	0	0	12	0	0	12
양첩	적자	0	1	5	0	0	6
	양첩	0	0	3	0	0	3
	천첩	0	0	0	6	0	6
천첩	적자	0	0	3	12	0	15
	양첩	0	0	0	0	0	0
	천첩	0	0	0	0	15	15
인원		33	9	23	18	15	98

3세대 종친 인원은 모두 98명인데, 이들 중 적자가 54명이고, 첩자가 44명이다. 특별히 적첩의 인원 구성이 인위적으로 조정되었다고 보기 힘들다. 특별히 첩자를 꺼리거나 적자를 우선시했는지는 인원 구성으로는 나타나지 않는다. 첩자를 두는 데 별다른 주저함이 없었던 것으로 판단된다. 2세대보다 3세대에서 첩자의 비중이 현저하게 높아졌는데, 첩자를 주저하는 현상이 없었던 것으로 이해된다. 첩자에게도 종친의 직위가 자동으로 부여되고, 첩자의 표식이 해당 직위에 부기되는 것도 아니기 때문에 종친으로서의 신분적 특권을 향유하는데 달리 제약이

없었다. 이런 법적 규정도 광범위하게 첩 소생의 자녀가 존재하게 된 배경이었을 것으로 이해된다.

특별히 주목되는 사항은 왕자군(王子君)-양첩자(2세대)-적자(3세대)로 출생한 종친은 정4품 수(守)의 직위를 얻게 되는데, 전체 6명의 해당 인원 중 5명에게 부수(副守)가 주어졌다는 점이다. 종친의 직위는 세대와 적서에 의해 자동으로 결정된다. 여기에 제시된 5명의 경우는 법전 규정에서는 명확하지 않지만, 실제의 운영 과정에서 확인되는 사례이다. 이렇게 적자임에도 직위가 본래의 위치보다 강등되는 사례는 세 가지 경우로 나타난다.23)

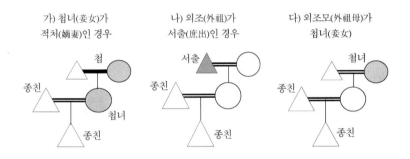

가) 첩녀(妾女)가
적처(嫡妻)인 경우

나) 외조(外祖)가
서출(庶出)인 경우

다) 외조모(外祖母)가
첩녀(妾女)

첫째는 어머니가 첩녀인 경우이다. 즉 외할머니가 외조부의 첩인 경우인데, 외할머니의 신분이 양녀인지 천녀인지는 구분하지 않고 있다. 아마도 양자의 구분이 적용되지 않았던 것으로 보인다. 어떻든 이렇게 출생한 첩녀는 정식 혼인을 통해 부부가 되어도 그 아들인 종친의 직위에는 정상적인 경우에 비해 한 단계 감등하였다.

─────────────

23) 종친의 혼인에서 부인의 지위에 따라 종친직에 영향이 발생하는 사안에 대한 연구는 박정재, 앞의 글, 2017 참조.

나머지 두 경우도 종친의 어머니와 관계된다. 직위를 받아야 하는 종친은 부모가 정식으로 혼인을 맺고 이에서 출생한 적자이다. 그런데 어머니가 서출의 딸인 경우, 즉 외조(外祖)가 서출인 경우에 종친 직위를 한 등급 감등한 것이다. 이때 외할아버지가 양첩 소생인지 천첩 소생인지는 언급하고 있지 않다. 첩 소생이라는 점만을 반영하여 한 단계의 감등 적용을 하고 있다. 세 번째는 어머니의 어머니, 즉 외할머니가 첩녀인 경우이다. 어머니의 부모가 정식 혼인 관계에 있지만, 그 혼인이 첩녀하고 이루어진 경우에 역시 한 등급을 감등하는 경우이다. 외할아버지가 서출이고, 외할아버지의 부인이 첩녀인 경우는 어떻게 작동하는지에 대해서는 사례가 확인되지 않아 적용 원칙을 알 수 없다.

　　성종(成宗) 3세대 종친으로 적자임에도 직위의 감등이 이루어진 다섯 사례는 이중에서 가)와 나)에 해당되는 경우이다. 다음 <별표 1>은 해당 사례를 정리한 것이다.

<별표 1> 양첩계(2세대) 적자 종친의 직위 강등 사례

	본인 성명	본인 봉호	父 성명	父 봉호	母 성관	母 출신
1	李偣	駒城副守	李壽鵬	丹川副正	龍仁 이씨	妾女의 딸
2	李伸	龍城副守	李壽鵬	丹川副正	龍仁 이씨	妾女의 딸
3	李佺	德城副守	李壽鵬	丹川副正	龍仁 이씨	妾女의 딸
4	李儇	竹城副守	李壽鵬	丹川副正	龍仁 이씨	妾女의 딸
5	李淑	義昌副守	李玉精	蓮城副正	안씨	妾女

　　위 <별표 1>에 정리한 바와 같이 단천부정(丹川副正)의 아들들은 할머니가 첩녀라는 이유로, 연성부정(蓮城副正)의 아들은 어머니가 첩녀라는 이유로 수(守)가 아니라 부수(副守)의 지위를 받았다. 종친의 경우 첩에게서 출생한 경우에는 처에서 출생한 사람보다 강등하여 직위

를 받게 되어 있다. 그런데, 첩녀를 부인으로 맞이한 경우에도 그 소생의 직위를 강등하였고, 한 걸음 더 나아가서 정상적인 혼인 관계이지만 첩녀와 혼인하여 출생한 여인을 아내로 맞이한 경우에도 강등의 규칙을 적용하고 있다. 어떻든 처에 대해 통상적으로 기재 대상에 포함되는 범위에 첩녀라는 지위가 나타날 경우 강등의 원칙이 작동하였다는 점이 주목된다.[24]

<표 4>에서 2세대 천첩자를 아버지로 둔 3세대 적자 중에 령(令) 직위에 임명된 사람들은 일반 규정과는 어긋나는 존재이다. 모두 11명이 해당되는데, 이들 11명은 부(父)가 수(守)이고 적중자이기 때문에 아버지보다 한 등급 낮은 부수(副守)에 제수되어야 한다. 그런데 이보다 1품 낮은 령(令)에 제수되었다. <별표 2>는 이들 부모의 혼인 관계와 신분을 정리한 것이다.

<별표 2> 천첩계(2세대) 적자 종친의 초직 강등 사례

	본인 성명	본인 봉호	父 성명	父 봉호	母 성관	母 출신
1	李孝	明原令	李壽卿	花山守	順天 박씨	庶孼女
2	李翥	順原令	李壽卿	花山守	順天 박씨	庶孼女
3	李?	興原令	李壽卿	花山守	順天 박씨	庶孼女
4	李龜	完溪令	李德壽	永原守	남씨	妾女
5	李彦慶	海豊令	李禎	銀川守	김씨	妾女
6	李彦愽	海川令	李禎	銀川守	김씨	妾女
7	李彦?	廣平令	李裕	陰城守	정씨	妾女
8	李彦琛	義安令	李裕	陰城守	정씨	妾女
9	李彦璡	鶴林令	李祿	梁山守	지씨	妾女
10	李彦瑄	鳳林令	李祿	梁山守	지씨	妾女
11	李麟瑞	洛昌令	李玉糊	江陽守	이씨	妾女

---

24) 『선원록』의 기재 방식에 의하면, 처의 처부모(妻父母)와 처부(妻父)의 본관(本貫), 지위 등을 기재하였다.

종친 초직은 그 소생인 적첩에 따라 차등하여 결정되는데, 여기에 모계에서 연유한 변수가 더해진다. 화산수(花山守) 이수경(李壽卿)의 부인은 순천 박씨인데, 박씨의 아버지가 서얼이었다. 즉 아버지의 신분이 서얼이라는 사실이 『선원록(璿源錄)』에 명확하게 기재되어 있다. 순천 박씨 소생의 적자들이 한 등급 강등된 이유는 외할아버지가 서얼이었기 때문이었다. 나머지 8명의 종친 직위에 강등이 있었던 이유는 어머니가 첩녀였기 때문이다.

3세대부터는 부여되는 초직의 범위가 한층 확대되었고, 대상이 되는 인원도 거의 백 명에 육박하고 있다. 그만큼 다양한 사례가 등장하는 셈인데, 새로이 확인되는 사항은 적처(嫡妻)라는 혼인상의 지위로 신분상의 결함을 보완할 수 없다는 사실이다. 즉 서얼이나 첩녀의 소생인 여인은 적처로서 혼인 관계를 형성하더라도, 그 사이에서 출생한 아들을 사실상 첩자로 처리하는 법제적 조처가 시행되고 있었음이 드러난다.

이런 조처가 어떤 시점에서 제도화되었는지는 확실하지 않다. 1557년(명종 12) 종친 청계령(淸溪令) 이림(李林)이 류경(柳逕)의 첩녀(妾女)를 부인으로 맞이하였고, 천첩을 통해서도 자식을 얻었다.[25] 그런데 천첩 자식인 풍안정(豊安正) 이희(李僖)가 유씨가 사망하자 적처가 아니라 하여 상복을 입지 않겠다고 하였다. 당시 조정에서 이 사안이 논의되었는데, 해당 기사에는 이 사안이 어떻게 처리되었는지는 명확하게 기술되어 있지 않다. 오히려 해당 기사는 첩녀를 적처로 맞이하는 것은 금법(禁法)인데, 이를 어기는 종친이 많다고 하며 이에 대한 논의가 진행되고 있다.

---

25) 『명종실록』권22, 명종 12년 5월 17일(기사)

금법의 작성 시점은 신유년(辛酉年)으로 언급되고 있는데, 이 시점에서의 가능한 신유년은 1501년(연산군 7)이다. 당시의 결정을 전하는 실록 기사는 확인되지 않지만, 종친이 첩산(妾産)으로 처를 삼는 경우는 첩으로 판단하며, 이에 준하여 아들의 직위도 강등한다는 법 조항이 확정되었다.26) 관행으로는 첩녀를 처로 맞이하는 경우가 있었지만, 법적으로 이를 처로 인정하지 않았다는 것이고, 『선원록(璿源錄)』을 정리하는 과정에서는 법적인 조항이 준수되었다.27) 그러다가 1581년(선조 14)에 첩녀를 처로 맞이하는 관행을 부분적으로 인정하여, 이들도 『선원록』에서 처(妻)로 기재하되, 아들의 종친직은 법적인 규정에 따라 강등하는 것으로 다시 정리되었다.28) 결국 부인의 신분상의 하자를 그 소생의 종친 초직을 제수할 때, 반영하도록 하는 조처는 16세기에 법제화되어 약간의 우여곡절이 있었지만, 17세기가 되기 이전에 명확하게 원칙이 정리되었다. 외조(外祖)가 서얼이거나 잡직(雜織)인 경우에 발생하는 종친직 강등이 언제 결정되었는지 명확하지 않지만, 첩녀가 적처가 되는 문제와 병행하여 적용되었을 것으로 정리하여 둔다.

다음으로 검토할 사항은 종친 초직을 제수 받은 이후 어느 정도의 승진의 기회가 있었는지 하는 문제이다. 다음 <표 6>은 3세대 종친의 지위 변화 상황을 정리한 것이다. 『선원록(璿源錄)』에 기재된 사항에 근거한 정리로, 해당 기록이 갖는 정확성에 대한 중복 확인 작업은 시행하지 않았다. 세부적인 부분의 정확성에 문제가 있더라도 대체적인 추세를 이해하는데는 지장이 없을 것으로 생각한다.

---

26) 『대전후속록』예전, 혼례 2조
27) 『명종실록』권30, 명종 19년 12월 30일(무술)
28) 『선조실록』권15, 선조 14년 4월 28일(신유)

<표 6> 3세대 종친의 승직/습직 상황

	이름	신분/차서	초직	승직	습직	부(승·습직)	조부
1	李洵	양첩남3	正陽守	正		桂林君	桂城君
2	李貴仁	적남1	德城副守		副正	從南守(襲都正)	安陽君
3	李貴義	적남2	德豊副守		副正	從南守(襲都正)	安陽君
4	李仁	적남2	義泉副正	君		伊城正(襲君)	完原君
5	李銓	적남1	豊城副正		君	桂山正(襲君)	檜山君
6	李俔	계후	箕城副正		君	興原君	鳳安君
7	李欽	적남1	宣城副正		君	完山正(陞君)	甄城君
8	李錫	적남3	驪城副正	都正		完山正(陞君)	甄城君
9	李傑	적남1	淸城副正		君	龍川正	益陽君
10	李倬	적남2	原城副正	君		龍川正	益陽君
11	李侃	적남1	靑原副正	都正		荒壤正	益陽君
12	李倫	적남1	陽城副正	君		長川正	益陽君
13	李估	천첩남1	順城令	正		丹川副正(陞正)	益陽君
14	李耆	적남1	寧平副正		君	景陽正(襲君)	利城君
15	李耆	적남1	海豊副正	君		雲城正(陞君)	利城君
16	李?	천첩남1	義原副令	正		花山守(陞君)	利城君
17	李鎰	적남1	平原副正		君	安城正(襲君)	景明君
18	李伸	적남2	綾城副正	君		安南正(陞都正)	景明君
19	李俶	천첩남1	平山副守		副正	廣川正(襲君)	全城君
20	李信	천첩남2	平原副守	都正		廣川正(襲君)	全城君
21	李秀芳	계후	慶興副正		君	永善正(襲君)	茂山郡
22	李秀英	적남1	完城副正	都正		扶安正(陞都正)	茂山郡
23	李鼇	계후	豊溪副令	副守		中牟守	茂山郡
24	李鼈	천첩남1	春溪副令	都正		中牟守	茂山郡
25	李鼊	천첩남3	秋溪副令	守		中牟守	茂山郡
26	李鏡義	적남1	德源守	都正		長興副正(襲君)	寧山君
27	李鏡信	천첩남3	德仁令	君		長興副正(襲君)	寧山君
28	李彦璡	적남1	鶴林令	君		梁山守	寧山君
29	李彦瑄	적남2	鳳林令	君		梁山守	寧山君
30	李彦璟	천첩남3	松林副令	副正		梁山守	寧山君
31	李傅	천첩남1	義寧副守		副正	伊川正(襲君)	雲川君
32	李侹	계후	靈川副正		君	咸寧正(襲君)	楊原君
33	李忠生	양첩남2	益昌副守	(明善)		花寧副正(陞君)	楊原君

    <표 6>에 정리한 바와 같이 승직과 습직의 기록이 종친직(宗親職)을 중심으로 이루어지고 있기 때문에 이들이 받았던 종친계(宗親階)와 관련된 정보를 확인할 수는 없다. 종친계 정보가 없기 때문에 이들이 초직

에서부터 몇 단계의 승급이 있었는지를 수치화할 수는 없다. 다만, 전체 98명의 인원 중, 11명의 인원은 왕자군(王子君)의 지위를 습직하는 경로로 직위에 변화가 있었다. 이에 더하여 20명의 인원이 직위가 상향되었다. 전체 인원 중 32% 정도의 종친은 초직을 받은 이후 직위의 변화가 있었음이 나타난다. 습직은 가능하다면 적서(嫡庶)를 구분하여 이루어지지만, 일반적인 승직의 경우에는 적서에 따른 차별이 드러나지 않는다. 승직은 아마도 국왕과의 친연성에 근거했을 것으로 추정된다.

(3) 4세대 종친의 초직과 승직

4세대는 대상 인원이 260명 정도로 늘어난다. 편의상 2세대 적자의 후손과 2세대 첩자를 나누어 검토한다. 비록 종친 지위를 갖고 있지만, 첩자 계열이 직면했을 신분상의 차별을 주목하는데 도움이 되기 때문이다. 다음 <표 7>과 <표 8>은 4세대 종친의 초직을 정리한 것이다. <표 7>과 <표 8>에서 기타로 분류한 부분은 종친직이 기재되지 않은 경우이다. 해당 종친이 일찍 사망했기 때문에 종친직이 제수되지 않았다.

<표 7> 4세대 종친 초직 제수 상황(2세대 적자 계열)

2세대	3세대	4세대	정3 정	종3 부정	정4 수	종4 부수	정5 영	종5 부령	정6 감	기타	합
적자	적자	적자	0	0	63	0	0	0	0	0	63
		양첩	0	0	0	9	0	0	0	0	9
		천첩	0	0	0	0	14	0	0	0	14
	양첩	적자	1	0	0	18	1	0	0	1	21
		양첩	0	0	0	0	6	0	0	1	7
		천첩	0	0	0	0	0	1	0	0	1
	천첩	적자	0	0	0	0	1	24	0	0	25
		양첩	0	0	0	0	0	9	0	1	10
		천첩	0	0	0	0	0	0	4	0	4
			1	0	63	27	22	34	4	3	154

2세대 적자-양첩자-적자로 이어지는 계열 중에서 한 명은 정3품 정(正)을 초수받은 것으로 나타난다. 적선정(積善正) 이득인(李得仁)이 해당 인물인데, 통상적으로 제수되어야 할 부수(副守)보다 세 품등이나 상위 직위를 받은 것이다. 이득인(李得仁)이 은양수(恩陽守) 이량(李諒)의 적2남이었으나, 연양부정(延陽副正) 이시(李諰)의 계후자가 되었다. 연양부정은 성종(成宗)의 첫째 왕자군(王子君)인 계성군(桂城君)의 3세대 승습자였고, 연양부정의 양자로 들어간 이득인은 4세대 승습자가 되었다. 1545년(명종 즉위) 을사사화(乙巳士禍)로 계림군이 피화되었고, 이득인이 양자로 들어간 시점에서 연양부정도 사망한 시점이었다. 이득인은 적자로이어지는 계림군 계열의 직위를 처음부터 제수 받았던 것으로 보인다.

같은 계열에서 한 명은 한 등급 낮은 정5품 령(令)를 받았다. 순안령(順安令) 이경인(李景仁)이 해당 인물이다. 이경인의 모(母)는 족친위 한옥곤(韓玉崑)의 딸인데, 아마도 한옥곤의 부인에게 신분상의 하자가 있었을 것으로 추정되지만, 정확한 사실은 확인되지 않는다.

3세대 천첩자 계열의 적자는 정5품 령(令)에 제수되어야 하는데, 한명을 제외하고, 24명이 한 등급 낮은 종5품 부령(副令)을 초직으로 받았다. 이들도 예외 없이 모계에서 신분상의 하자가 있는 것으로 확인된다. 다음 <별표 3>은 관련 사항을 『선원록(璿源錄)』에 근거하여 정리한 것이다. 해당 종친의 모친이 첩녀와 서얼녀로 기재되어 있고, 다섯명은 외조가 관상감 출신의 잡직자로 확인된다.

<별표 3> 4세대 적자 종친의 초직 강등 사례

	본인 성명	본인 봉호	父 성명	父 봉호	母 성관	母 출신
1	李墠	德義副令	李鑌	丹城副守	恩津 송씨	姜女
2	李增	景義副令	李鑌	丹城副守	恩津 송씨	姜女

3	李坦	青松副令	李銘	昌城副守	青松 심씨	妾女
4	李忠胤	德陽副令	李信	平原副守	迎日 정씨	庶孼女
5	李禮胤	寧山副令	李俊	平海副守	全州 황씨	妾女
6	李聖胤	琅城副令	李倚	平陽副守	淸州 한씨	妾女
7	李賢胤	甄城副令	李倚	平陽副守	淸州 한씨	妾女
8	李明胤	綾城副令	李倚	平陽副守	淸州 한씨	妾女
9	李仁胤	宜山副令	李儀	平陵副守	宜寧 남씨	妾女
10	李義胤	星山副令	李儀	平陵副守	宜寧 남씨	妾女
11	李福胤	茂山副令	李儀	平陵副守	宜寧 남씨	妾女
12	李德胤	完山副令	李儀	平陵副守	宜寧 남씨	妾女
13	李良胤	雲山副令	李儀	平陵副守	固城 남씨	妾女
14	李終胤	鐵山副令	李儀	平陵副守	宜寧 남씨	妾女
15	李季胤	花山副令	李儀	平陵副守	宜寧 남씨	妾女
16	李瑞	菁山副令	李傅	義寧副守	晉州 강씨	父 觀象監
17	李璋	福山副令	李傅	義寧副守	晉州 강씨	父 觀象監
18	李玩	玉山副令	李傅	義寧副守	晉州 강씨	父 觀象監
19	李瓦	牛山副令	李傅	義寧副守	晉州 강씨	父 觀象監
20	李珍	鳳山副令	李傅	義寧副守	晉州 강씨	父 觀象監
21	李琬	德恩副令	李俊	義興副守	경씨	某之女로 기재
22	李珩	光山副令	李脩	義陽副守	? 김씨	妾女
23	李璜	連山副令	李脩	義陽副守	? 김씨	妾女
24	李瑀	仁山副令	李脩	義陽副守	? 김씨	妾女

3세대 천첩계 종친은 일반 사족과의 혼인이 쉽지 않았던 것으로 보인다. 3세대에서 신분상 하자가 있는 여인을 적처(嫡妻)로 맞았고, 그결과 이들에게서 출생한 4세대 종친은 적자임에도 25명 중 24명이 양첩에 준하는 종친 초직을 받고 있다. 금법(禁法)이 존재하고 있음에도적잖은 사례에서 신분상 하자가 있는 여성을 적처로 수용하였음이 드러난다. 2세대 적자계에서 발생한 이러한 양상은 2세대 첩자에서 이어진 4세대 종친에게서 더욱 두드러진다.

다음 <표 8>은 양첩자(2세대), 천첩자(2세대)에서 출발한 4세대 종친의 초직 상황을 정리한 것이다. 양첩자(2세대)-천첩자-천첩자로 이어지는 경우 이들은 등급 강등의 원칙에 의하면 종6품이 되어야 하지만, 종친직의 최하한은 정6품이기 때문에 그대로 정6품 감을 초직으로 제수 받았다. <표 8>에서 영주감(瀛洲監) 이봉령(李鳳齡)을 이에 해당하는 인물로 정리하였다. 그러나 영주감(瀛洲監)의 모친 정보가 누락되어 있어 양첩자인지 천첩자인지 여부는 명확하지 않다. 정보가 누락되어 있다는 점에서 잠정적으로 천첩자로 분류하였다.

<표 8> 4세대 종친 초직 제수 상황(2세대 첩자 계열)

2세대	3세대	4세대	종3 부정	정4 수	종4 부수	정5 영	종5 부령	정6 감	기타	합
양첩자	적자	적자	0	0	3	5	1	0	0	9
		양첩	0	0	0	0	5	0	0	5
		천첩	0	0	0	0	0	3	1	4
	양첩	적자	0	0	0	0	8	0	0	8
		양첩	0	0	0	0	0	0	0	0
		천첩	0	0	0	0	0	0	0	0
	천첩	적자	1	0	0	0	0	12	1	14
		양첩	0	0	0	0	0	1	0	1
		천첩	0	0	0	0	0	2	0	2
천첩자	적자	적자	0	0	0	2	12	5	1	20
		양첩	0	0	0	0	1	4	0	5
		천첩	0	0	0	0	0	10	0	10
	양첩	적자	0	0	0	0	0	0	0	0
		양첩	0	0	0	0	0	0	0	0
		천첩	0	0	0	0	0	0	0	0
	천첩	적자	0	0	0	0	0	20	1	21
		양첩	0	0	0	0	0	1	0	1
		천첩	0	0	0	0	0	5	1	6
			1	0	3	7	27	63	5	106

<표 8>에서 본래 제수되어야 하는 초직보다 강등된 경우는 적처의 신분상의 문제 때문에 발생했지만, 4세대에서는 그러한 강등의 사유가 누적되면서 야기되는 사례가 나타난다.

양첩자(2세대)-적자-적자로 이어지는 경우 4세대의 종친 초직은 종4 품 부수(副守)이다. 그런데 <표 8>에서는 정5품 령(令)이 다섯 명, 종5 품 부령(副令)이 한 명 등장한다. 령(令)직을 받은 다섯 명은 3세대에서

정상적인 혼인이 이루어진 경우이지만, 3세대인 이들의 부친이 그 이전 세대 혼인이 문제가 되어 한 등급 낮은 부수(副守)를 받은 경우이다. 이들은 모두 2세대의 혼인에서 배우자가 신분상의 문제가 있었던 경우들로 앞에서 언급한 사례이다. 3세대에서 정상적인 혼인이 이루어졌지만, 다음 세대는 앞 세대보다 한 등급 강등한다는 원칙에 의해 아버지(副守)보다 한 등급 낮은 종친 직위(令)를 받은 것이다.

부령(副令)을 받은 경우는 제림부령(濟林副令) 이극윤(李克胤)이다. 이극윤의 부친은 덕성부수(德城副守) 이전(李佺)이었다. 이전은 자신의 앞 세대인 2세대에서의 혼인상의 문제로 부수가 된 사례였다.[29] 덕성부수는 거창 신씨 신정립(愼廷立)의 여(女)와 혼인하였다. 혼인상의 문제가 명시되어 있지는 않지만, 아들인 이극윤의 종친직을 한 등급 강등한 것으로 보아 신분상의 하자가 있었던 것으로 판단된다. 즉 이 사례는 두 세대가 연속해서 배우자에게 서얼 또는 첩녀라는 신분상의 문제가 있었고, 그로 인해 적자의 초직이 다른 동일한 조건의 종친보다 한 등급 더 강등된 경우이다.

양첩자(2세대)-적자-양첩자/천첩자의 경우는 각각 초직으로 정5품 령(令)과 종5품 부령(副令)을 제수 받는다. 그런데 <표 8>에 정리된 것처럼, 3세대의 부친이 부수(副守)인 경우이기 때문에 부친의 직위 등급을 기준으로 한 등급 하향하고, 여기에 양첩자와 천첩자로서 한 등급씩을 추가로 강등하였다. 부령 다섯 사람과 감(監) 세 명은 이런 이유로 해당 직위를 초직으로 받게 되었다. 앞 세대의 직위 강등이 누적되어 작용한 결과였다.

---

29) <별표 1> 3번 사례

세대 간에 강등이 누적되어 법 규정보다 하위의 직위를 받는 경우가 양첩자(2세대)-양첩자-적자로 이어진 경우에도 발생하는데, <표 8>에 정리된 사례는 전원이 이에 해당한다. 본래 규정에 해당하는 직위를 받은 사람은 한 명도 없고, 8명 전원이 강등된 직위를 받았다. 이들 8명은 부(父)의 종친직이 부수(副守)이고, 적중자였으므로 령(令)에 제수되어야 하지만, 1품 낮은 부령(副令)에 제수되었다. 이들은 아래의 〈별표 4〉에 나타나듯이 모(母)의 신분이 서얼의 딸이거나 첩의 딸로 모(母)의 신분이 낮은 자들이었다. 이로 인해 1품이 낮은 종친직에 제수되었던 것으로 판단된다.

<별표 4> 4세대 적자 종친 초직 강등 사례(2-3세대 양첩자)

	본인 성명	본인 봉호	父 성명	父 봉호	母 성관	母 출신
1	李昕	順陽副令	李孝生	武昌副守	권씨	庶孽女
2	李曄	彦陽副令	李孝生	武昌副守	권씨	庶孽女
3	李晫	靈雲副令	李忠生	益昌副守	신씨	妾女
4	李晊	靈陵副令	李忠生	益昌副守	신씨	妾女
5	李曝	靈興副令	李忠生	益昌副守	신씨	妾女
6	李昭	靈山副令	李忠生	益昌副守	신씨	妾女
7	李昉	靈海副令	李忠生	益昌副守	신씨	妾
8	李暎	海原副令	李萬壽	平昌副守	윤씨	妾女

양첩자(2세대)-천첩자-적자로 이어진 세대에서 진산부정(珍山副正) 이유령(李有齡)은 지위가 종3품 부정으로 기재되어 있는데, 양자로 출계된 사례로 기재된 지위가 초직인지 확인되지 않는 경우이다. 출계 쪽의 지위에 따라 제수 받은 것인데, 기록의 미비로 자세한 경위는 알 수 없다.

같은 계열의 나머지 인원은 전원 본래 받아야 할 지위보다 강등된 초직을 받았다. 이들이 제수 받은 감(監)은 정6품으로 가장 하위의 종친직위에 해당한다. 이들은 부모가 정상적으로 혼인하였지만, 어머니의 신분상의 결함으로 인해 직위가 강등되었음이 기록에 의해 확인되는 사례이다. <별표 5>는 해당 사항을 정리한 것이다.

<별표 5> 4세대 적자 종친 초직 강등 사례(3세대 천첩자)

	본인 성명	본인 봉호	父 성명	父 봉호	母 성관	母 출신
1	李慶齡	長臨監	李傳	鶴城令	居昌 신씨	庶孼女
2	李瑈	驪興監	李鏡禮	德新令	김씨	妾女
3	李珝	永豊監	李鏡禮	德新令	신씨	妾女
4	李頊	完豊監	李鏡禮	德新令	신씨	妾女
5	李瑩	蓬原監	李鏡智	德昌令	정씨	妾女
6	李琥	義寧監	李鏡信	德仁令	?	妾女
7	李璜	義興監	李鏡信	德仁令	?	妾女
8	李瑜	永川監	李鏡忠	德純令	이씨	妾女
9	李璟	永城監	李鏡忠	德純令	이씨	妾女
10	李琳	永興監	李鏡忠	德純令	이씨	妾女
11	李珀	永陽監	李鏡忠	德純令	이씨	妾女
12	李琉	永陵監	李鏡忠	德純令	이씨	妾女

<별표 5>에 정리한 바와 같이 이들은 아버지의 지위가 모두 령(令)이고, 본인이 적자이므로 정상적으로는 아버지보다 한 등급 하향된 부령(副令)이 되어야 하지만, 모계의 영향으로 두 등급 하향되었다. 이들은 강등에 의해 지위가 감(監)이 된 경우이지만, 이보다 하향되어야 하는 경우에는 더 이상 하향할 지위가 없다. 이런 문제가 다음의 사례에서 다양하게 나타난다.

천첩자(2세대)-적자-적자로 이어지는 4세대 인원은 총 20명인데, 이들 중 두 사람만 규정된 바의 초직을 받고 있고, 나머지 인원은 보다 강등된 초직을 제수 받았다.[30] 누적된 지위 강등의 영향 때문이다. 먼저 부령(副令)에 제수된 12명은 부친이 령(令)이었기 때문에 부친보다 한

---

30) 한 명은 표에 제시한 것처럼 종친직이 기재되어 있지 않다.

등급 하향하여 부령에 제수되었다. 따라서 12명은 특별한 강등 사유가 있었던 것은 아니고, 부친보다 한 등급 하향된 직위를 제수한다는 원칙에 의해 정상적으로 초직을 받은 것이다.

반면에 감(監)에 제수된 다섯 명은 모계에 따른 강등의 영향을 받았다. 이들은 3세대의 혼인이 정상적으로 이루어졌지만, 모친의 신분이 모두 첩녀(妾女)인 경우였다. 법제에 의해 통상적으로 받는 종친직보다 한 등급 강등하여 가장 하위의 종친직인 정6품 감(監)이 초직으로 주어진 것이다.[31]

천첩자(2세대)-적자-양첩자로 이어지는 세대도 규정보다 강등된 사례가 더 많다. 규정에 준하여 초직을 받은 경우가 한 명이고, 나머지 네 사람은 한 등급 강등되었다. 다음 <별표 6>은 해당 인물을 정리한 것이다.

<별표 6> 4세대 종친 초직 강등 사례(천첩-적자-양첩계열)

	본인 성명	본인 봉호	父 성명	父 봉호	母 성관	母 출신
1	李澈	陽山監	李彦博	海川令	없음	良女
2	李渾	花山監	李彦博	海川令	없음	良女
3	李鐵壽	鳳陵監	李麟瑞	洛昌令	없음	良女
4	李愛壽	鶴陵監	李麟瑞	洛昌令	없음	良女

<별표 6>의 사례는 모두 모친의 신분을 양녀(良女)로 기재하고 있다. 양녀라는 신분이 혹시 강등의 기준이 되는지의 여부를 판단해야 한

---

31) 해당 사례를 제시하면 다음 표와 같다.

	본인 성명	본인 봉호	父 성명	父 봉호	母 성관	母 출신
1	李希蒼	壺山監	李龜	完溪令	송씨	妾女
2	李希輔	靈川監	李彦琛	義安令	박씨	妾女
3	李浚	禮城監	李彦瓚	鶴林令	박씨	妾女
4	李潤	智城監	李彦瓚	鶴林令	박씨	妾女
5	李洽	恭城監	李彦瓚	鶴林令	박씨	妾女

다. 해당 기록에서 어머니가 양녀라는 사실 이외에 처첩에 대한 기술이 명확하게 구분되고 있지 않기 때문이다. 결론부터 언급하면, 이들은 양첩이었기 때문에 아들의 직위 강등이 이루어진 경우이다. 4세대 종친 중에는 어머니의 신분이 양녀로 기재된 사례가 다수 존재한다. 동일하게 양녀로 기재되어 있으면서 <별표 6>에 제시한 사례는 아들의 초직을 감(監)으로 강등한 경우이다. 추가적인 기재는 없지만, 이들의 지위가 처가 아니라 양첩이었기 때문으로 판단된다. 『선원록(璿源錄)』 기재에서 양첩이라는 사실은 누락했지만, 아들의 초직을 정확하게 강등함으로써, 이들 양녀의 지위를 나타낸 것으로 보인다. 즉, 양녀가 적처인 경우에는 별도로 적처임이 기재되지 않아도 아들에게 주어진 초직을 통해서 혼인상의 지위를 나타낼 수 있었다. <별표 6>에 제시된 사례는 이런 방식을 통해서 배우자와의 관계가 양첩임을 드러낸 경우이다.

천첩자(2세대)-천첩으로 이어진 계열은 적자인지 첩자인지에 여부에 상관없이 이들은 모두 정6품 감(監)을 제수 받는다. 종친직(宗親職) 감은 다양한 층위의 종친을 하나로 통합하는 기능을 수행한다. 감이라는 지위는 공식적으로 4세대에서만 발생한다. 그러나 적처의 신분적 지위에 의한 강등이 적용될 경우 3세대에서도 초직으로 감(監)이 제수될 수 있다. 성종 후손의 경우는 이러한 사례가 나타나지 않았다.

그러나 4세대에서는 2세대가 첩자인 경우에 양첩과 천첩을 불문하고 다양한 계통에서 6품 감이 발생하고 있다. 4세대에서 감은 초직이 확인되는 종친의 60% 이상이 받은 직위였다. 감은 최하위의 종친직이지만, 종친이라는 지위가 어떠한 위상을 갖는지에 대한 상징적 의미를 담고 있다. 국초에 종친의 지위는 2품 이상으로 한정되었다. 점차 종친에 대한 제도를 정비하는 과정에서 그 범위가 확대되었는데, 초직의 강등 원칙이 적용된 때문이었다. 세대 간, 적서 간의 차별을 전제하는 강등의 원칙에 의해 더 많은 종친직이 만들어졌지만, 그 경우에도 그 한 계선은 정6품으로 설정되었다. 강등의 원칙에 의해 종친직을 늘려야 하는 문제와 일정한 수준 이상으로 종친의 지위를 유지하고자 하는 두 방침이 충돌하였는데, 이런 충돌의 타협점이었던 감은 원래의 원칙에 의하면 차별되어야 할 종친을 광범위하게 포괄하는 지위가 되었다.

다음으로 검토할 사항은 4세대 종친이 초직을 받은 후 승직의 기회 가 어느 정도 있었는가 하는 문제이다. <표 9>는 승직과 습직 상황을 정리한 것이다.

<표 9> 성종계 종친 4세대 승직(陞職)/습직(襲職) 현황

	이름	초직	승직	습직		이름	초직	승직	습직
1	李得仁	積善正	君		47	李世智	昌林副守	君	
2	李德仁	懷恩副守	君		48	李善麟	順康守	都正	
3	李處仁	懷德副令	正		49	李愼胤	宣城副令	君	
4	李崇二	一善副守	都正		50	李忠胤	德陽副令	都正	
5	李富仁	嵩善副守	副正		51	李禮胤	寧山副令	君	
6	李安仁	旌善副守	副正		52	李聖胤	琅城副令	正	
7	李純仁	永善副守	君		53	李明胤	綾城副令	都正	
8	李愛男	懷仁令	正		54	李德胤	完山副令	守	
9	李哲男	懷義令	君		55	李樞	德原守		正
10	李璟	安興令	正		56	李樑	衡山守	正	
11	李敬一	永興副令	正		57	李楹	華山守	都正	
12	李夢龍	雲興守		正	58	李槙	恒山守	君	
13	李夢禹	順興守	君		59	李善鳳	順平守	君	
14	李增	德仁守		正	60	李惟誠	忠陵副守	正	
15	李坰	德陵守	正		61	李惟吉	義陵副守	都正	
16	李墀	德寧監	君		62	李惟賢	錦陵副守	君	
17	李昌胤	富林令	君		63	李希聖	西城監	都正	
18	李亨胤	楊林令	都正		64	李希良	烏城監	都正	
19	李愷胤	錦林令	君		65	李希舜	青城監	明善	
20	李洛	德林守	都正		66	李琦	竹津副守		副正
21	李澍	德清令	守		67	李琮	康津副守		副正
22	李渾	德原令	君		68	李頊	完豊監	都正	
23	李慶胤	鶴林守		正	69	李琥	義寧監	君	
24	李善胤	茂林守	君		70	李璜	義興監	正	

No	姓名	官職				No	姓名	官職			
25	李季胤	玉林副守	都正			71	李瑜	永川監	君		
26	李能胤	綾林令	副正			72	李琳	永興監	正		
27	李光胤	鷄林令	都正			73	李演	中山副令	君		
28	李禧胤	德林守	明善			74	李希顏	杜陵監	君		
29	李宗胤	雲林守	君			75	李浚	禮城監	令		
30	李祉胤	平林守	君			76	李潤	智城監	令		
31	李誠胤	錦山守	君			77	李洽	恭城監	副令		
32	李應福	坡原守	都正			78	李淳	完城監	正		
33	李應順	坡興守	君			79	李滉	晉山監			君
34	李克胤	濟林副令		守		80	李瑞	菁山副令			副守
35	李碩胤	洛陽令	君			81	李瓘	益山監	都正		
36	李慶齡	長臨監	都正			82	李瑪	仁山副令	君		
37	李應祚	完昌守			正	83	李玖	原昌副令	君		
38	李應禔	完溪守	副正			84	李珽	原陽副令	守		
39	李景溫	順義守	君			85	李世憲	礪原守			正
40	李景俊	順寧守	君			86	李世完	珍原副守	君		
41	李景魯	順昌守	副正			87	李昕	順陽副令	君		
42	李景雲	豊川副令	君			88	李晫	靈雲副令	明善		
43	李麟蹄	德川監	都正			89	李晊	靈陵副令	明善		
44	李大鱗	錦溪守			正	90	李暎	海原副令	君		
45	李大龍	雲溪守	君			91	李淂壽	金陵監	正		
46	李世禮	昌平副守	都正								

　습직은 왕자군(王子君)의 지위를 계승하는 것으로 해당자가 예측할 수 있는 경우이다. 습직 이후 일부 인원에서는 추가 승직도 확인되지만, 이 글에서는 초직의 변화에 초점을 두고 검토를 진행하고 있으므로 습직자의 승진 상황은 집중적으로 살피지 않는다.

　4세대 인원 중에서 습직 경우를 제외하고, 승직이 이루어진 경우는 80건이 확인된다. 전체 대상 인원이 250명이므로, 실제 승직이 이루어진 인원은 32%에 해당한다. 습직자를 포함한 전체 인원 261명을 기준으로 해도 습직과 승직이 이루어진 인원은 35%에 달한다. 3세대의 경우도 32% 정도에서 초직을 기준으로 지위 변화가 있었음을 살펴보았다. 아직 다양한 사례에 대한 검토가 요구되지만, 잠정적으로 30% 정도의 인원에서 승진이 이루어졌다는 점을 지적해 둔다.

승직의 다양성에 대해 일일이 살필 수 없지만 사례 한 가지를 제시한다. 1672년(현종 13) 사망한 금림군(錦林君)은 실록에 졸기가 기재되어 있다.[32] 금림군 이개윤(李凱胤)은 본래 익양군(益陽君) 증손자인데, 아버지 기성부정(箕城副正) 이현(李俔)이 출계하여 봉안군계의 3세대 습직자가 되었다. 이개윤의 초직은 금림령(錦林令)인데, 조선과 청 사이의 급박한 국제 정세 속에서 직위의 변화를 겪게 되었다. 금림령은 천첩 소생이었는데, 청나라에서 공주를 인질로 요구할 때, 금림령(錦林令)의 딸을 공주로 임명하여 청에 보내게 된다. 이런 사연으로 금림령은 군(君)으로 승직하였고, 청(淸)과의 관계에서 중요한 역할을 수행하였다. 이러한 승직이 일반적인 상황이라고 할 수는 없다.

종친직(宗親職)의 승직을 위한 별도의 정해진 규정은 없었다. 이 부분은 『경국대전(經國大典)』 단계에서부터 국왕의 고유한 권한이었다. 아마도 국왕의 성향과도 관련 있을 것으로 짐작된다. 어떻든 종친은 국왕의 4세대 현손까지로 지근한 혈족이었다. 이들이 정치 일선에 나설 수는 없지만, 일정한 정도의 고위직 인원이 확보되는 것은 국왕 입장에서 고려할 필요가 있었다고 생각된다. 종친은 조회(朝會)와 회례(會禮)의 참석 대상이었다. 이들은 반열 내에서 별도로 자리가 마련되는 존재였고, 회례에서는 정전과 월대에서 따로 공간이 설정되었다. 반열의 서열 체계를 고려할 때, 일정 인원이 고위직에 위치하는 것이 필요했을 듯한데, 이 필요성을 조정하고 결정하는 것은 국왕 자신의 결단에 의해 가능한 것이었다. 이런 정치적 판단은 이 글의 검토 대상을 벗어나는 것이므로 이 정도에서 논의를 그치고자 한다.

---

32) 『현종개수실록』 권26, 현종 13년 12월 25일(병인)

4.소결

본문에서 검토한 내용을 중심으로 새롭게 확인된 사항을 중심으로 글을 매듭짓고자 한다.

정6품 감(監)은 종친직(宗親職)에서 가장 하위직이다. 이 의미에 대해서 검토할 필요가 있다. 감이라는 종친직은 강등 규정에 의해 더 하위직으로 강등되어야 하는 조건의 종친들을 포괄하여 하나의 직위로 묶어내는 장치가 된다. 그런데 왜 종친직의 하한이 정6품인가 하는 점은 명확한 설명이 찾아지지 않는다. 통상 일반 관직에서 종6품은 승륙(升六)이라고 지칭되는 특별한 의미를 갖는다. 분관되었던 문과와 무과 급제자가 비로소 분관을 벗어나서 본격적인 관직 생활을 시작하는 지점이기도 하다. 4품은 대부(大夫)로서 5품과 크게 구분되는 경계점이다. 종친을 특별한 신분으로 구분할 경우 관직을 기준으로 한다면, 2품 혹은 4품을 묶는 것이 일반적으로 생각할 수 있는 선택지이다. 그런데 정6품은 이러한 관직 체계 내에서의 구분과도 일치하지 않는 지점이다. 이 글에서 검토한 바를 기준으로 억측을 더해본다.

4세대의 종친직은 3세대까지의 지위에 영향을 받는다는 점을 고려하여 3세대까지의 지위가 갖는 의미를 살펴볼 필요가 있다.『경국대전(經國大典)』종친직제가 마련되는 시점에서, 왕자군-천첩자-천첩자(3세대)로 이어지는 계열이 가장 하위의 직급을 받는 대상자가 된다.『경국대전』단계에서 종친직을 운영하는 원칙은 ①세대 사이 한 등급 강등과 ②첩자에 대한 지위 강등, 그리고 ③강등은 반드시 앞 세대의 지위를 기준으로 한다는 것 등이 된다. 이 원칙은 입법 실무자에 의해 숙지되었을 것으로 생각된다.

강등 원칙에 의해 3세대의 가장 낮은 지위는 종5품 령(令)이 된다. 4세대의 지위는 이를 기준으로 적자, 양첩자, 천첩자로 한 등급씩 강등해야 하는데, 이런 원칙을 지킬 경우 적자는 정6품, 양첩자는 종6품, 천첩자는 정7품이 되어야 한다. 이렇게 되면, 6품의 경계선도 무너지게 된다. 아마도 6품 이하로의 종친직 설정은 원하지 않았던 것으로 생각된다. 종6품을 하한으로 해도 어차피 강등의 일반 원칙을 유지될 수 없었다. 이런 상황을 감안하여, 정6품에서 종친직의 경계선을 설정했을 것으로 추정된다. 즉, 어떻게 해도 일반 원칙의 파기가 불가피하다면, 임의로 설정한 기준점을 지키는 것이 합리적이다. 그럴 경우 3세대와 차별할 수 있는 최소한의 강등 지위만 마련하면서 제도 정비를 마감한 것으로 이해된다.

그런데 종친직(宗親職)을 운영하는 과정에서 『경국대전(經國大典)』 성립 단계에서는 고려하지 않았던 변수가 발생하였다. 적자(嫡子)는 앞 세대에 대해 한 등급 강등하기로 하였는데, 사회적 관행에서 비롯된 신분적 하자가 있는 여인을 적처(嫡妻)로 맞이하는 문제였다. 연산군 초에 첩녀(妾女)를 적처로서 혼인 배우자로 맞이하는 것을 금지하였고, 최종적으로 적처의 위상에 관계없이 이런 여성에게서 출생한 종친에 대해서는 양첩에 준하여 강등하기로 하는 규정이 새로 추가되었다. 이 원칙이 적용될 경우 『경국대전』 규정이 마련될 때, 고려되었던 3세대의 최하한선은 원래 의도하였던 종5품이 아니라, 정6품까지로 하향될 가능성이 열리게 되었다. 그럼에도 이런 가능성 때문에 종친직제의 개정 작업은 진행되지 않았다. 현행의 제도를 유지하면서, 그 대신 일반 원칙에 의하면 구분되어야 할 다양한 층위의 종친의 정6품 감(監)으로 일괄 통합하는 선에서 법제를 운영했다.

이 글에서 검토 대상이 된 인원은 모두 397명이다. 이들 중 왕자군(王子君)-적자-적자-적자로 이어진 인원은 119명으로, 전체 인원의 약 30%에 해당한다. 그런데, 나머지 인원 중에는 첩자의 지위가 반영된 경우 비록 출생이 적자라고 해도 사실상 첩자로 간주되는 사례가 다수 확인되었다. 종친이 정6품 이상의 종친직을 받는 사람들이고, 국왕의 유복친에 해당되지만, 이들의 사회적 지위가 획일적이지 않았다고 생각할 수밖에 없다. 혼인에서 사실상 첩으로 간주되는 신분 조건의 배우자를 선택하는 것은 매우 흔한 사례였고, 이를 막기 위한 금제가 있음에도 이를 강하게 강제할 수 없는 것이 사회적 형편이었다. 이런 경우 현실적으로 70%에 달하는 종친은 그들 그룹 내에서 사회적 관행에 의해 구분되는 존재였다고 할 수 있다. 즉 적서에 의한 지위 구분이 현실적으로 작동하고 있었다는 것인데, 이 문제에 대해서는 향후의 집중적인 검토가 필요하다.

사회적 관행과 상관없이 종친직의 승진이라는 점에서는 적자와 첩자 계열에서 특별한 차별이 확인되지는 않는다. 3세대와 4세대의 종친을 기준으로 할 때, 전체 인원의 30% 정도는 초직에서 지위 변동이 있었다. 습직 인원은 처음부터 승직이 예상된 인원이었지만, 다른 종친의 경우는 국왕과의 친연 관계에 따라 승직에 다양한 변수가 작동하였다. 승직에 정해진 기준은 없지만, 적어도 적서(嫡庶)라는 신분적인 위치가 승직의 전제 조건이 되지 않았다는 점은 분명하다. 천첩 소생이라 해서 승직에 특별한 제한이나 제약이 있지는 않았다. 종친 직제가 전적으로 국왕의 혈족으로서 특정한 범위 내에 한정된다는 점에서, 국왕의 의지와 결단에 의해서 그 지위가 결정되는 특징을 잘 보여준다.

사회적 관행을 기준으로 본다면, 적서가 중시되는 사회적 분위기 속에서 종친 내에서도 지위가 구분되었다고 판단된다. 그러나 관직의 한 영역으로서 종친직의 제수와 운영은 그러한 사회적 관행과는 약간의 괴리를 갖고 있었다. 유교 정치 논리에 의하면, 모든 정치 질서의 정점에는 천명을 받은 국왕이 있었다. 모든 지위는 국왕으로 파생되는 것인데, 이러한 유교적 지향과 사회적 관행이 정확이 일치하는 것은 아니었다. 그럼에도 관직은 조선사회에서 사회적 상층 부류임을 입증하는 유일한 기준이었다. 종친직(宗親職)은 관직의 일종으로 출생의 조건에 의해 결정되고, 국왕의 판단에 의해 지위의 변동이 이루어졌다. 종친직의 운영이 적서의 차별을 당연시하는 사회적 관행을 뛰어넘는다는 점에서 특권적 지위의 면모가 드러난다고 하겠다.

본 연구는『선원록(璿源錄)』자료를 활용한 사례 분석의 가능성을 시도한 글이다. 국가로부터 공식적으로 인정된 10만 명이 넘는 연인원에 대한 분석은 신분제 사회로서 조선의 특성과 시간의 추이에 따라 유교적 가치관이 확산되고 있는 조선의 이해에 구체성을 더해주는 의미 있는 방법이라고 생각한다. 추가 연구를 통해 분석과 해석의 지평을 넓혀가는 부분을 후일의 숙제로 남겨 둔다.

4장

조선의 공적 의례와 종친의 위상

1. 머리말

조선은 유교적 지향으로 건국하였다. 조선의 유교 지향은 의례의 실천으로 선언되었다. 종친도 유교적 지향의 결과였다. 종친은 조선에서 친족이 법제화된 집단인데, 범위는 국왕의 유복친(有服親) 남자로 한정하였다. 같은 성씨의 남자만으로 국한되는 종친이라는 지위는 조선에서 처음 만들어진 독특한 지위의 신분이었다. 이전까지 한국에서는 부계 친족, 모계 외족, 처계 인척이 촌수(寸數)라는 거리를 친소 관계로 하여 임의로 결합하였다. 혈연과 혼인에 근거한 인간관계는 개인에게 가장 가까운 인적 네트워크의 시발점이 된다.

조선에서 종친은 잠재적인 왕위의 승계자로 인정되고 관리되었다. 매우 특이하게도 종친은 정치 참여를 가급적 배제하는 형태로 제도화되었다. 그러면서도, 종친은 일반인과 구분된 특수한 존재였고, 잠재적으로는 왕위를 전주 이씨라는 단일 성씨에서 독점하도록 하는 장치이기도 하였다.『경국대전』에 규정된 동성 남성만을 묶어내는 종친의 법제는 우여곡절 끝에 만들어진 것이지만, 조선 전 시기를 일관하여 흔들리지 않고 유지된 규정이었다.

종친의 삶을 표준화된 형태로 범주화하는 것은 의미가 애매하고, 실효적으로 가능한지도 분명하지 않다. 그렇지만, 공식적으로 지위를 부여하면서, 이들의 일상은 조선이 제도화한 유교 의례에 의해 규정되었다. 물론 이 규정이 종친의 삶의 실제라고 단언할 수 없지만, 적어도 종친의 삶에 대해 공식적으로 선언한 의도를 반영한 것은 분명할 것이다. 여기서는 유교 국가 의례의 규정 속에 드러나는 종친의 모습을 검토하고, 이를 통해서 종친의 삶에 반영된 모습을 살펴보고자 한다.

2. 조회에 반영된 종친의 지위와 위상

1) 조회 정비와 행례 구성

종친은 종친부에 소속됨으로써 그 신분적인 내용이 드러나는 특수한 신분이었다. 종친부는 특별한 직사가 있는 관청이 아니라 예우아문으로서 대우를 목적으로 설립된 관서였다. 종친부는 가장 서열이 높은 관서였는데, 이에 소속된 종친은『경국대전』의 규정상으로 일반 관원보다 상위의 존재였다. 법 규정에서 상위의 신분은 먼저 기재되는데, 종친은 문관이나 무관보다 앞서서 명칭과 지위가 기재되고 있다. 그러나 이들의 위상은 조정에서의 직사가 없기 때문에 평소에는 드러나지 않는다. 조선 관인 사회에서의 종친의 위상은 조회와 회례를 시행하는 과정에서 자연스럽게 드러나는데, 이들 의례는 이러한 목적으로 구상되고 운영된 측면이 있었다.

유교에서 예의 속성은 분별이었다. 국가 의례는 유교적 예를 특정의 왕조에서 해석하고 선언한 것이었다. 따라서 유교의 국가 의례는 사람을 층화하여 구분하고 드러내는 것이 하나의 목적이었다. 의례는 신분을 구분하는 것을 목적으로 정비되고 운영되었다.

『경국대전』에는 조회의 유형과 날짜별 시행 원칙이 규정되어 있다. 『국조오례의』 조하의 의식 사항을 연계하여 살펴보면, 참여대상과 연속행사를 파악할 수 있다. <표 1>은 이렇게 정리한 사항을 제시한 것이다. 조하의 경우에는 참여 대상이 네 그룹으로 표시되고 있다. 참여 대상은 왕세자와 종친, 문무관과 여러 국가의 사신으로 구분되는데, 여기서 왕세자는 단독으로 움직이는 것이 아니고, 왕세자와 수행원을 의미한다. 이는 국왕의 경우도 마찬가지이다.

<표 1> 『경국대전』의 조회 의식

종류	일자	장소	참여대상	연속행사
正至朝賀	正朔·冬至·誕日	勤政殿	왕세자·종친·문무관, 諸方客使	會宴
朔望朝賀	매월 朔(1)·望(15)	勤政殿	왕세자·종친·문무관, (諸方客使)	-
朝參	5·11·21·25일	勤政門	종친·문무관, (諸方客使)	(朝啓)
常參	매일	思政殿	상참관	朝啓

『경국대전』에서 조회는 등급을 달리 하면서 매일 시행하는 것이 가능하도록 설계되었다. 정삭과 동지, 국왕의 탄일에는 가장 규모가 큰 조하(朝賀)를 시행하고, 매달 초하루와 보름에는 규모를 축소한 조하를 한다. 또한 매달 5일, 11일, 21일, 25일에는 전체 관원이 참석하는 조참(朝參)을 열어 업무를 점검하고, 이를 제외한 날에 조회를 갖게 되면, 상참(常

參)을 연다. 물론 해당 날짜에 반드시 조회를 여는 것은 아니고, 조회를 연다면 날짜에 맞추어 등급과 목적을 달리하여 시행한다는 의미이다.

왕세자는 조하에는 참석하지만, 조참과 상참의 참석 대상은 아니다. 종친과 객사(客使)는 조하와 조참에 참석하지만, 상참에는 참석 대상이 아니다. 문무 관원은 모든 조회에 참석하지만, 상참의 경우에는 지정된 일부 관원만 참석하도록 규정하고 있다. 상참 관원은 6품 이상의 관원 중에서 참석 대상이 지정되어 있는데, 이를 근거로 6품 이상의 관원을 상참에 참석할 수 있다는 의미로 상참관이라 지칭하기도 한다. 정삭, 동지, 탄일의 조하에 이어 국왕과 관원이 함께 하는 회례(會禮)가 이어지는 것이 원칙이다. 회례는 임금과 신료가 즐거움을 함께 한다는 의미를 담아 군신동연(君臣同宴)으로 의미가 부여되는데, 이때 시행되는 회례가 조선시대 의례화된 잔치의 표준이 된다.

조참은 아일(衙日)로 지칭되기도 하는데, 조선에서 정의한 아일은 모든 관원이 근무하는 날이다. 결원없이 근무하는 것을 원칙으로 하는 아일에는 국왕에 대한 업무 보고를 진행하기도 한다. 상참은 원칙상 국왕에 대한 업무 보고에 앞서 시행하는 조회이다. 상시 업무보고를 하는 주요 관서의 일부 관원만 참석대상이 된다. 상참은 국왕에 업무 보고할 때, 의식이 필요하다는 문제 제기에 의해, 업무를 보고하는 조계에 앞서 시행하는 간략한 의례 형식으로 고안된 것이다.

조회의 목적 중에는 참석자로 하여금 조선 왕조의 질서 체제에서 자신의 상대화된 위치를 드러내는 것이 있었다. 조회는 여러 기능을 담고서 국왕과 만나는 제도였다. 따라서 조회에서 참석자의 역할과 참여 방식은 국왕을 정점으로 하는 질서 체제 내의 위상을 명료하게 정의하는 수단이기도 하였다. 조선은 의례의 정비 과정에서 조회의 제도화에 깊은 관심을 기울였다. 종친의 지위가 정비되는 과정에서 조회에서의 종친의 역할과 참석 방식에 대해서도 신중한 검토가 진행되었다.

1474년(성종5) 간행된 『국조오례의』는 조선시대 의례 정비 작업의 결산으로 이해되는데, 『국조오례의』에 이르기까지 조하 의식은 세 번의 중요한 과정을 거쳐서 정형화되었다. 태종 때 반열에서 종친의 위치를 검토하였다. 종친에게도 관원과 마찬가지로 품계가 부여되었고, 품계를 기준으로 반열에 참석하도록 하였다. 종친은 해당 품계에서 별도로 자리가 마련되었다. 서열상 동일한 품계 내에서 종친은 일반 관원에 대해 우위를 점하였다. 종친은 품계를 벗어난 존재는 아니었다. 품계가 부여된다는 점에서 일반 관원과 동일하게 등급이 분화되었지만, 해당 품계에서는 종친의 좌차(座次)를 가장 상위에 배정하였다.

1430년(세종12) 조하 의례가 제정되었다. 이전과는 구분되며, 향후 조선에서 시행될 조회 의식의 원형이 이때 마련되었다. 종친은 문무관과 함께 움직이도록 설정되었다. 종친은 문무관이 문외위(門外位)로 이동할 때 같이 이동하였다. 1430년 규정의 가장 주목되는 사항은 2품 이상의 관원과 3품 이하의 관원을 구분한 것이다.

이때의 의례 정비는 조회의 구체적인 진행 절차와 국왕과 종친, 문무관, 객사 등으로 구분된 조회 참여자에 대한 사항을 규정하였다. 참여자가 궁궐의 조정이라는 의례 공간에 어떠한 형태로 들어와서 자신의 지위를 인지하고, 특의의 행례 절차를 수행함으로써 조선의 신분 질서에서 각자의 위치를 확인할 수 있었다. 조회의 진행 절차는 『세종실록』 「오례」와 『국조오례의』 간행을 계기로 보다 정교하게 다듬어졌고, 『국조오례의』에 수록된 조회 절차는 조선의 정형화된 의례 규정으로 인식되었다. <표2>는 조하의 행례 절차가 정비되는 과정을 정리한 것이다.

		1430년 조하의	「실록오례」 정지조하의	『국조오례의』 조하의
초엄	①	초엄 신호	초엄 신호	초엄 신호
	②	의장 배치	의장 배치	의장 배치
이엄	③	이엄 신호	이엄 신호	이엄 신호
	④	종실·문무관 문외위 이동	종친·문무관 門外位 이동	종친·문무관 門外位 이동
	⑤	국왕에 中嚴 보고	국왕에 中嚴 보고	국왕에 中嚴 보고
삼엄	⑥	삼엄 신호	삼엄 신호	삼엄 신호
	⑦	三品 이하관 입장	三品 이하관 입장	三品 이하관 입장
	⑧	殿下 어좌 착석	殿下 어좌 착석	殿下 어좌 착석
	⑨	二品 이상관 입장	二品 이상관 입장	二品 이상관 입장
	⑩	행례	행례	행례
	⑪	二品 이상관 퇴장	예필	예필
	⑫	예필	殿下 퇴장	殿下 퇴장
	⑬	殿下 퇴장	諸方客使 퇴장	諸方客使 퇴장
	⑭	三品 이하관 퇴장	종친·문무관 퇴장	종친·문무관 퇴장
해엄	⑮	-	해엄 보고	해엄 보고
	⑯	-	의장 해방	의장 해방

2) 조회에 규정된 종친의 위상

태종은 종친을 다른 관원과 구분되는 별도의 존재로 설정하였다. 조선이 천명을 받은 왕조로 성립하고, 국왕을 중심으로 조선만의 서열 체계가 확립되었는데, 이러한 서열 체계에서 종친을 어떻게 구분할 것인지에 대한 구상이 태종 때 이루어진 것이었다. 사람들의 서열 체계를 드러내는 용도로 의례가 활용되었는데, 태종은 의례 현장에서 종친이 자리잡는 형식을 결정하였다. 관련 사항을 전하는 것이 다음의 자료이다.[1]

> 종실의 작질(爵秩)에는 이미 등차가 있사오니, 그 반열의 순서를 또한 마땅히 정하여야 하겠습니다. 《문헌통고》를 살펴보니, 송나라 신종(神宗) 원풍(元豐) 연간에 시행된 정지조하의주(正至朝賀儀註)에

---

1) 『태종실록』 23권, 태종 12년 5월 26일 己酉

삼사(三師)·삼공(三公)의 반열은 동쪽에서 북향으로 서쪽이 높은 방식이고, 친왕(親王)은 서쪽에서 북면하고 동쪽 자리가 서열이 높은 반열을 구성하였습니다. 바라건대 이 제도에 의하여 종실의 위판(位版)을 모두 서쪽에 두면서, 위차(位次)는 해당 품반의 앞에 있어 품마다 자리를 달리하면서 한 줄이 되도록 하십시오. 대군(大君)은 서쪽에 있지만, 동쪽 세자 위차보다 대략 두 줄 뒤에 위치하도록 하십시오. 만일 대궐 뜰이 좁으면 4품 이하는 정품과 종품을 한 줄로 하십시오.

인용문은 1412년(태종12) 예조에서 건의한 것이었고, 국왕의 재가를 받았다. 조정에서 시행되는 조회는 국왕을 관원들이 만나는 의례였다. 이 의례에서 국왕의 자리는 북쪽에 설정된다. 국왕은 북극성과 같은 존재이다. 북극성은 비록 가장 밝게 빛나는 별은 아니지만, 별의 운행에 중심 자리가 된다. 통상 조회에서 이러한 국왕의 자리 설정을 남면(南面)이라 지칭한다. 조회에 참석하는 관원은 궁궐 마당의 정해진 자리에 위치하게 되고, 각각의 정해진 자리는 서열 관계를 드러내는 기능을 하였다.

태종은 종친을 조정 반열의 서쪽에 자리하도록 하였다. 인용문에 의하면, 이러한 원칙은 송나라의 방식을 적용한 것이었다. 참조한 정지조하(正至朝賀)는 정월 초하루와 동지에 시행하는 조회인데, 조하(朝賀)는 축하를 목적으로 하는 규모가 큰 조회를 지칭하는 용어이다. 정지조하는 가장 규모가 큰 조회이고, 모든 관원이 참석하는 것을 원칙으로 한다. 따라서 해당 왕조의 등급을 정확하게 구현하는 기능을 하는 의례이다. 참조가 된 구체적인 부분은 친왕(親王)의 반열인데, 친왕은 황제의 아들, 혹은 형제에게 부여되는 지위로 조선의 종친에 바로 대응되지는 않는다. 조선의 종친은 친왕보다 확대된 친족 단위이다. 그럼에도 이를 근거로 종친의 자리를 서쪽 반열로 결정한 것이다. 종친이 서쪽 반열에 위치하는 원칙은 이후에 변치 않고 확고하게 유지된다. 종친은 문관이나 무관보다 의전상으로 지위가 높았다. 문관이 동쪽에 자리잡고 무반이 서쪽에 자리잡는 것은 그 자체로 문관의 우월한 지위를 반영한 것이다. 그러므로 종친은 문무반을 초월하는 위치에 자리가 배정되어야 했다. 그러나 조선에서는 중국의 고제를 반영하여 서반의 어느 위치에 종친의 자리를 지정하였다.

왕위의 계승자인 세자는 종친과 구분하여 동쪽 반열에 위치하도록 하였다. 세자는 국왕과의 관계에서 일반 관원과 같이 마당에 위치하는 지위였다. 국왕의 적자인 대군은 서쪽 반열에 위치하는데, 세자에 대해 두 줄 물러나서 자리가 설정되었다. 한 줄이 한 등급을 의미하기 때문에, 대군은 두 등급 이상 아래로 설정되었고, 동쪽 반열이 아닌 서쪽에 위치하는 것이었다.

<그림 1> 『세종실록』「오례」 정지급탄일근정전조하지도

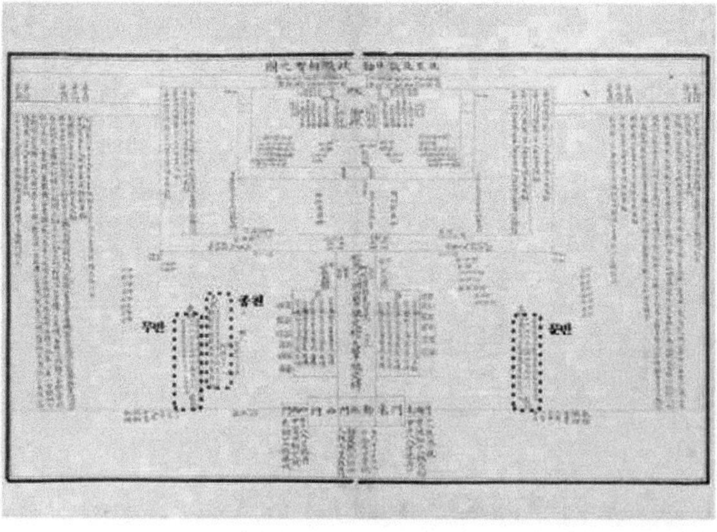

태종 이래로 종친은 서반에 위치하는 것으로 운영되었다. 1430년(세종12) 조회 의식 절차를 전면 개편할 때, 종친의 반열을 서반에 두는 것이 적절한지에 대한 논의가 있었으나, 종친을 서반 반열에 두는 원칙은 그대로 유지되었다. 서반에 위치하되 종친의 자리는 해당 품반에서 가장 상위에 구분하여 설치하였다.

<그림 2> 『국조오례의』 근정전정지탄일조하지도

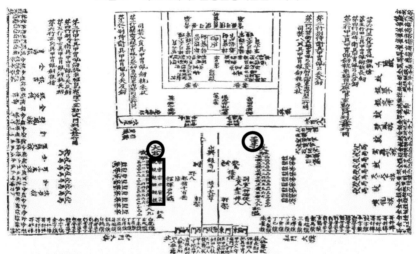

조하의 배치를 그림으로 표현한 것이 배반도(排班圖)이다. 특히 정월과 동지, 탄일의 조하는 가장 규모가 큰 조선의 조회로서 3대 조회로도 지칭된다. 이 장면을 처음 묘사한 것이 <그림 1> 『세종실록』「오례」의 정지급탄일근정전조하지도이고, 개정된 내용이 <그림 2> 『국조오례의』의 배반도에도 실려있다.

『세종실록』의 오례는 의장과 시위 병력 등이 텍스트로 기재된 데 비하여, 『국조오례의』는 텍스트로 기재하기는 하였지만, 의장물의 이름 하나하나를 배치된 위치에 표시하였다. 이렇게 의장의 위치를 명확히 하는 것은 배반도 작성이 거듭되면서, 배반도의 활용성을 높이는 조처였을 것이다. 의장은 공간을 표시하는 기능을 하는데, 『세종실록』오례에서 좌우에 배치되었던 의장은 『국조오례의』에서는 동서와 남쪽에 위치하고, 북쪽 공간은 국왕과 시위 관원에 의해 채워지도록 하였다.

조회의 자리는 조선의 전체적인 서열 관계를 총괄적으로 반영한 것이다. 조회 중 가장 규모가 큰 정지조하는 조선의 국왕을 기준으로 설정된 신분적 층화를 집약하고 있다. 국왕은 건물 내부의 북쪽에 자리가 설정된다. 단순히 국왕 개인만이 아니라, 국왕의 수행원과 국왕을 시위하여 왕권을 형상화하는 구상을 보여준다.

<그림 3> 조하에서 국왕과 수행원

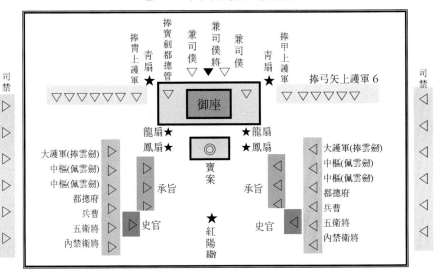

국왕의 존재가 의례에서 어떻게 형상화되었는지 명확하지 않지만, 1430년(세종12) 세종은 정비된 규정을 제시하였고, 이는 향후 항구적으로 조선의 국왕과 그 권위를 명시하는 방식이 되었다. 국왕이 의례의 공간에 자리잡을 때, 개인이 입장하는 것이 아니라 근시관이라 표현되는 수행원이 함께 이동하고, 근접해서 움직이는 의장물이 수행하게 된다. 국왕과 수행원에 대한 설정이지만, 이 자체로 국왕권을 상징하는 것이기도 하였다.

국왕의 수행 조직은 세 영역으로 구분된다. 첫째는 근접 수행하는 의장이다. 홍양산과 용·봉선과 청선이 국왕의 앞뒤에 위치한다. 국왕이 되면서 물려받는 어보(御寶)도 국왕과 함께 이동한다. 행사장에는 백여 종이 넘는 다양한 의장이 배치되고, 국왕의 어좌도 어탑 위에 일월오봉도 등 다양한 상징물이 설정된 가운데 자리잡고 있다. 홍양산과 청선으로 상징되는 의장은 미리 배치되는 의장과 구분되어, 국왕이 이동할 때, 함께 움직이면서, 국왕의 위치를 표시하는 기능이 있다. 이렇게 국왕의 현존을 드러내는 의장물이 있지만, 이와 별도로 국왕과 함께 이동하면서 국왕의 현재 있음을 표시하는 기능을 하는 의장이 규정된 것이다.

둘째는 문관 수행원인데, 사관과 승지가 해당 수행원이었다. 승지는 국왕이 결재해야 하는 사항을 출납하는 승정원의 핵심 관원이다. 6인으로 구성된 승지는 국왕의 의사를 분야별로 맡아서 처리하는 업무를 수행한다. 사관은 국왕의 공적 사적 행위 일반을 기록하는 관원이다. 문관 수행원은 업무 처리의 최종 결재자로서 국왕의 지위를 드러내는 실체였다. 승지는 왕명의 출납을 담당하고, 사관은 이를 공식적으로 기록하는 장치였다.

셋째는 무관 수행원이다. 무관은 병장기와 갑주 등의 보호 복장을 갖추고 수행하게 된다. 무관 중에 국왕의 기복(器服)을 들고 수행하는 인원이 있는데, 이들은 갑옷을 착용하지 않고, 국왕의 병장기를 들고 이동한다. 국왕의 운검과 활·화살, 갑옷, 보검 등을 들고 있는 무관은 국왕의 앞과 뒤에 지정된 자리에 위치한다. 이들 외에도 국왕의 군사 지휘권 행사에 관여되는 병조와 도총부 등의 관원들도 측근 수행원에 포함되어 있다.

행정 명령을 전달하는 승지와 함께 군의 동원 및 군정 집행에 매개가 되는 병조와 도총부, 오위 등의 지휘관이 국왕의 수행원에 포함되어 있어 조선에서 집행되는 문무의 명령 전달 체계가 국왕 근시 관원을 통해 상징되고 있다.

행사장에 국왕은 면복(冕服)을 갖추어 등장하는데, 국왕이 착용하는 것으로 설정된 운검과 활·화살, 갑옷·투구는 무관이 이를 들고서 국왕을 뒤따름으로써, 군 통수권자로서 국왕의 위치를 보여주게 된다. 또한 홍양산과 청선이 국왕의 앞뒤로 따라붙게 되는데, 볕으로부터 차단하고 보호해야 하는 존재로서 국왕의 면모를 드러낸다. 앞에 놓인 어보(御寶)는 정당한 왕권의 승계자이며 행사자로서 국왕의 실체를 상징한다.

국왕과 수행원에 대한 세세한 규정이 마련되었던 이유는 국왕의 자리를 기준으로 같은 공간에 참석하는 사람들의 서열을 표시하는 기준이 되기 때문이었다. <그림5>은 국왕을 기준으로 형성되는 위상을 나타낸 것이다.

<그림 5> 국왕의 위치와 서열

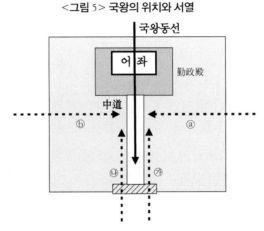

어좌를 기준으로 어좌에 가까운 위치가 서열이 높다. 다만, 수행원은 국왕을 근접해서 수행하는 임무를 담당하기 때문에 국왕 인근에 위치하는 것이고, 그런 점에서 그 위치가 일반 원칙에 적용을 받지는 않는다. 그러나 수행원 내에서는 대체로 동일한 원칙이 적용된다. ⓐ와 ⓑ는 동쪽에 위치한 ⓐ가 서열이 높지만, 같은 줄 내에서는 중도에 가까울수록 높은 자리가 된다. ㉮와 ㉯도 같은 원리가 적용된다. 동쪽에 위치한 ㉮가 ㉯보다 서열이 높고, 같은 줄이라면 어좌에 가까운 북쪽 자리가 서열이 높은 것이다.

종친은 국왕과 혈연적으로 연결된 특수한 신분으로 조회의 현장에 자리가 배정된다. 세종이 종친의 자리를 정할 때, 종친은 6품까지 관품이 정해졌기 때문에 종친의 위치는 서반 해당 반열의 가장 높은 위치에 일반 관원과 구별하여 자리를 마련하였다. 『세종실록』「오례」배반도에는 이러한 세종의 결정 사항이 반영되어 종친의 위치가 그려져 있다.

<그림 6>에서 무반과 종친의 관계는 정확하게 대응하여 표시되지는 않았다. 대군은 무품(無品)으로 1품의 위쪽에 표시되어 있다. 종친의 경우는 1품부터 반열이 정해지는데, <그림 6>에서 알 수 있듯이 정확하게 일치시키고 있지는 않다. 해당 반품에서 종친이 가장 서열이 높으며, 자리는 일반 관원과 구분하여 마련한다는 일반 원칙을 반영하여 자리를 표시한 것이다. 반열은 종친이 위치하는 6품까지는 명확하게 표시하면서, 그 이하는 정품과 종품의 구분도 표시하지 않고 얼버무리고 있다. 배반도에서 해당 자리를 표시하는 목적을 달성했기 때문에 세부적인 묘사는 생략한 것이다.

<그림 6> 세종대 종친 위치

『세종실록』「오례」의 조하도에서 왕세자의 위치는 표시되지 않았다(<그림 7>). 같은 책에서 국왕과 관원이 잔치를 함께 하는 회례 의식의 배반도에는 왕세자뿐 아니라 왕세손의 자리까지 표시되고 있다(<그림 8>). 왕세자를 포함한 전체 관원의 자리배치는 『국조오례의』에서는 명확하게 나타나고 있다.

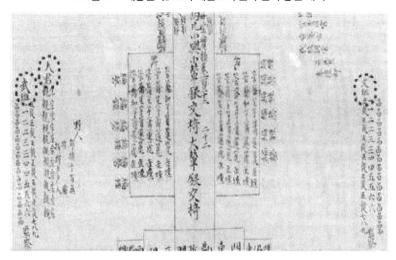

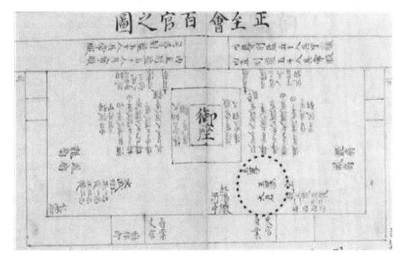

『국조오례의』 배반도에는 왕세자와 종친의 자리가 표시되어 있다. 왕세자는 문반이 위치하는 동반에 자리가 마련되었다. 물론 품반

의 바깥쪽에 있으며, 누구보다 높은 서열임이 명확하다. 동반의 경우
는 가운데 중도(中道)에 가까울수록 높은 자리가 되는데, 왕세자는 문
반의 반열보다 더 서쪽에 표시되어 있다. 대군은 서쪽 반열에서 1품
보다 높은 자리에 위치하지만, 왕세자보다는 글자의 시작 위치가 낮
게 설정되어 왕세자의 아래 서열에 위치함을 나타내고 있다. 종친은
무반의 각 품보다 동쪽에 위치하여 같은 관품의 경우 더 높은 의전적
지위가 부여받음을 표시하고 있다. 종친은 『세종실록』 배반도보다
간략하게 표시되었다. 종친은 6회만 기재되어 있다. 『세종실록』 배
반도에서는 종친을 11회 기재하여 정1품부터 정6품까지 11등급으로
구분된 종친을 표시하였다. 반면에 『국조오례의』에서는 약식으로 표
시하였다.

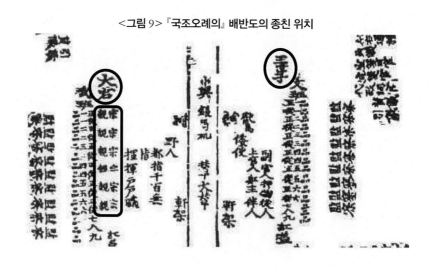

<그림 9> 『국조오례의』 배반도의 종친 위치

조하 배반도에 왕세자를 표시하는 방식과 생략하는 것 중 어느 쪽이
적절한 것일까? 왕세자를 조하 배반도에서 생략한 데는 나름의 이유가

있었다. 왕세자는 조하에 참석할 때, 일반 관원과 구분하여 별행하도록 하였다. 왕세자는 동궁(東宮)으로서 국왕과 구분하여 별도의 관속이 꾸려져 있었다. 세자궁의 관원은 넓은 의미의 조선 관원이기는 하였지만, 왕세자 세자궁에 소속된 관속이었다. 왕세자가 조하에 참석할 때는 약간의 의장을 갖추고, 이들 관속이 수행하였다. 의장은 조하 현장에는 입장할 수 없지만, 관속의 일부는 현장까지 수행하였다.

『국조오례의』는 동쪽 반열인 문반과 서쪽 반열인 무반의 전체적인 위치를 대등하게 표시하고 있지 않다.『경국대전』에서 문반과 서반은 한 등급 차등을 둔다고 규정하고 있는데, 이를 반영하듯이 <그림 9>『국조오례의』조하 배반도에서는, 같은 등급일 때 동반이 서반의 무반보다 한 줄 높게 표시되어 있다.『세종실록』의 배반도에서 문·무반을 같은 높이로 대응하도록 기재한 것과는 구분된다(<그림 1>).

조정의 공간은 천명을 받은 국왕이 조선에서 구현한 신분적 질서를 형상화하고 있는데, 종친은 독자적인 집단으로서 위치를 배정받고 있다. 국왕의 혈족은 친족·외족·처족으로 구분되는데, 종친은 이중에서 국왕과 상복을 입는 8촌 범위의 친족으로서, 동성의 남계친에게만 부여되는 지위였다. 이들은 문·무관보다 의전상 상위의 서열이었다. 이들에게는 국왕과의 친소에 따라 1품에서 6품까지의 품계가 할당되고, 이에 준하여 종친직이 부여되었다. 그리고 조회의 공간에서는 각 품계에 준하여 자리가 설정되었고, 조선의 관직 질서에서 자신이 점하는 좌표를 인지할 수 있었다.

조선의 조회는 시행 시점과 목적에 따라 등급이 구분되었다. 통상 관원 전체가 업무를 보고하는 목적으로 모이는 모임을 아일(衙日)이라 지칭하였는데, 제도가 정비되면서 아일의 조회는 조참으로 정리되었다.

조참은 관원의 업무 수행을 확인하는 자리로서 기능하였는데, 조선에서는 왕세자가 참석하지 않는 것으로 규정하였다. 성종 때 왕세자의 참석을 검토하기도 하였는지만, 최종적으로는 세종 때 결정한 대로 왕세자가 불참하는 것으로 확정되었다. 조선의 신분 질서를 상징화하는 조하(朝賀)에는 왕세자의 참석이 허용되지만, 국정 업무에 집중하는 의례로서 조참에는 왕세자가 불참하도록 한 것이었다.

왕세자가 국왕에 대해 행례(行禮)할 때, 관원과 구분하여 시행하는 것을 원칙으로 정했는데, 이러한 원칙을 실제의 의례에서 나타내는 방식은 독특하게 설정되었다. 조선에서는 전체 관원이 참여하는 조회를 진행할 때, 행사 참여자의 입장 방식을 특이하게 구성했다. 궁궐의 주인은 국왕이었다. 조회는 관원이 국왕을 알현하고 안부 인사하는 것을 핵심 내용으로 하는 의례였다. 주인이 자리한 상태에서 관원이 국왕을 찾아오면서 의례가 시작되는 것인데, 국왕이 전체 관원의 입장을 기다렸다가 인사를 받는 것이 그 자체로 여간 곤혹스러운 것이 아니었다. 조선에서는 이를 해결하기 위해 나름의 방식을 고안하였다.

절대적 다수를 구성하는 3품 이하의 관원을 먼저 행사장에 입장시킨다. 이어서 국왕과 수행원이 입장하는데, 이때 3품 이하의 관원은 행사장에 없다고 간주가 된다. 그래서 3품 이하의 관원이 행사장에 자리하고 있음에도 이들은 입장하는 국왕에게 일절 반응하지 않는다. 국왕도 3품 이하의 관원에 대해 어떠한 반응을 보이지 않는다. 미리 위치한 관원이나 입장하고 있는 국왕과 수행원이 서로의 존재를 무시하는 이상한 상황이 연출되는 것이다.

국왕과 수행원이 지정된 자리에 위치하게 되면, 2품 이상의 고위 관원이 행사장에 입장한다. 이들은 입장할 때부터 규정된 의례 동작을 취해야 한다. 추창(趨蹌)이라 해서 뒷꿈치를 들고 신속하게 자리로 이동하는데, 국왕 앞에서 완보하는 무례를 범할 수 없기 때문이다. 2품 이상의 관원은 국왕이 어좌에 앉은 상태에서 국왕을 방문하는 형식을 연출하는 것이다. 2품 이상의 관원이 입장을 마치면, 미리 자리를 잡고 대기하고 있었던, 3품 이하의 관원이 활성화된다. 이들은 이제까지는 없는 것으로 간주되었지만, 2품 이상의 관원이 입장하여 자리에 위치하면서, 행례를 시행하는 존재로 전환된다.

2품 이상의 관원과 3품 이하의 관원이 동시에 국왕을 향해 함께 예를 행하는 것이다. 이러한 설정은 당나라의 조회 제도에서 착안한 것인데, 이러한 방식을 채택하여 국왕이 어좌에 앉은 상태에서 전체 관원의 입장을 지켜보는 지루함을 피할 수 있었다. 국왕이 지켜봐야 하는 관원은 2품 이상에 한정되게 되는 것이다. 이러한 설정은 관원이 국왕을 찾아와서 알현한다고 하는 조회의 이념을 약식으로나마 구현한 것이다.

2품 이상의 관원은 대신이라 하여 주요한 결정을 단행하고 국왕에게 직접 조언을 수행하는 관원이었는데, 2품 이상과 3품 이하를 구분하는 의례 절차는 2품 이상의 관원을 특별한 존재로 부각하는 효과도 있다. 조회는 전체 구성원의 서열 관계를 표현하는 기능도 있었는데, 2품과 3품의 행례 동작을 구분하는 방식은 이들 관원의 실질적인 차등을 반영한 것이기도 하였다.

문제는 왕세자와 해당 관속의 조회 참여였다. 왕세자가 관원 일반을 인솔하는 형식으로 조회 참여를 하는 것이 적절한지, 혹은 왕세자가 관원과 구분된 방식으로 조회에 참여하는 것이 옳은 것인지에 대한 논의가 있었다. 조선에서는 왕세자의 행례를 관원과 구분하는 것으로 결론내렸다. 이러한 결론에는 나름의 이유가 있었다. 조하에서는 참여자가 대표로 국왕에게 축하 인사를 올리는 절차가 있었는데, 왕세자가 관원을 인솔하여 참여한다면, 인사는 왕세자가 시행해야 했다. 천명을 받은 군왕과 이를 보필하는 관원의 역할을 조회 현장에서 구현해 내는데 이러한 방식이 적절한지는 의문이었다. 왕세자가 축하 인사를 하고, 관원 대표가 축하 인사를 따로 올리는 것이 조선이 택한 방식이었다.

2품 이상과 3품 이하 관원의 입장을 분리했기 때문에 실제의 의례 진행은 독특하게 이루어졌다. 3품 이상이 모두 입장해 있는 상태에서 국왕과 수행원이 행사장에 들어와서 지정된 자리에 위치하게 된다. 이 상태에서 왕세자와 수행원이 행례를 하기 위해 들어오는데, 3품 이하의 관원은 일체 반응하지 않는다. 왕세자는 국왕을 향하여 절을 하고 축하 인사를 올리고, 국왕의 답사가 이어지는데, 3품 이하의 관원은 미동도 하지 않고 자신의 자리에 그대로 머무르게 된다. 왕세자가 행례를 마친 다음 퇴장하게 된다.

2품 이상의 관원이 입장하면, 비로소 3품 이하의 관원은 이들과 함께 네 번 절하고 국왕을 향한 다양한 행례를 수행한다. 종친의 의례 행위는 왕세자와 무관하게 진행된다. 종친은 관원들의 행례 과정을 함께 진행하는 것으로 설정되었다. 2품 이상의 종친은 'ㅇㅇ군'으로 지위가 표시되는데, 이들은 2품 이상의 관원과 함께 입장하였다. 3품 이하의 종친은 3품 이하의 관원과 함께 미리 입장하여 대기한다. 대군은 관품이 없지만, 1품의 관원보다 높은 의전 지위를 가지고 있고, 1품 이하의 종친도 해당 관품에서 가장 상위의 지위로 별도로 자리가 준비된다. 의전상의 지위는 영의정보다 대군이 더 상위에 있지만, 관원을 대표하여 축하 인사를 올리는 담당은 서열 1위의 일반 관원이 맡았다.

종친의 행례는 일반 관원과 함께하고, 종친에게 할당된 자리는 서반

에 별도로 마련되지만, 행례 과정에서 전체를 대표하는 역할은 종친이
아니라 관원의 최상위자가 담당하였다. 왕세자는 종친 및 일반 관원과
행례를 달리하였다. 실제 진행에서 3품 이하의 종친과 관원이 현장에
참석한 상태였지만, 이들은 왕세자의 행례 과정에 일체 반응하지 않는
독특한 방식으로 의례가 진행되었다.

『세종실록』「오례」의 반차도에 왕세자 표시되지 않은 것은 실제로 2
품 이상의 관원이 현장에 위치한 시점에서는 왕세자가 현장에 없기 때
문에 이를 반영한 것이다. 반면에『국조오례의』반차도에 왕세자가 표
시된 것은 실제와는 다르지만, 조하가 진행될 때, 전개되는 양상을 시
간과 순서를 초월하여 표현한 것이다.

<그림 10>『국조오례의』조참에서의 종친 배치

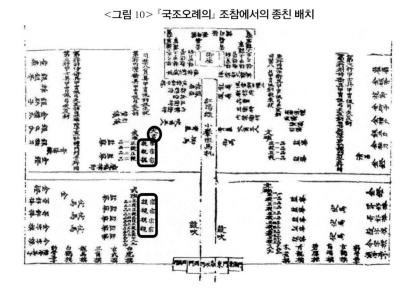

『국조오례의』조참 반차도에서는 대군과 종친, 문·무관이 표시되어
있고, 왕세자는 기재하지 않았다. 조참은 왕세자가 참여하지 않도록 규

정하였다. 성종 때, 왕세자의 조참 참여를 검토한 적이 있지만, 업무 논의를 목적으로 하는 조참 의례에 왕세자를 참석시키지 않는 기존의 원칙을 다시 확정하는 것으로 결론 내렸다. 따라서 조참 반차도에 왕세자가 없는 것은 실제의 의례가 그렇기 때문이었다.『국조오례의』조참의에서는 3품 이하가 미리 자리에 위치한 상태에서 국왕과 수행원이 입장하여 어좌에 좌정한다. 이어 2품 이상의 관원이 입장하여 네 번 절하는 절차를 수행하면, 절차가 종료된다. 아일조회에서 유래한 조참 의례의 본래 목적은 업무의 처리에 있었지만, 형상화한 모습은 네 번 절하는 절차만으로 한정하고 있다. 전체 관원이 동원되는 원칙이 적용되어 대군과 종친이 모두 참여하도록 하고 있다.

3. 회례의 의례 정비와 종친의 역할

1) 회례 정비와 의식 절차

회례(會禮)는 임금과 신하가 함께 모여 잔치하는 의례를 지칭하는 용어이다. 전례서에는 의례 절차를 '회의(會儀)'로 기재하고 있고, 의례화된 잔치를 일반적으로 회례(會禮)라 통칭한다. 15세기에 연향 절차를 알 수 있는 기록은 네 가지가 확인된다. 첫째는 1431년(세종13) 제정된 회례 의주이고,2) 둘째는 이듬해 있었던 음악의 개정 사항을 제시한 기사이다.3) 셋째는 「실록오례」에 수록된 회례의식이고,4) 넷째는『오례

---

2)『세종실록』권54, 세종 13년 10월 3일(갑오)
3)『세종실록』권57, 세종 14년 9월 19일(갑술)
4)『세종실록』권132, 五禮 嘉禮儀式 正至會儀

의』정지회의 의주이다.5) 정삭과 동지의 회례는 조하를 먼저 하고 이어서 진행하는 의식이다. 회례는 행사장에 입장하여 배례를 시행하고, 대표자가 국왕의 장수를 기원하는 헌수례(獻壽禮)를 한 다음, 이어서 술과 음식을 나누는 구성이다. 세종 때의 의례 정비 과정을 거치면서 조선의 조의(朝儀)는 2품 이상과 3품 이하의 관원의 의례 참석 절차를 구분하는 특징이 만들어졌다. 또한 왕세자와 관원의 행례를 별개로 시행하는 원칙을 수립하였다.6)

<표 3> 회례 의식의 비교

	세종 13년	실록오례	국조오례의
준비	◎ 登歌·二舞배치 ① 자리준비(會宴位) ② 술 준비(酒亭, 酒卓)	◎ 登歌·二舞배치 ① 자리준비(會宴位, 拜位) ② 술 준비(酒亭, 酒卓) ③ 鹵簿(半伏), 軍士 배치	① 자리준비(會宴位, 拜位) ② 술 준비(酒亭, 酒卓) ③ 鹵簿(半伏), 軍士 배치
국왕입장	① 종친·관원 3품이하 拜位 이동 ② 국왕 입장	① 종친·관원 3품이하 拜位 이동 ② 국왕 입장	① 종친·관원 3품이하 拜位 이동 ② 국왕 입장
四拜			① 왕세자 拜位 위치 ② 종친·관원 2품이상 拜位 이동 ③ 왕세자 이하 四拜
獻壽	① 왕세자 입장 升階 ② 배위에서 사배 ③ 왕세자 第1爵 上酒 ④ 왕세자 四拜 ⑤ 왕세자 자리로 이동 ⑥ 종실·관원 2품이상 입장 升階 ⑦ 국왕 환영사	① 왕세자 입장 升階 ② 배위에서 사배 ③ 왕세자 第1爵 上酒 ④ 배위에서 致辭후 四拜 ⑤왕세자 자리로 이동 ⑥ 왕세손·종친 입장 升階 ⑦ 왕세손·종친 第2爵 上酒 ⑧ 왕세손·종친 四拜	① 국왕용 酒器·花·膳 준비 ② 왕세자 升階 ③ 왕세자 上酒(第1爵) ④ 班首 升階 ⑤ 班首 上酒(第2爵)

5)「國朝五禮儀」권3, 嘉禮 正至會儀

6) 姜制勳, 2009, 「조선 초기 正至會禮 의식의 정비와 운용」, 『한국사학보』 34, 참조. 회례 음악에 대해서는 임영선, 2020, 「조선초기 회례 용악 연구」, 한국학중앙연구원 박사학위논문에서 전론적인 검토가 시도되었다.

	⑧ 종실·관원 사배 ⑨ 議政 第2爵 上酒 ⑩ 종실·群官 四拜	⑨ 왕세손·종친 자리로 이동 ⑩ 관원 2품이상 입장 昇殿 ⑪ 議政 第3爵 上酒 ⑫ 百官·客使 四拜	
行酒	① 국왕용 饌案·花 제공 ② 왕세자 이하 饌卓·花 제공 ③ 飮酒(3爵-9爵) ④ 大膳 제공	① 국왕용 饌案·花 제공 ② 왕세자 이하 饌卓·花 제공 ③ 飮酒(4爵-9爵) ④ 大膳 제공 ⑤ 남은 음식 포장	① 참여자 酒器·花·湯 제공 ② 왕세자 이하 宴會位 이동 ③ 飮酒 行九遍 ④ 大膳 제공 ⑤ 남은 음식 포장
四拜	① 왕세자 이하 殿庭拜位로 이동 ② 왕세자 이하 사배	① 왕세자 이하 殿庭拜位로 이동(臨時設置) ② 왕세자 이하 사배	① 왕세자 이하 拜位로 이동 ② 왕세자 이하 사배
퇴장	① 2품 이상 관원 퇴장 ② 국왕 퇴장 ③ 3품 이하 퇴장	① 국왕 퇴장 ② 객사 퇴장 ③ 왕세자 퇴장 ④ 왕세손 퇴장 ⑤ 종친 6품 이상 퇴장 ⑥ 문무백관 퇴장	① 국왕 퇴장 ② 객사 퇴장 ③ 왕세자 퇴장 ④ 종친·관원 퇴장
정리		① 의장 해산	① 의장 해산

1431년(세종 13) 정지회례에서는 왕세자가 배례하고 헌수하며 축하 인사를 올린 이후, 다시 배례를 한 다음, 연회석으로 이동한다. 이어서 관원이 사배하고 헌수를 하며 축하인사를 올리고 국왕의 답사를 들은 후, 사배례를 하고 연회 자리로 이동하여 잔치를 진행한다. 왕세자와 관원의 헌수례는 확연하게 구분되어 진행되고, 국왕의 답사는 관원에 게 한정하는 방식이었다.

「실록오례」는 왕세자에 이어, 왕세손의 행사 참석을 설정하고 있어 서, 조금 복잡한 구성을 보인다. 3품 이하 관원이 행사장에 배치된 후, 국왕이 입장하면, 왕세자가 들어와서 사배하고 첫 잔을 헌수하고 축하 를 드린다. 국왕이 술을 들면, 다시 배례하고, 연회석으로 이동한다. 다 음으로 왕세손과 종친이 입장하여 사배하고 둘째 잔으로 헌수하면서 축하 인사를 하고, 국왕이 술을 마시면, 다시 배례하고 연회석으로 이동한다. 마지막으로 2품 이상의 관원이 입장하여 미리 자리에 있던 3품 이하의 관원과 함께 사배하고, 셋째 잔으로 헌수하며 축하 인사를 한다. 국왕은 답례 인사를 하고 술을 마시고, 관원은 또 한 번 사배하고 연회 자리로 움직인다.

『오례의』 정지회의에서는 왕세자와 관원은 입장을 달리하지만, 배례는 함께 한다. 3품 이하 관원이 먼저 행사장에 위치한 상태에서 국왕이 어좌에 착석한다. 국왕이 자리 잡은 이후 왕세자가 입장하여 배위로 움직이고, 2품 이상 종친과 관원이 입장하여 배위로 이동한다. 모든 행례자가 배위에 위치한 이후 사배(四拜)를 시행한다. 배례에서는 왕세자와 관원의 행례를 구분하는 원칙이 사실상 폐기되었다.

행사장에 상을 가져다 놓고, 꽃을 진열하는 절차가 종료되면, 왕세자가 첫째 잔의 헌수 절차를 진행한 후, 연회석으로 이동한다. 다음으로 가장 높은 관원이 둘째 잔으로 헌수하고 축하인사를 전하면, 국왕이 답사하고, 술잔을 든다. 두 번째 헌수 절차 이후 전체 관원이 각자의 연회 자리로 이동한 후, 본격적인 잔치가 진행된다. 물론 이 시점 이후로 본격적인 춤과 노래가 이어지는데, 이때의 음악(樂舞)는 지정곡이 아니라 국왕에게 보고하고 공연하는 것으로 정하였다.

1431년의 의례는 다섯째 잔까지 헌가와 등가악을 번갈아 연주하도록 하였다. 헌수에는 앞뒤로 헌수자가 배례를 시행하므로 배례악인 서안(舒安)과 국왕의 식거악인 휴안(休安)이 교대로 연주된다. 다섯째 잔을 마시고, 음식이 제공될 때부터는 춤과 노래가 향·당악으로 전환된다.[7] 다음해 상정소에서 이때 지정된 음악을 상당 부분 수정하는 개정

---

7) 다섯 째 술잔까지 사용하는 음악이 아악이라는 점에 대해서는 김종수, 「조선초기 樂章 演行 양상」, 『온지논총』 18, 2008, II장 참조.

안을 내었고, 『악학궤범』에는 이렇게 개정된 구성을 세종 때의 회례 규정으로 정리하고 있다. 상정소 개정안은 1431년 절차에서 음악 부분만을 일부 조정한 것이다.

「실록오례」는 예악의 조응에 대해 의미 있는 접근을 하고 있다. 회례 절차는 1402년부터 정비 작업이 확인되는데, 각 절차에 적용되는 악곡을 고정하는 방식을 택하고 있다.[8] 태종 때의 이러한 정비 방식은 세종 때의 회례 정비 과정에서도 일관되게 확인된다. 「실록오례」는 이러한 흐름과는 차별되는 방식으로 절차를 설정하고 있다. 「실록오례」에는 왕세자, 왕세손과 종친, 관원 일반으로 헌수 절차를 세 번 진행하도록 하였다. 기존 의식에서는 문무와 무무를 한 차례 공연하면서 각 공연에서 3회 반복하였는데, 「실록오례」에서는 문무 두 차례, 무무 한 차례 공연하되, 매 공연에서 6변(變) 하는 것으로 개정하였다.[9] 문·무무의 공연을 늘리면서, 문무의 비중을 한층 강조한 것이다. 이런 개정으로 아악의 연주가 여섯째 술잔까지 확대되었다.

주목되는 점은 아악의 공연이 아니라 향·당악의 운영인데, 여섯째 잔 이후의 진탕(進湯)에서 행용하는 향·당악을 속악잡기(俗樂雜伎)로 통칭하고 있다. 이런 표기는 정재와 악곡이 특정되지 않고, 가변적임을 나타낸 것이다. 회례에 사용되는 음악의 선택이 가변적이라면, 선택 범위가 정해져야 할 것인데, 오례가 정비되는 이 무렵에 시용속악(時用俗樂)이 지정되는 결정이 있었다. 또한 상시 연습해야 할 악곡도 지정되었다. 「실록오례」의 회례 의식은 공식 연향에서 사용될 악무(樂舞)가

---

8) 『태종실록』 권3, 태종 2년 6월 5일(정사)
9) 기존에는 문·무무를 三成 공연하고, 「실록오례」에서는 六變하는 것으로 설정하고 있다.

고정되지 않고, 의례에 맞추어 선택하는 것으로 전환되는 양상을 보여준다. 연향에서 악곡을 특정하지 않고, 선택 사항으로 설정한 「실록오례」에서의 시도는 <표 4>에서도 이어진다. 공식 연향에서 악곡이 지정되고 있지만, 정재의 경우는 미정으로 규정하고 있다. 『오례의』 단계에서 이러한 경향이 한층 강화된 방식으로 자리 잡았다.

『오례의』는 회례에서 사용되는 음악을 지정하지 않고, 그때마다 결정하도록 하는 유연한 방식을 채택하였다. 헌수와 배례는 정형화된 의례로서의 의미가 강하기 때문에, 둘째 잔 헌수까지는 정해진 음악이 있었다. 물론 『오례의』에서는 해당 음악을 구체적으로 기재하지는 않았다. 둘째 잔 헌수에 이어 제공되는 진탕(進湯)의 절차부터는 춤과 음악을 선택하는 것으로 했는데, 국왕에게 보고하고 정한다고 규정하고 있다.[10]

<표 4> 『국조오례의』 正至會禮 절차와 음악

	절차	음악	비고	악학궤범
입장	3품이하 선치	-		
	국왕과 근시 입장	○		與民樂慢, 또는 聖壽無彊慢 (전후악→전정악)
	2품이상 입장	-		
	제방객사 입장	-		
배례	왕세자·종친·관원·객사 四拜	○		洛陽春(전정악)
헌수 준비	국왕 酒器 배치	○		啓宇(헌가악)
	국왕 饌案 배치	○		與民樂慢(헌가악)
	국왕 花 배치	○		折花三臺(헌가악)
	국왕 膳 올림	○		與民樂慢(전상악)
헌수	왕세자 제1작 → 치사	-		
	국왕 飮爵	○		步虛子令, 與民樂令, 金殿樂 선택(제1작)

10) 『국조오례의』 권3, 가례, 정지회의, '凡曲舞, 臨時, 稟旨' 규정은 진탕 절차에 이어지는 세주로 기재되었다. 이런 규정은 공식 연회에 사실상 모두 적용된다. 『국조오례의』 권4, 가례, 음복연의 ; 권5, 빈례, 연조정사의 및 연인국사의.

	반수 제2작 → 치사	-		
	국왕 답사	-		
	국왕 飮爵	○		步虛子令, 與民樂令, 金殿樂 선택(제1작)
배례	왕세자·종친·관원·객사 四拜	○		
	왕세자·종친·관원·객사 就位		歌者·琴瑟 입장	女妓·樂工 입장
행주 준비	왕세자 饌卓·花 제공 종친·백관·객사 饌卓·花 공급	-		
행주	進湯 → 국왕 湯食	○	曲舞, 臨時 稟旨	①향·당악정재 啟案受點 ②每爵 정재 교체 ③정재후 향악 唱歌 여기2舞 ④罷爵 정동방곡, 여기4 舞
	왕세자·종친·관원·객사 湯食			
	제3작	○		
	進湯, 進爵 반복 → 제9작	○		
	進大膳 → 食膳	○		與民樂慢(전상악)
배례	왕세자·종친·관원·객사 배위 이동	-		
	왕세자·종친·관원·객사 四拜	○		洛陽春(전정악)
예필	禮畢 보고			
퇴장	국왕과 근시 퇴장	○		與民樂令, 步虛子令, 還宮樂 선택 (전정악→전후악)
	객사 퇴장	-		
	왕세자 퇴장	-		
	종친·백관 퇴장	-		

2) 종친의 회례 참석

1430년(세종12) 무렵은 독자적인 조선식 유교 의례를 만들어가는 시기였다. 회례의 절차도 새롭게 정비되면서, 관련 논의도 활발하게 전개되었다. 절차를 어떻게 짤 것인가 하는 국가례 관점의 검토도 집중되었지만, 이와 함께 이에 적절한 음악이 어떻게 구성되어야 하는가 하는 음악적인 부분도 전면적인 조정이 이루어졌다.

이미 조하의 절차가 개정된 상태였기 때문에, 국가 의례로서 조하와 동일한 체양을 유지할 것인가 하는 문제가 당시 가장 심각한 논의 사항이었다. 왕세자가 시행하는 행례와 종친 및 관원의 행례를 구분하는 방식으로 조하 절차가 결정되었기 때문에, 회례에서 이를 어떻게 반영할지 검토하였다. 회례에서 가장 핵심적인 순서는 국왕에게 장수를 기원하는 헌수(獻壽)이다. 헌수 절차는 국왕의 장수를 빌면서 술을 올리는 방식으로 진행되는데, 국왕이 이에 간단하게 답하기도 한다.

1431년 마련된 의주는 회례를 의식으로 정립시키는 과정에서 프로토타입에 해당하는 의식 구상이다. 3품 이하의 관원을 미리 행사장에 자리 잡은 상태에서 국왕과 수행원이 입장하는 방식은 이미 조회에서 결정된 것이었다. 이어서 왕세자가 입장하여 근정전 안으로 들어와서 국왕에게 헌수의 예를 행하고, 근정전을 나와서 전계 위에 마련된 배위로 가서 네 번의 절을 올린 다음, 행주(行酒)하는 지정 위치로 이동한다. 두 번째 헌수는 2품 이상의 종친과 문무관원이 입장한 다음 미리 대기하고 있는 3품 이하의 종친·문무 관원과 함께 진행하게 되는데, 이때 헌수를 올리는 주체는 의정이다. 대군과 고위 종친이 참석하고 있으므로 서열상으로는 이들이 더 높은 지위를 가지고 있었지만, 일반 관원의 최고위직이 헌수를 올리도록 설정된 것이다.

1431년 의례는 이후의 회례 의식에서는 볼 수 없는 독특한 순서가 있는데, 국왕이 관원을 맞이하는 절차이다. 2품 이상의 종실과 문무관원이 행사장에 입장하면, 국왕은 다음과 같이 말한다.

"종실과 문무의 여러 관원을 맞이하니 전(殿)으로 오르라."

국왕의 지시로 근정전에 올라오는 관원들은 전으로 올라오고, 종실과 문무 관원 중에 월대 위에 자리가 마련된 사람은 월대 위로, 또 마당에 자리가 정해진 인원은 해당 자리로 이동하게 된다. '전으로 오르라.' 고 맞이하는 말을 하지만, 실제는 2품 이상의 제한된 인원 외에는 전에 오를 수 없고, 각각 지정된 자리로 이동하는 것이다. 어떻든 국왕이 관원을 맞이하는 절차가 규정되어 있었다. 이렇게 전에 오른 관원 중에서 최고위직 관원인 의정이 대표로 헌수의 의미로 두 번째 잔을 올리고, 이어서 모든 관원이 네 번 절하는 절차를 시행하는 것이다.

『세종실록』「오례」를 거쳐『국조오례의』로 정착되는 과정에서 국왕이 관원을 영접하는 절차는 생략된다.『세종실록』「오례」단계에 오면, 회례는 한층 정제된 의식 절차를 갖추게 된다. 국왕에게 절하는 배위(拜位)와 행주를 하는 좌석이 명확하게 구분되었을 뿐만 아니라, 국왕에게 행례하는 절차는 '사배+행례+사배'로 정형화한다. 즉 국왕에게 행하는 일체의 절차는 네 번 절하고, 지정된 절차를 시행하고, 절차가 종료된 후에는 다시 네 번 절하는 예도를 행하는 것으로 정돈된다.

『세종실록』「오례」에서는 종친의 지위가 특별하게 설정되어 있다. 이 책의 회례에서는 왕세손이 세 번째 잔을 올리면서 헌수하는 것으로 설정되어 있다. 첫 잔은 왕세자가 진행하는 헌수 절차이고, 둘째 잔은 왕세손이 주관하는 헌수의 절차, 셋째 잔은 의정이 전체 관원을 인솔하여 헌수하는 절차이다. 이 의식에서 왕세손은 종친을 인솔하여 헌수하기 때문에, 종친은 관원과 별개로 헌수 절차를 진행하는 것이다.

술잔 돌리는 것은 공식적인 의례에서는 9잔으로 제한되기 때문에, 「실록오례」의 회례에서는 세 번 헌수 절차가 진행되고, 넷째 잔부터 행주하는 것으로 설정되어 있다. 왕세손의 헌수가 설정되면서, 종친으로만 구성된 별행의 절차가 마련된 것이 매우 이례적이다. 왕세손을 의례 절차에 반영한 것은 세종 후반대의 특수한 상황에 기인한 것이고, 「실록오례」의 의주 설정이 당시 상황에 제약을 받고 있음을 보여준다. 훗날 단종으로 기억되는 왕세손은 선왕인 문종이 사망한 이후 즉위하여 짧은 재위 끝에 왕위에서 물러나게 된다. 이러한 역사적 전개와는 상관없이 세종 후반 대 작성된 국가의례 정비 작업에서, 이례적으로 회례의 한 절차가 배정되고 있다. 왕세손의 존재는 조하에는 반영되고 있지 않은데, 어떤 이유로 회례에는 존재를 인정하고 있는지 경위를 알 수 없다.

<그림 11> 정지회례 배반도의 근정전 통로 표시

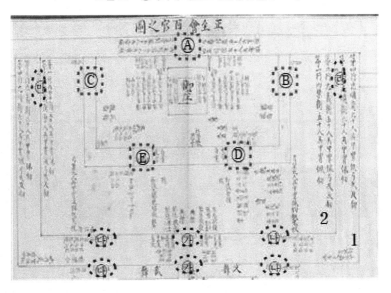

근정전은 국가 의례의 중심 공간이었다. 국왕이 천명을 받아 형성된 조선적 질서 체제의 중심인데, 국가 의례는 이를 상징화하는 장치이다.

『세종실록』「오례」가례서례에 수록된 배반도(排班圖)는 글자를 이용하여 위치를 표시한 간략한 도면인데, 근정전의 구조와 관련하여 흥미있는 정보를 담고 있다. 배반도에는 근정전으로 진입하는 계단과 통로를 표시하고 있다. 매우 약식으로 표시된 정보이기는 하지만, 세종

때의 근정전의 접근로가 오늘날의 모습과는 상당히 달랐음을 보여주는 데는 부족함이 없다.

근정전은 두 단의 월대 위에 세워진 건물이었다. 근정정은 북쪽은 사정전으로 이어지는데, 북쪽에서의 진입 계단은 국왕과 수행원이 사용했을 것이지만, 배반도에는 생략되어 있다. 다만, 근정전으로 진입할 수 있는 통로가 다섯 개(Ⓐ~Ⓔ)였다고 표시하고 있다. 월대를 오르는 계단은 가운데 세 군데(㉮~㉯)가 있었고, 이에 더하여 좌우로 두 곳(㉰, ㉱)의 계단이 있었다. 좌우의 계단은 마당에서 바로 진입할 수 있는 것은 아니고, 1층 월대를 올라간 상태에서 이용할 수 있는 계단이었다.

<그림 12> 회례의식 근정전 국왕과 수행원 위치

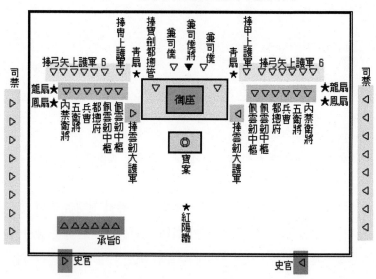

회례의 의식도 3품 이하를 미리 배치한 상태에서 국왕과 수행원이 입장한다. 국왕은 근정전에 준비된 어좌에 좌정하게 되는데, 수행원의

위치는 조하에서와 다른 방식이 적용된다. 회례는 국왕과 관원이 함께 한다는 데 방점이 주어진 의례였다. 회례는 국왕과 참석자가 가까이 위치하여 친밀하게 잔치를 진행하는 것이 내용이 된다.

회례에 참석할 때, 수행원의 구성이 바뀌지는 않는다. 공식적인 의례 현장에 등장할 때, 국왕의 근시 인원과 측근 의장은 정형화되어 있기 때문이다. 그러나 수행원의 위치는 조하와는 확연하게 구분되어 조정이 된다. 승지는 근정전 남쪽에 북향하여 배치되고, 사관은 건물 외곽으로 이동한다. 국왕의 무관 수행원들은 어좌를 기준으로 좌우에 자리가 정해진다. 이렇게 하여 근정전 내부에 확보된 공간에는 종친과 고위 관원이 위치하게 되는데, 이들은 공식적으로 국왕이 특별히 존중해야 하거나 지밀한 친족으로 인정되는 것이다.

<그림 13> 『국조오례의』 회례 종친 자리 배치

회례는 근정전 내부 공간까지 참석자를 끌어들여서 국왕을 지밀한 거리에서 접촉할 수 있도록 고안된 의례였다. 종친의 경우에는 왕세자(ⓐ)와 대군(ⓑ), 2품 이상의 종친(ⓒ)은 근정전 건물 내에 자리가 마련되었다. 3품 이하의 종친은 2층 월대에 자리가 준비되었다(ⓓ). 조회에서 종친은 서반의 각 품에서 가장 높은 위치에 자리를 잡았다. 회례에서는 어좌의 동쪽에 위치하였다. 근정전 내부에는 2품 이상의 관원도 자리하였는데, 이들은 서쪽에 위치하였다. 종친은 의전상 일반 관원에 비해 높은 존재였다. 3품 이하의 종친은 2층 월대의 동쪽에 있었는데, 이에 상대되어 서쪽에 위치하는 일반 관원은 3품 문무 당상관이었다.

종친의 관품은 1품에서 6품까지로 할당되었고, 조회에서 종친은 비록 가장 높은 서열이기는 하였지만, 해당 관품에 자리가 정해졌다. 이와 대조적으로 회례에서는 통상적인 관품을 초월해서 자리가 마련되었다. 물론 종친에게 현저하게 우호적인 방식으로 자리가 마련되었다. 동벽과 서벽은 동벽이 높은 서열인데, 종친에게 동벽이 할당되었다. 또한 3품 이하의 종친은 전원이 문무 당상관에 상대하면서, 동편에 위치하도록 하였다. 3품에서 6품까지의 종친이 정3품 당상관보다 우위에 있는 지위가 부여된 것이다.

회례의 종친의 자리 배치는 기본적으로 『세종실록』「오례」의 배치와 큰 차이는 없다. 『세종실록』「오례」에서는 왕세손이 한 번의 헌수 절차를 담당하면서, 종친의 존재가 더욱 부각되었다. 종친은 전체 의식 진행에서 별도의 입장과 헌수에 참여하면서, 일반 관원과 구분되는 존재임을 뚜렷하게 규정하였다. 왕세손을 대군보다 높은 자리에 배치하면서 대군이 종친의 앞쪽에 자리잡고, 2품 이상의 종친은 대군의 뒤쪽에 위치하게 되었다.

3품 이하의 종친은 2층 월대에 자리가 마련되었는데, 이런 점은 『국조오례의』 배반도에서도 동일하게 확인된다. 다만, 3품 이하 종친의 바로

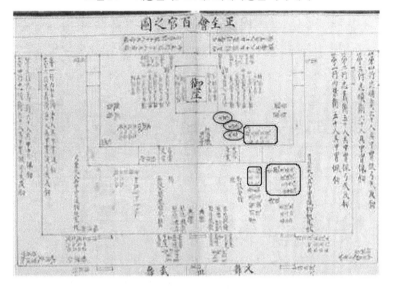

옆에 5조의 참의와 집현전의 당상관 자리가 배정되었다. 이들과 상대하여 월대의 서쪽에는 중추원의 당상관이 자리하고 있다.『국조오례의』에서는 종친 아래 자리잡은 참의 등의 당상관을 서쪽 중추원과 합쳐서 자리를 지정하였다. 어떻든 당상관이 종친보다 아랫 자리에 배정된 것은 분명하다. 종친은 3품부터 정6품까지 관품이 부여되었는데, 이들이 정3품 당상관보다 의전적으로 높게 대우한다는 점을 명확하게 하고 있다.

4. 『국조오례의』 종친 주관 사신 연회

1) 종친 주관 사신 연례의 정비

종친의 명 사신에 대한 접대는 『국조오례의』에 규정되어 제도화된 성격을 가지고 있었다. 명 사신에 대한 잔치를 독자적으로 시행할 수 있는 법적 기관으로 국왕과 왕세자가 있었고, 그 외에 관원의 대표 기구로서 의정부가 잔치를 시행하였다. 예조는 주무 관서로서 역시 접대할 수 있는 기관이었다. 종친은 이들 기관과 함께 명 사신에 독자적으로 잔치할 수 있는 집단이었다.

<표 5> 명나라 사신 연회 주체별 절차 비교

	국왕 주관 조정사신연회	왕세자 주관 조정사신연회	종친 주관 조정사신연회
장소	태평관	태평관	태평관
다례	①茶 제공 ②果盤 제공	①果盤 제공 ②茶 제공	
제1잔	國王 ①정사에 勸酒 ②국왕의 請酒 ③정사부사에 勸酒 ④정사에 勸酒 /정사의 국왕에 勸酒 ⑤饌案 제공 ⑥花盤 제공	王世子 ①정사에 勸酒 ②왕세자의 請酒 ③정사부사에 勸酒 ④정사에 勸酒 /정사의 왕세자에 勸酒 ⑤饌卓 제공 ⑥花盤 제공	首宗親 ①정사에 勸酒 ②수종친의 請酒 ③정사부사에 勸酒 ④정사에 勸酒 /정사의 수종친에 勸酒 ⑤饌卓 제공 ⑥花盤 제공
제2잔	王世子 ①정사에 勸酒 ②왕세자의 請酒 ③정사부사에 勸酒 ④국왕에 勸酒 ⑤국왕에 勸酒 ⑥小膳 제공	宰樞 ①정사에 勸酒 ②재추의 請酒 ③정사부사에 勸酒 ④왕세자에 勸酒 ⑤왕세자에 勸酒 ⑥小膳 제공	次宗親 ①정사에 勸酒 ②차종친의 請酒 ③정사부사에 勸酒 ④小膳 제공
제3잔	宗親 ①정사에 勸酒 ②종친의 請酒 ③정사부사에 勸酒 ④국왕에 勸酒 ⑤국왕에 勸酒 ⑥湯 제공	宰樞 ①정사에 勸酒 ②재추의 請酒 ③정사부사에 勸酒 ④왕세자에 勸酒 ⑤왕세자에 勸酒 ⑥湯 제공	次次宗親 ①정사에 勸酒 ②차종친의 請酒 ③정사부사에 勸酒 ④湯 제공
行酒	國王 ①7遍 ②大膳 제공	王世子 ①7遍 ②大膳 제공	首宗親 ①7遍 ②大膳 제공
정리	읍례, 배웅	읍례	읍례

명나라 사신에 대한 연회는 국왕이 주최하거나, 왕세자 혹은 종친이 주최할 수 있다. 반면에 예조와 같은 일반 관서에 의한 연회 주관은 설정되어 있지 않다. 명나라 사신에 대한 연회는 국왕의 빈(賓)으로 설정된 의례여서 공식적인 관서에 의한 연회가 규정되지 않은 것으로 추정된다. 대신에 국왕의 대행자로서 왕세자와 종친이 연회의 주관자가 되도록 설정되어 있다.

각각의 연회는 동일한 패턴과 유사한 절차를 갖추고 있다. 그러나 종친 주관의 연회에서는 다례(茶禮)가 설정되어 있지 않다. 또한 종친이라는 동일한 신분적 범주를 공유하고 있기 때문에 연회 주관자가 조선의 상위 신분자인 국왕 혹은 왕세자에게 술을 권하는 절차도 생략되어 있다. 부분적인 절차의 차이를 배제한다면, 명나라 사신에 대한 연회는 주관자의 차이에도 불구하고 기본적으로는 동일한 방식으로 진행되는 원칙을 마련했던 것으로 추정된다.

종친이 주관하는 연례(宴禮)의 공간은 태평관으로 설정되어 있다. 종친은 명의 사신을 위해 시행되는 공식적인 연회에 참석하는 신분이기 때문에 국왕이 주관하는 궁궐에서의 의례에도 참석할 의무가 있었다. 이와 별도로 중국 사신을 예방하여 조선으로의 사행(使行)의 수고로움을 위로하는 연회를 독자적으로 시행하였다. 물론 국왕도 태평관을 예방하여 연례를 제공할 수 있고, 정부 기관도 이러한 행사의 주체가 된다. 종친이 이러한 행사를 진행하도록 설정된 것은 국왕의 친족 신분으로서 조선을 대표하는 집단적 성격을 가지고 있기 때문이었다.『국조오례의』해당 의식에서 준비 단계를 다음과 같이 묘사되어 있다.

당일(其日) 분예빈시(分禮賓寺)는 정사(正使)의 좌석을 태평관의 정청(正廳) 북쪽 벽에 남쪽을 향하여, 부사의 좌석을 동쪽 벽에 서쪽을 향하여, 종친의 좌석을 서쪽 벽에 동쪽을 향하여 설치한다. 대군(大君)의 좌석은 약간 앞에 제군(諸君)은 이보다 약간 뒤에 자리한다. 만약 정·부사의 좌석이 모두 북쪽 벽에 자리하면 대군은 동쪽에, 제군은 서쪽에 자리한다. 모두 검은 칠을 한 교의(交倚)이다. 주탁을 청안 조금 남쪽에 북쪽을 향하여 설치한다.

종친이 태평관에 이르러 막차에 들어간다. 하루 전에 전설사(典設司)는 대문 밖 약간 남쪽에 막차를 설치한다.

시간 설정에 의하면, 종친이 중국 사신을 접대하는 의례는 당일 준비가 시작되는 의식이다. 실제는 하루 전에 준비가 진행되어야 한다. 당일로 표시된 것은 의례의 등급과 연관되는데, 국왕이 진행하는 의식이 아니기 때문에 시간의 크기가 당일로 한정된다. 마지막 부분에서 나타나는 것처럼, 행사 전날 전설사에서 종친을 위한 막차(幕次)를 준비해야 한다. 종친이 바로 태평관으로 입장하는 것이 아니라, 입장하기 전에 머물게 되는 공간으로 막차가 설정된 것이다.

자리 배치는 위상을 보여준다. 자리 배치는 두 패턴이 설정되어 있다. 첫째 패턴에서 공간의 주인공은 정사(正使)이다. 태평관 정청에서 남향으로 위치하게 된다. 다음 서열은 부사(副使)인데, 동쪽에서 서향으로 위치하게 된다. 종친은 서쪽에서 동향으로 자리가 준비된다. 왕자대군과 왕자군은 자리를 구분하는데, 왕자대군의 자리를 조금 앞쪽에, 왕자군의 자리를 뒤로 조금 밀려두는 것으로 이를 표시한다. 둘째 패턴에서는 정사와 부사를 모두 남향하도록 설정한다. 두 존재를 동시에 주인공으로 간주하는 방식이다. 이러한 배치에서는 대군은 동쪽에 자리가 마련되고, 왕자군은 서쪽에 자리를 설치하여 구분한다.

종친 주관의 잔치에서는 검정색 교의(交椅)를 사용한다. 팔걸이 의자를 사용한다는 점에서는 최상급의 기구가 동원되는 것이고, 색을 검정을 사용함으로써 국왕 주관의 의식과는 차별화하고 있다.

2) 종친 주관 연례의 진행 절차

국왕이 참석하는 의례에서는 국왕이 통치하는 공간에서 시간의 주인임을 상징하는 엄(嚴)의 단계가 사용된다. 왕세자의 경우에도 시간설정에 따른 특별한 구분이 동원되지만, 종친의 경우에는 이러한 설정은 고려되고 있지 않다. 의례가 시작되는 시점에 대해『국조오례의』는 다음과 같이 규정하고 있다.

> 시각이 되면 종친이 나아가 사자를 보고 정청의 서쪽 계하에 이르러, 사자가 정청에 나아가면 각기 좌석 앞에 선다. 종친이 서쪽 문으로 들어가 앞에 나아가 읍하면 사자는 읍하여 답례한다. 사자가 좌석에 앉으면 종친도 좌석에 앉는다. 사옹원 관원 두 사람이 주탁의 동쪽과 서쪽에 나누어 서고 또 네 사람이 주탁의 뒤에 늘어선다. 전악(典樂)은 가자(歌者) 및 금슬(琴瑟)을 거느리고 동과 서로 나누어 올라가 계상(階上)에 앉는다.

사자가 주인으로 설정되어 있음이 드러나는데, 종친은 사자의 공간에 들어가는 방식으로 의식이 시작된다. 즉, 종친 주관 연례는 공간의 주인을 사자로 설정하고, 종친이 이를 방문하여 대접하는 방식이다. 사자가 위치하면, 종친은 자신들의 정해진 자리 앞에 서게 된다. 이들은 서쪽 문을 이용하는 것으로 되어 있는데, 사자의 경우는 정청에 머물고 있기 때문에 공간에 입장하는 별도의 설정은 없다. 아마도 이들의 의례적 출입문은 동쪽 문으로 설정되어 있는 것으로 추정된다. 조선의 종친은 이와 구분하여 서쪽 문을 이용하는 존재이다.

사옹원에서 의례에 제공되는 음식물을 준비하는데, 술 동이를 두는 주탁의 좌우와 뒤쪽에 담당자를 배치하고 있다. 이 행사에는 음악도 사용되는데, 노래하는 사람과 악기의 연주자로 구성되어 있다. 의례의 설정 규정에는 특별히 음악의 등급은 나타나고 있지 않다.

(1) 첫째 잔을 이용한 권주의 절차

연례의 진행에서 가장 중심이 되는 상징적인 절차는 술을 권하는 것이다. 첫 번째 술을 권하는 존재를 통해 의례의 주관자를 상징하게 된다. 술을 권하게 되면, 이를 답하는 절차가 구성되게 되고, 술을 서로 권하는 과정에서 행사에서 드러나고 고려되어야 할 존재가 상징적으로 표현된다. 공식적인 의례상의 의식 구성이므로 권주의 절차는 매우 번거로우면서 복잡하게 구성되어 있다. 의례의 절차를 숙지하여 물이 흐르듯 진행하는 것은 예치의 상징적인 모습이었다. 의례의 주관자가 이러한 행위를 능숙하고 세련되게 시행하는 것이 당시의 사회에서는 매우 심각하게 주요한 사안이었다. 권주의 절차는 다음과 같은 순서로 진행된다.

> ① 사옹원 관원 및 집사자는 각각 과반(果盤)을 받들고 사자 및 술 돌릴 종친 앞으로 나누어 나아가 선다. 악(樂)이 연주된다. 사옹원 관원은 잔에 술을 받아 술 따르는 일은 모두 사옹원 관원이 한다 서서 위수 종친(爲首宗親)에게 올리면 위수종친은 잔을 받아 정사 앞으로 나아가 읍하고 제일잔주(第一盞酒)를 올린다. 정사는 읍하여 답례하고 잔을 받아 부사에게 읍하면 부사는 읍하여 답례한다. (정사가) 여러 종친에게 읍하면 여러 종친은 읍하여 답례한다. 다시 위수 종친에게 읍하면 위수 종친은 읍하여 답례하고 잔대를 돌려 받아든다. 뒤에도 이와 같이 한다.

② 정사가 마시기를 마치면 사옹원 관원은 나아가 서서 빈 잔을 받는다. 정사가 읍하면 위수종친은 읍하여 답례한다. 사옹원 관원이 과반(果盤)을 서서 정사 앞에 올린다. 매번 사자가 마시기를 마칠 때마다 과(果)를 올린다.

③ 사옹원 관원은 또 잔에 술을 받아, 서서 위수 종친에게 올리면, 위수 종친은 잔을 받아 읍하고 술을 올린다. 정사는 읍하여 답례하고 잔을 받아 도로 위수 종친에게 올린다.

④ 위수 종친은 잔을 받아 부사에게 읍하면, 부사는 읍하여 답례하고, 여러 종친에게 읍하면 모든 종친은 읍하여 답례한다. 다시 정사에게 읍하면 정사는 읍하여 답례하고 잔대를 돌려받아 든다.

⑤ 위수 종친이 마시기를 마치면, 사옹원 관원은 나아가 서서 빈 잔을 받는다. 위수 종친이 읍하면 정사는 읍하여 답례한다. 집사자는 과반을 서서 위수 종친에게 올린다. 매번 위수 종친이 마시기를 마칠 때마다 과를 올린다.

술잔을 권하기 위해서는 술뿐 아니라 과반(果盤)이 병행하여 제공된다. 종친의 권주는 이 두 가지가 준비되는 것으로 시작된다. 술잔과 과반을 담당하는 관원이 종친이 위치한 방향으로 가고, 이와 함께 음악의 연주가 시작된다. 음악은 권주의 절차가 진행되는 동안 지속적으로 연주되고, 술잔을 주고받는 절차가 마무리되면, 중단된다. 음악이 시작되고, 중단되는 과정을 통해서 행사의 참석자들은 각 단계의 시작과 마무리를 청각적으로 의식할 수 있도록 설정되어 있다.

첫 잔을 권하는 종친은 위수종친으로 규정되어 있다. 종친 중에서 가장 높은 서열은 항렬과 신분을 고려하게 된다. 통상 왕자대군 중에서 가장 연장자가 되지만, 왕자대군과 왕자군이 부재한 경우에는 군호(君號)를 부여받은 종친 중 가장 높은 품계를 가진 종친이 해당되게 된다. 위수종친은 첫잔을 정사에게 읍례를 행하고 술잔을 건네주어 술을 권하게 된다. 정사는 위수종친에게 답례의 읍례를 한 다음 잔을 받고, 부사를 향하여 읍례를 하여 권주에서 자신이 음주의 예를 행할 것임을 표시하게 된다. 부사도 읍례를 답하여, 행사의 진행을 인지하였음을 표시한다. 이어서 술잔을 받은 정사가 종친들을 향하여 읍례를 행하고, 종친들도 역시 답례를 행한다.

이러한 행위가 이루어진 다음, 정사는 비로소 술잔을 들게 되는데, 술잔은 받침이 함께 있기 때문에 술잔을 들어 술을 마시는 동안 술을 권한 사람이 받침을 들어주게 된다. 정사가 술을 마시려고 하면, 종친이 받침을 받아서 들게 되는데, 이 과정에서도 읍례를 주고받게 된다.

정사가 술을 마시면 빈 잔은 사옹원 관원이 받게 되는데, 이어지는 절차상 위수종친이 이를 받을 수 없기 때문이다. 술잔을 비우면, 정사와 위수종친은 서로 읍례를 주고받는다. 대기하고 있던 관원은 과반을 제공하여 안주를 들 수 있도록 조처한다. 술을 주고받는 것은 정교한 의례 절차가 수반되지만, 안주를 드는 과정에서는 일체의 절차가 생략되어 있다.

위수종친이 정사에게 술을 권했으므로, 답례로 정사도 위수종친에게 술을 권하는 절차가 이어진다. 그런데, 정사는 술잔을 준비할 수 없으므로, 위수종친은 자신이 받아 마실 술잔을 먼저 정사에게 건네주고, 정사가 이를 다시 위수종친에게 권주하는 형식으로 절차가 구성된다.

사옹원 관원이 종친이 마실 술잔을 제공하면, 위수종친은 정사에게 이 술잔을 건네준다. 정사를 이렇게 넘겨받은 술잔을 위수종친에게 다시 돌려주는데, 이 술잔은 정사가 위수종친에게 권주하는 것이기 때문이다. 물론 이 과정에서도 서로 읍례를 행하면서 주고받는 행위가 진행된다. 위수종친이 술을 마시는 차례이기 때문에 정사는 위수종친의 술잔 받침을 들고 있는 행위를 한다.

종친도 술을 마시기에 앞서, 부사와 참석한 종친에게 읍례를 행하고, 상대방도 답례를 행하게 된다. 술을 마시면, 빈 잔을 사옹원 관원이 받게 되고, 위수종친과 정사는 서로 읍례를 주고받게 된다. 담당자는 술을 마신 위수종친에게 과반을 제공하여 안주를 들 수 있게 한다. ①-⑤까지의 이러한 의식 구성은 술잔을 주고받는 과정에서 이루어지는 절차인데, 종친의 연례가 단순한 술 마시기가 아니라, 공식적인 의례로서 진행되는 것임을 상징하는 것이다. 술을 권하면, 상대방도 답하여 술을 권하게 되고, 서로 선 자세로 술잔 받침을 받아서 들어 주고, 술잔을 마시고 하는 등의 번거로운 행위를 함으로써 서로 의례적인 교감을 이루게 된다.

첫 번째 잔을 사용하는 절차는 한 번 술잔을 비우는 것으로 마무리되는 것은 아니다. 첫 잔을 사용하여 거듭 술을 권하는 절차는 첫잔을 비우는 행위에 이어서 진행된다. 이에 대해서는 다음과 같이 묘사되고 있다.

⑥ 사옹원 관원은 다시 잔에 술을 받아 서서 위수 종친에게 올리면 위수 종친은 잔을 받아 (정사에게) 읍하고 술을 올린다. 정사는 읍하여 답례하고 잔을 받아 마시기를 마치면, 사옹원 관원은 나아가 서서 빈 잔을 받는다. 정사가 읍하면 위수 종친은 읍하여 답례한다.

⑦ 사옹원 관원이 잔에 술을 받아 위수 종친에게 서서 올리면, 위수 종친이 부사 앞으로 나아가 예를 행하고, 또 모든 종친에게 나아가 예를 행하는 것은 모두 앞의 의례와 같이 한다.

⑧ 이 의례를 마치면 사옹원 관원은 잔에 술을 받아 서서 위수 종친에게 올린다. 위수 종친은 잔을 받아 정사에게 읍하고 술을 올린다. 혹 때에 따라 정사가 행하기로 한다. 정사는 읍하여 답례하고 잔을 들어 마시기를 마치면 사옹원 관원은 나아가 서서 빈 잔을 받는다. 정사가 읍하면 위수 종친은 읍하여 답례한다.

⑨ 사자가 좌석에 앉으면 종친도 좌석에 앉는다. 악(樂)이 그친다.

첫 번째 잔에 다시 술을 담은 위수종친은 이를 정사에게 권한다. 물론 세부적인 절차는 첫 잔을 이용하여 처음 술을 권하는 방식과 동일하게 진행된다. 상호 읍례를 주고받는 복잡하고 번거로운 의식이 시행된다. 드디어 이런 절차가 부사(副使)를 대상으로도 진행되는데, 동일한 방식으로 부사에게 술을 권하여, 의례의 중심 자리에 부사가 자리하도록 설정된다. 이런 과정을 거쳐서 첫 잔을 이용한 권주의 의식이 진행되는데, ⑧에는 선택이 가능한 절차가 구성되어 있다.

첫 잔을 이용해서 세 번째 술을 권하는 절차가 진행되는데, 이 경우에는 먼저 권하는 주체가 위수종친일 수도 있고, 정사일 수도 있도록 구성되었다. 아마도 실제의 연례(宴禮)에서 중국측이 나서서 자신이 먼저 술을 권하는 경우가 있었고, 이를 반영하여 절차를 구성했을 것으로 추정된다. 어느 쪽에서 먼저 술을 권하던 첫 잔을 사용하는 권주의 세부적인 과정은 동일하게 진행된다. 이러한 모든 과정이 종료되면, 비로소 사신과 종친들이 자리에 앉게 되고, 이를 신호로 음악도 멈추게 된다. 첫 번째 잔을 이용한 권주의 절차는 상호 3회 정도 술잔을 비우게 되면, 종료되는 것으로 설정되어 있다. 권주의 절차에 이어 준비된 음식을 먹는 순서가 진행된다. 첫 잔을 들었기 때문에 본격적인 잔치의 절차가 진행되는 것이다.

사옹원 관원 두 사람이 찬탁을 맞들어 올리려 할 때 악(樂)이 연주된다. 위수 종친은 정사 앞으로 나아가 찬탁(饌卓)을 올린다. 모든 종친이 따른다. 사옹원 관원은 올리는 일을 돕는다. 정사가 읍하면 종친은 읍하여 답례하고 부사 앞으로 나아가 찬탁을 올리는 것은 앞의 의식과 같이 한다. 사자 및 종친의 과탁(果卓)은 미리 예빈시가 좌석 앞에 놓아 두고, 종친의 과탁에는 찬을 겸하여 놓는다. 사자가 좌석에 앉고 종친도 좌석에 앉는다. 악(樂)이 그친다.

집사자가 각기 화반을 받들어 청 밖에 이르면 악(樂)이 연주된다. (집사자가) 앞으로 나누어 나아가는데, 통사가 꽃을 올린다. 또 집사자는 화반을 받들고 나누어 나아가 종친 앞에서 꽃을 올린다. 통사와 집사자는 한 때에 올린다. 악(樂)이 그친다.

음식은 찬탁(饌卓)에 담은 채로 제공된다. 사옹원 관원이 음식을 담은 탁자를 들어서 사신에게 제공하는데, 형식으로는 위수종친을 포함한 전체 종친이 주는 것으로 구성되어 있다. 음식이 제공되는 모든 절차 중에도 역시 음악이 연주된다. 위수종친이 사옹원 관원의 도움을 받아 음식을 담은 탁자를 먼저 정사에게 제공한다. 이 절차가 진행되는 동안 참석한 모든 종친이 동시에 움직여서, 종친 전체가 음식을 제공하는 행위를 연출하게 된다. 동일한 절차가 부사를 위해서도 진행된다. 정사와 부사에게 각각 별도의 잔치 상이 제공되는 것이다. 별도의 잔치 상을 준비하는 점에서 참석한 종친과 구분을 두고 있다.

찬탁과는 별도로 과탁(果卓)이 제공되는데, 과탁은 담당 관원이 직접 정사와 부사, 종친들에게 내놓는다. 과탁은 참석자의 해당 위치에 놓게 되는데, 종친은 찬탁을 겸하여 사용한다. 즉 정사와 부사는 찬탁과 과탁, 두 개의 상을 받는데 비하여 종친은 찬탁과 과탁을 겸한 하나의 상을 받게 되어 있었다. 이렇게 잔치상이 제공되는 절차가 종료되면, 모든 참석자가 다시 자리에 앉게 되고, 음악도 이와 함께 그친다.

이어서 꽃이 제공되어 잔치에 화려함을 더하게 되는데, 정사와 부사에게 꽃을 담은 반(盤)을 제공하고, 참석한 종친 각자에게도 꽃을 올린다. 역시 이 절차가 진행되는 동안 음악이 연주되고, 절차가 종료되면 중지되는 원칙은 동일하게 적용된다.

첫 번째 잔을 사용하여 권주하는 절차는 단순히 술을 마시는 순서만 있는 것이 아니라 서로 여러 잔의 술을 권하여 마시면서, 음식을 제공하고 꽃을 더하는 순서로 진행되어 연회의 분위기를 최고조로 상승시키는 시간이 된다. 이러한 과정을 통해 흥겨운 분위기가 조성되면, 둘째 잔을 이용한 절차가 진행된다.

(2) 둘째 잔을 이용한 권주와 소선 제공

둘째 잔을 이용한 권주의 절차에는 이에 병행하여 육선의 제공이 시작된다. 또한 음식을 제공받는 대상이 단계적으로 확대되게 된다. 구체적인 절차는 다음과 같다.

① 차종친(次宗親)이 제이잔주(第二盞酒)를 올리는데 제일잔주(第一盞酒)를 올릴 때의 의식과 같이 한다. 정청 안의 두목(頭目)에게 주과(酒果)를, 그 나머지 두목은 별청에서 대접한다.

② 제이잔주를 돌린 뒤에는 종친이 차서대로 술을 돌린다.

③ 사옹원 관원은 공탁(空卓)을 사자의 찬탁(饌卓) 오른쪽에 각각 놓고 집사자는 공탁을 종친의 찬탁 오른쪽에 각각 놓는다.

④ 사옹원 관원 두 사람이 각기 소선(小饍)을 받들어 매 위(位)마다 두 사람이 받든다. 올리려 하면 악(樂)이 연주된다. 위수 종친은 정사 앞으로 나아가 소선을 올리는데 모든 종친이 따른다, 사옹원 관원이 올리는 일을 돕는다. 정사가 읍하면 종친은 읍하여 답례한다. 부사 앞으로 나아가 소선을 올리는 것도 앞의 의식과 같이 한다.

⑤ 이를 마치면 종친은 돌아와 좌석 앞에 선다. 집사자가 각기 소선을 받들어 올리면 정사는 종친 앞에 나아가 소선을 올리는데 부사가 따른다 집사자는 올리는 일을 돕는다. 종친이 읍하면 사자는 읍하여 답례한다. (사자가) 좌석에 앉으면 종친도 좌석에 앉는다.

⑥ 사옹원 관원은 사자 앞으로 나누어 나아가 서서 고기를 썰고, 집사

자는 종친 앞으로 나누어 나아가 서서 고기를 썬다. 들기를 마치면
악(樂)은 그친다.

둘째 잔은 위수종친에 이어 다음 서열의 종친이 나서서 절차를 주관
한다. 역시 정사와 부사에 술을 권하고, 이런 과정에서 각종의 행례가
수반되는 것은 첫째 잔을 권하는 절차와 동일하다. 이어서 진행되는 권
주는 종친의 서열에 따라 시행되는데, 통상 7번째 잔까지 사용되는 것
으로 설정되어 있다.

둘째 잔을 이용한 권주의 과정에서는 소선(小膳)이 제공된다. 한편
정사와 부사를 수행한 관원 중에서 정청에 위치한 상급의 두목에게는
이 절차에서 술과 음식이 제공된다. 하급의 두목은 별청에 자리 잡고
있는데, 역시 이 시점에서 잔치 상이 준비된다. 첫째 잔으로 정사와 부
사에게 권주를 진행하는 과정에서 찬탁과 과탁이 제공되어 있고, 탁자
에는 꽃장식이 추가된 상태이다. 두 번째 잔으로 권주할 때는 다시 빈
탁자를 추가하게 된다. 종친이 소선을 제공하게 되는데, 역시 실제로
소선을 들고 옮기는 일은 담당자가 진행하지만, 이 과정에서 종친이 같
이 움직이면서, 음식을 제공하는 주관자로서의 위치를 상징하게 된다.

(3) 셋째 잔을 이용한 권주와 대선 제공

셋째 잔을 이용하는 권주에서는 조선 측 참석자에 대한 음식 제공이
진행되고, 대선(大膳)이 제공되는 추가 절차가 더해진다. 단계 별로 의식
의 참여자 범위를 넓혀가고 있는데, 셋째 잔 이후의 절차에서 비로소 행
사장에 참석한 모든 사람에게 잔치 참여자로서 음식이 제공되어 점차 경
직된 의례의 형식에서 부드러운 연회로서의 분위기가 조성되게 된다.

① 제 삼잔주(第三盞酒)를 올리는 의례도 앞의 의식과 같이 한다.

② 사옹원 관원이 각기 탕을 받들고 올리려 하면 악(樂)이 연주된다. (사옹원 관원이) 사자 앞으로 나누어 나아가 서서 올린다. 집사자는 각기 탕을 받들고 종친 앞에 나누어 나아가 서서 올린다. 들기를 마치면 악(樂)은 그친다. 가자(歌者) 등에게도 궤한다.

③ 술을 일곱 번을 돌리는데 매번 술을 돌린 뒤에는 탕을 올린다 모두 앞 의식과 같이 한다.

④ 대선(大饍)을 올리는 의례는 소선을 올리는 의례와 같이 한다 다만 고기를 썰지는 아니한다.

⑤ 사옹원 관원 및 집사자는 각각 과반을 받들고 매 위(位)에 나누어 나아가 서서 과반을 올리려 하면 악(樂)이 연주된다. 위수 종친이 술을 돌리는 것은 제일잔(第一盞)을 올릴 때의 의식과 같이 한다 다만 술을 권청하지는 아니한다. 술 돌리는 일을 마치면 악(樂)은 그친다.

⑥ 종친과 사자는 읍하고 나간다.

세 번째 이하의 잔을 사용하는 의식은 일반적인 규정에 적용을 받는 것으로 언급하고 있고(①), 이러한 방식의 권주가 일곱 번 이루어진다는 것(③)도 분명하게 기술하고 있다. 세 번째 잔 이하에서는 탕이 제공되는데, 여기서 주목되는 사실은 노래하는 사람에게도 동일하게 제공된다는 점을 기술한 것이다. 이 시점에서 회례에 참석한 모든 사람에게 음식물이 제공되는 것으로 추정된다. 대선(大膳)이 제공되는데, 소선을 고기를 썰어서 제공한다는 점과 비교할 때, 직접 시식의 대상은 아니고, 풍성하게 준비된 잔치 음식을 상징하는 기능이 강한 것으로 보인다.

이 지점까지는 의례로서의 성격이 강하게 작용하는 예연(禮宴)의 면모가 강조된 것이라면, 이하에서는 좀더 자유롭게 권주하는 절차를 부기하고 있다. 음악이 연주되는 가운데 과반이 제공되고, 술을 권하는 절차가 진행되는데, 술잔을 받는 경우에도 권하는 사람이 의무적으로 다시 마셔야 되는 과정은 생략하도록 설정하고 있다. 이러한 일련의 과정이 종료되면, 전체 의식이 마무리된다.

종친 주관의 연례 의주가 별도로 존재한다는 것이 중요하다. 이것은 종친이 중국 사신을 위해 잔치를 주관할 수 있는 공식적인 존재이며, 그러한 위상을 가지고 있다는 의미이다. 종친은 중국 사신에 대해 국왕, 혹은 왕세자에 준하여 잔치를 진행할 수 있다. 물론 지위가 다르기 때문에, 상응하는 절차상의 강쇄가 적용되고 있지만, 공식적으로 중국 사신을 응대할 수 있는 신분적 위상을 갖고 있는 것이다. 종친 주관의 연례를 통해, 국왕의 혈족으로서 종친은 일반 관원과 차원이 다른 위상을 갖고 있다는 사실이 확인되는 것이다. 물론 종친이라는 지위는 국왕으로부터 파생된 것이므로, 이러한 특별한 지위 부여는 국왕이 조선 왕조 질서의 기준임을 명확히 한다는 점은 부연할 필요가 없다.

5장

종친의 일생의례와 관리 기관

1. 종친의 교육과 입학 의례

1) 종학의 설치와 교육 규정

세종은 종학(宗學)을 설치하였다. 1428년(세종 10) 7월 종학(宗學)의 설립을 알리는 기사는 다음과 같이 나타난다.

'처음으로 종학(宗學)을 세워, 대군(大君) 이하 종실(宗室)의 자제(子弟)들로 하여금 나아가서 배우게 하였다.'

이때 설립된 종학은 왕의 친족의 교육을 담당하는 유교 이념의 강화에 따라 강화된 교육 정책의 일환으로 이루어진 것으로 생각할 수 있다. 서울을 비롯 전국적인 단위로 관학(官學)이 확장돼 온 연장선상에서 유교 교육의 대상에서 소외되었던 국왕의 친족에까지 유교적 이념에 입각한 교육의 영향력이 미치게 되었던 것이다. 설립 이듬해인 1429년 9월 세종은 종학을 예조(禮曹)의 통섭을 받도록 하였다. 그리고 종학을 성균관과 마찬가지로 종친이 기숙하면서 독서하게 하는 운영 방안도 검토하였다.

예조 판서 신상(申商)은 "지금 종학(宗學)에 취학(就學)하는 종친(宗親)들을 성균관의 여러 생도가 거재(居齋)하는 예(例)에 따라 기숙(寄宿)하고 독서(讀書)하게 하소서."하며 종친을 종학에 기숙시키는 안을 제안하였다. 이에 대해서 국왕은 "마땅히 부모들의 의사에 좇아 시행해야 할 것이며, 경녕군(敬寧君) 이하 여덟 살 이상인 사람은 다 취학(就學)하게 하고 그들에 대한 뒷받침은 일체 〈성균관 생도의〉 거재(居齋)하는 예에 따르게 할 것이며, 만약 어린 아이라면 차츰차츰 가르치도록 하여야 한다. 성인(聖人)이 말하기를, '아침에 도(道)를 들으면 저녁 때에 죽어도 좋다.'고 하였다. 비록 크게 통달하지는 못하더라도 날마다 착한 말을 듣는 것은 또한 다행한 일이 아니겠는가. 그들이 〈종학 안에〉 기숙(寄宿)할 것인가 아니할 것인가와, 서얼(庶孽)도 입학시킬 것인가 아니할 것인가와, 의관(衣冠)의 제도는 어떻게 할 것인가를 모두 의논(議論)하여 아뢰라."고 지시하였다.

종학이 설립되기는 하였지만, 종친 중에 종학에 입학하는 범주도 아직 확정하지 못했고, 복장이나 종학에서의 수학 원칙도 마련하지 않은 상태에서 종학의 설립을 서둘렀던 것이다. 이런 논의 과정에서 종친에게 벼슬 유무에 상관없이 유관(儒冠)을 쓰게 하는 방안도 검토되었다. 결론은 종친은 각 벼슬의 등급에 따라 해당 복장을 갖추고 품계가 없는 사람만 학생복을 입도록 하는 것이었다. 1430년(세종 12) 종학의 의식이 마련되었는데, 이 의식은 종학의 운영과 관련한 논의가 일단락되었음을 의미하는 것이었다. 예조에서 정비한 종학 운영 규정은 다음과 같다.

1. 종친(宗親)은 날마다 해가 돋으면 모이고, 신시(申時)가 되면 파하는데 그 출석하고 아니하였음을 상고하여 10일마다 한 차례씩 위에 아뢰게 할 것.
1. 강고(講鼓)소리가 울리면 각기 읽은 바의 글을 돌려가며 청강(聽講)하게 할 것.
1. 각 재(齋)의 종친(宗親)은 행례(行禮)와 청강(聽講)과 문의(問疑)를 제외하고는 각기 본재(本齋)에서 차서대로 단정히 앉아서 학업을 익히고 떠들면서 드나들지 말 것.
1. 날마다 글을 배울 때에는 반드시 외게 되기까지 전에 수업한 것을 명백히 이해한 뒤에 다시 아랫글[後段]을 수업(授業)하게 하고, 그 읽기를 마치고 나면 또한 이와 같이 할 것.
1. 그 읽는 글에 따라서 날마다 치부(置簿)하되, 그 통하고 통하지 못한 것을 기록하여 10일마다 한 번씩 위에 아뢰게 할 것.
1. 날마다 앞서 다섯 번 배운 것을 이어 통독(通讀)하고, 첨대[栍]를 뽑아서 읽는 것을 고사(考査)하여, 그 능하고 능하지 못한 것을 기록하여 월말에 가서 위에 아뢸 것.
1. 날마다 글 읽는 여가에 글씨 쓰는 것을 겸하여 익히게 할 것.
1. 종친(宗親)은 모름지기 교관(教官)과 종부시(宗簿寺)의 결의(決議)한 바를 듣고서야 재(齋)에서 나가는 것을 허가하되, 어떤 사고를 핑계하여 거짓으로 고하지 못하게 할 것.
1. 종친(宗親)들 중에서 유사(有司)를 선정(選定)하여 엄하게 규찰(糾察)하게 하여, 만일에 허물이 있으면 즉시 교관(教官)과 종부시(宗簿寺)에 고하게 할 것.
1. 종친(宗親)이 아무 이유 없이 배우지 않거나, 혹은 예의에 어긋나는 일이 있으면, 그 과실을 기록하여 때때로 위에 아뢸 것.

1. 입학(入學) 중에는 근수(根隨)를 1인에 지나지 못하게 하되, 3품(品) 이하의 종친은 근수를 데리고 들어가지 못하게 할 것.

1. 종친(宗親)과 부마(駙馬)는 복종(僕從)을 모두 제군부(諸君府)에 두되, 문 밖에서 떠들거나 희롱질하지 못하게 하고, 이를 범한 자는 죄로 다스릴 것.

1. 외인(外人)은 함부로 출입하지 못하게 하되, 만약 범하는 자가 있으면 관직이 있는 사람은 그의 노자(奴子)를 가두고, 관직이 없는 사람과 상인(常人)은 그 본인(本人)을 가두게 할 것입니다.

종학 규정은 수업의 진행과 관련된 것은 아니고, 종학에 참석할 때 종친에게 적용되는 원칙에 대한 규정이었다. 종친은 해가 뜬 후 종학에 나아가서 신시가 될 때까지 종학에서 학습해야 하며, 학습하는 장소에서의 태도와 수행 가능한 인원 등을 규정하고 있고, 아울러 종학에서의 학습 진행 방식과 점검 등에 대해서도 세세하게 언급하고 있다. 종학과 종부시가 역할을 나누어 종친의 종학에서의 학습 상황을 점검하며, 이를 정해진 원칙에 의해 국왕에게 보고하도록 하고 있다.

종학에 적용되는 원칙은 종친의 신분을 배려하면서도 그 기본적인 사항은 성균관의 운영 방식을 모델로 하고 있다. 따라서 종학을 종친에 대한 유교적 이념 교육과 가치관을 확립하는 제도적 장치라고 해서 아주 틀린 것은 아니다. 그러나 국왕의 친족이라는 종친의 속성상 종학의 설치는 단순히 교육적 측면만으로 한정하여 이해할 수는 없다.

종학을 설치한 보다 직접적인 이유는 정치권에서 소외되어 잦은 범법 행위를 벌이는 종친의 비행을 사전에 방지하기 위한 것이었다. 정치권에서 소외된 불만으로 인해 종친이 범법 행위를 벌여 자주 물의를 일으키자 이들을 통제하기 위한 치죄 담당 관서를 마련하고 또 다른 한편으로 교육을 통해 기존의 통치질서에 순응시켜 범죄의 발생을 원천적으로 차단하고자 하는 의도가 있었던 것이다.

종부시(宗簿寺)는 종친들의 비위 행위가 반복되고, 이에 대한 처벌을 일반 사법기구에서 담당할 수 없는 상황에서 이를 전담하기 위한 기구로 발족되었다. 사헌부를 대신하여 종부시를 설치하여 종친의 규찰을 담당하게 함으로써 왕실 권위의 손상을 막고자 의도하였던 것이다. 이와 함께 종친을 보다 효율적으로 통제하여 범법 행위 자체를 미연에 차단하고자 하는 목적으로 설치된 것이 종학(宗學)이었다.

처음부터 교육적 목적 이외의 복합적 요소를 고려하여 종학이 설치되었기 때문에 여러 가지 문제가 발생하게 되었다. 종친들이 종학에 참석하는 것을 기피하는 현상은 말할 것도 없고, 종학에 참석해서도 끊임없는 소란과 면학 분위기를 저해하는 각종의 사건들이 빈번하게 발생하였고, 종학 자체에서 이를 규제할 수 있는 수단도 마땅하지 않았다.

통상 관학의 설치와 운영은 관직에의 진출에 필요한 유교적 소양을 교육하기 위한 것이었고, 이 과정에서 자연스럽게 유교적 이념이 확산되고, 유교 이념의 확산이 또한 정권의 안정에 도움이 되도록 목적된 것이었다. 반면에 국왕의 친족으로서 종친은 일반 양반의 관직에 진출할 수는 없었다. 그들의 교육은 처음부터 분명한 목적을 지향하기 어려운 것이었다

<표 1> 종학 관원 구성의 변천

	종3	정4	종4	종5	정6	종6	비고
1429년 (세종11)	교수관		교수관	교수관		교수관	정원4인, 임명2인
1430년 (세종12)	박사 (사성)		박사 (사예)	박사 (직강)		박사 (주부)	성균관 동일 관품에서 겸임

1433년 (세종15)	박사	박사	박사	박사		박사	2인 증원 겸직운영
1436년 (세종18)	박사	박사	박사	박사		박사	집현전 2인 겸직 (총 8인)
1443년 (세종25)	박사	박사	박사	박사		박사	종학관 4인 추가
1446년 (세종28)	박사 (사성)		박사 (사예2)	박사 (직강2)		박사 (주부3)	종학박사 8인
1466년 (세조12)		도선		전훈	사회2		전임관, 겸직 폐지
1469년 (예종 1)		도선 (사성)		전훈 (직강)	사회2 (전적)		성균관 겸임
경국대전		도선 (사성)		전훈 (직강)	사회2 (전적)		성균관 겸임

1429년(세종11) 2월 처음 종학의 관원은 교수관(敎授官)으로 3, 4, 5, 6품에 한 자리를 마련하였다. 통상의 예에 의해 관직은 종품(從品)으로 배정되었는데, 모두 네 자리를 정원으로 규정하고 있지만, 실제는 두 사람만 두도록 고려되었다. 그런데 이듬해 정월 종학의 입학 의식이 규정되었는데, 이때는 3품에서 6품까지 모든 종학 교수관이 있는 것으로 설정하여 의식을 규정하였다. 종학에 별도의 관원을 증설하는 방안은 당시에 수용하기 어렵다고 판단하였던 것으로 보인다. 1430년 3월 종학의 관원은 관품에 상관없이 모두 박사(博士)로 지칭하기로 하면서 성균관에 각 관품에 해당되는 정원을 한 사람씩 증원하고, 증원한 인원을 종학에 배정하기로 결정하였다. 전임 관서로 존재하면, 전임의 수관(首官)이 필요하고, 관서를 운영하기 위한 제반 조처가 수반돼야 하기 때문에 겸임관으로 종학을 운영하기로 결정한 것으로 추정된다. 이렇게 해서 종학은 3품에서 6품까지의 겸직 관원을 두는 방식으로 운영되는 일반 규정이 정비되었다. 성균관의 관원을 증설하여 이를 종학에 배정하는 방식인데, 이는 세조 때 일시적으로 전임관제를 운영한 시기를 제

외하면, 종학에 관원을 배정하는 원칙이 되었다.

종학의 기능이 활성화되면서 종학에 배치되는 관원은 증원되었다. 1433년(세종 15) 종학에서 공부하는 종친이 증가되었기 때문에 두 사람의 관원을 더 배치하였는데, 역시 겸직으로 정원을 배정하였다. 다시 1436년(세종 18) 집현전 관원 네 사람을 겸직으로 종친의 교육을 담당하도록 배정하였는데, 이중에 두 관원을 종학에 배치하였다. 이때의 증원은 한시적인 조처로 상시적인 정원 배정이 아니었던 것 같다. 1443년(세종 25)에 종학의 관원을 네 사람 더 설치하도록 제도화하였다. 그 사이에 종친의 숫자가 특별히 변동이 있었던 것은 아니므로, 네 사람을 증원하여 여덟 명의 관원으로 운영되던 종학의 정원을 제도적으로 규정한 것이 1443년의 결정으로 판단된다. 즉, 일시적으로 종학의 관원을 증원하여 운영하다가 증원된 인원을 제도적으로 추인한 것이었다.

종학의 정원을 8명으로 운영하면서도 전체 관원을 겸직으로 운영했기 때문에 종학은 사실상 성균관에 의해 통제받고 있었다. 성균관의 평가 조직에 의해 관원의 근무가 평가되기 때문이다. 이런 문제를 보완하기 위해 세조는 전면적인 관제 개혁을 시도하면서, 종학의 관원을 전임 관원으로 전환하였다. 이때 최고 관원을 관품을 정4품인 도선(導善)으로 하였고, 종5품의 전훈(典訓)을 한 사람, 정6품의 사회(司誨)를 두 사람 두는 것으로 결정하였다. 종친직제의 최하한이 정6품이었기 때문에 종학의 관원도 이에 맞추어 하위직의 관원을 한 단계 상향하였지만, 반면에 최고위 관원은 정4품으로 한 단계 하향하는 조처였다.

이에 대해서 1469년(예종1) 한명회는 도선의 지위가 너무 낮다는 이유로 3품 관원인 성균관의 사성(司成)이 겸하고, 전훈과 사회도 성균관의 관원이 겸임하도록 건의하였다. 이러한 건의가 수용되었고, 이때의 결정이 『경국대전(經國大典)』에 반영되어 종학의 법제가 완성되게 되었다. 대체로 종학은 성균관의 관원이 겸임하는 원칙이 창설 초기부터 준수되었다는 점에서 유교적 이념 교육의 범주에서 종학 교육이 계획되었던 것은 틀림없는 사실인 것으로 보인다. 그러나 성균관이 향후의 관직 진출을 위한 준비 기관으로서도 기능했다는 점에서 종학과는 근본적인 차이가 있었다. 종학은 처음부터 종친 관직을 받은 사람들이 수학하는 교육 기관이었고, 종친의 관직은 근무를 통해 정례적이고 규칙적으로 승작하는 것이 처음부터 불가능한 성격이었다. 이런 점에서 종학의 교육은 목표나 목적의식을 교육 참여자에게 독려하는 것이 쉽지 않은 구조적인 한계를 지니고 있었다.

종친 직제가 점차 정비되면서 종친에게는 자동으로 종친직이 제수되었다. 종친직은 일정한 사수(仕數)를 채우면 자급(資級)이 올라가는 일반 관계 제도와 달리 승계를 위한 규정이 마련되어 있지 않았다. 따라서 종학은 통제의 수단으로서의 의미가 훨씬 강한 기구였다. 종학 참석자들에게 특별한 동기의 부여가 유발될 수단이 없었기 때문이다.

1443년(세종 25) 만들어진 종학 운영의 규정은 국왕의 지시에 의한 것인데, '종친들이 정액(定額)의 경서(經書)를 다 읽은 뒤에 매양 사철의 첫달[四孟朔]을 당하면 교관(敎官)이 일제히 모여서 1서(書)마다 다섯 곳을 강(講)하게 하여, 모두 약통(略通) 이상인 자는 마땅히 방학(放學)하는 것을 허락하고, 매서(每書)에 다섯 곳 내에서 조통(粗通)한 자도 역시 방학하게 하라'는 것이었다. 종학의 제도에서 학습 의욕을 유발하는 동기가 방학을 위한 것이었다. 문종은 이를 보완하여 1451년(문종1) '정액의 경서 읽기를 마친 종친에게는 고강하는 법을 사맹월(四孟月)에 구애하지 말고, 그 자원에 따라 모여서 고강하며, 이미 회강(會講)을 거쳐, '조'가 둘 이상인 경서(經書)는 다시 강하지 말고 '조'가 셋인 것과 '불통'이 하나인 경서는 모름지기 다시 고강(考講)하게 하여, 정액의 경서를 다 마친 뒤에 방학을 허락하게' 법규를 조정하였지만, 기본적인 방식은 동일하였다.

1469년(예종1) 작성된 종친의 규찰 조목의 제 1항은 '종부시 제조(宗簿寺提調)와 종학관(宗學官)은 매달 문(文)을 닦는 종친에게 《사서(四書)》 《오경(五經)》·사학(史學)·《무경(武經)》·《병요(兵要)》 중 한 책에서 세 곳을 강(講)하여, 4계월(季月)에 통(通)·불통(不通)을 기록하여 아뢰도록 하는 것'이었다. 종학에서의 공부는 종친에 대한 규찰의 수단으로까지 인식되고 있었던 것이다.

성종은 종친 비리 행위의 원인을 무지 때문이라 이해하고, 이를 해결하기 위해서 관직을 부여하는 권장 사항을 고려한 바가 있다. 1484년(성종15) 12월 성종은 "종친(宗親)들에게도 한결같이 유생(儒生)의 예에 따라 식년(式年) 때마다 강경(講經)·제술(製述)을 시켜 그 재능을 시험하여서 합격한 자에게는 연회를 베풀어 주어 격려가 되게 하고자 한다. 그 절목(節目)을 의논하여 아뢰라."고 하였다. 승정원에서 해당 절목을 작성하였는데, 다음과 같은 내용이다.

1. 식년(式年)에는 문과(文科)나 무과(武科)와 같이 초장(初場)에는 《사서(四書)》·《삼경(三經)》을 강(講)하여 조(粗) 이상을 뽑고, 그 밖에 이경(二經)과 제자(諸子)나 《사기(史記)》를 강하고자 원하는 자는 《시경(詩經)》·《서경(書經)》을 들은 다음에 임문(臨文)하게 할 것.
1. 중장(中場)에서는 부(賦)·잠(箴)·송(頌) 중에서 2편(篇)을 시험하고, 종장(終場)에서는 대책(對策)·논(論)·서(序)·기(記) 중에서 1편 이상

을 시험하되, 점수를 주는 것은 문과나 무과와 같으며, 3장(場)을 통계(通計)하여 4명을 뽑는데, 1등 1명, 2등 1명, 3등 2명으로 할 것.

1. 1등 한 사람에게는 연회(宴會)를 베풀어 주어 경하(慶賀)하되, 동시에 선발된 자는 모두 참여시키고, 다른 종친으로서 임시 취품(取稟)한 자도 참여하게 할 것.

1. 3장(場)을 모두 궐내(闕內)에서 시취(試取)할 것.

1. 시관(試官)은 문과나 무과의 전시(殿試)의 예에 따를 것.

1. 책을 끼고 들어가는 것과 글을 바꾸는 것을 조사하는 등의 일은 일체 문과의 예에 따를 것.

1. 이름을 기록하고 대궐 문에 들어오는 것 등의 일은 종부시(宗簿寺)에서 이를 담당할 것.

1. 명선(明善) 이하에게 응시하게 할 것.

1. 1등은 세 품계(品階)를 올려 주고, 명선(明善) 이상의 품계로서 마땅히 주어야 할 자에게는 한 품계만 더하고, 2등은 두 품계, 3등은 한 품계를 더하며, 명선 이상의 품계로서 마땅히 주어야 할 자에게는 품계에 따라 대가(代加)할 것.

1. 시관(試官)은 은문(恩門)이라고 일컫지 않고 스스로 시관에게 문생(門生)이라고도 하지 않으며, 문과나 무과를 본 사람과 동년(同年)이라고 일컫지 못하게 할 것.

당시의 절목은 일부 관원의 반대가 있었지만, 한명회 등이 찬성하였고, 법제로 집행되도록 선언되었다. 종학에서의 학습 수준을 평가하고 그 결과에 따라 승품할 수 있게 하는 제도이다. 물론 승품에 따라 별도의 관직을 제수하는 것은 아니고, 종친 관품을 승품시키고, 그에 준하여 종친직을 승직하게 하는 제도였다. 이미『경국대전』이 선포된 뒤의 사항이라 법전에는 해당 내용은 수록되어 있지 않다. 그러나 이후 연산군 대를 거치면서 종학(宗學) 운영 자체가 정상적으로 이루어지지 않았기 때문에 해당 절목은 유명무실하게 되었다.

『경국대전』 예전 장권(獎勸)조에 규정된 종학 관련 규정의 조문은
다음과 같다.

종친(宗親)은 15세가 되면 종학에 들어가 공부를 하게 하되 매일 이
미 읽은 책 중에서 추첨(抽籤)하여 강을 받게 하며 통·불통을 기록하
여[송(誦)도 같다.]매월 말에 왕에게 보고한다. 또 매월 추첨하여 이미
읽은 책을 강하는데 다섯 차례의 강에서 세 번 불통(不通)인 경우에는
벌을 준다. 이유없이 종학에 나가지 않은 경우와 규례를 어기고 금령
을 범한 경우에는 종부시(宗簿寺)에서 과오를 기록하였다가 매 계절
의 마지막 달에 왕에게 보고하여 벌을 준다. 나이가 40이 차고 소학(小
學)과 사서(四書), 경(經) 하나에 통(通)을 받은 경우와 비록 40이 차지
않았으나 소학과 사서, 경 두 종류 이상에 통을 받은 경우[종부시 제조
(提調)가 종학의 관원과 함께 매 책마다 세 곳을 강하게 하여 2조(粗) 1
약(略) 이상인 경우], 나이가 50이 찬 경우는 모두 종학에 나오는 것을
면제한다.
　경서 중 전강(殿講)에서 약(略) 이상의 성적으로 합격한 자는 장부
에 기록하여 두고 연말에 왕에게 보고하여 장려한다.
　해마다 6월·7월·11월·12월은 방학한다. [매월 초1일, 초8일, 15
일, 23일은 휴가를 준다.]

종학은 15세에 출석하도록 규정하고 있고, 나이가 50이 될 때까지
출석하도록 되어 있다. 종친은 일생을 두고 종학에 출석하고 유교 경전
을 학습해야 하는 의무가 있었다. 더구나 그 출석은 일년을 두고 매일
하는 것을 원칙으로 하였고, 정해진 기간에만 방학이 허용되었다. 더구
나 이들의 종학에서의 생활은 국왕에게 보고되도록 되어 있었다. 반면
에 그에 상응하는 반대 급부가 거의 없었기 때문에 종친의 입장에서 종
학은 의욕적으로 참석할 수 있는 공간이나 제도는 아니었다.

2) 입학 의례와 학습 실태

종학의 입학 의식이 처음 제정된 것은 1430년(세종 12) 정월의 일이었다. 당시의 의식은 최초의 입학 의식과 종학에서의 일상의 의식으로 구분하여 제정되었다. 당시의 의식을 제시하면 다음과 같다.

<종친의 입학 의식>

종친은 학생복을 입고 종학(宗學) 문 밖에 이르고, 폐백으로 속백(束帛)을 한 광주리에 한 필, 술은 한 병에 두 말, 육포(肉脯)는 한 상에 세 정(脡)을 차린다. 상자(相者)가 종친을 인도하여 문 동쪽에 서향하여 서게 하고, 폐백 광주리와 술병, 육포 상을 종친의 서남쪽에 진설(陳設)하되, 바로 문 앞에 북향하여 겹줄로 놓되 서쪽을 윗자리로 한다.

교관(敎官)이 공복(公服)을 갖추어 입는다.

집사자(執事者)가 인도하여 학당(學堂)의 동쪽 섬돌 위에 서향하여 서게 하면, 전명(傳命)하는 사람이 문 서쪽에 동향하여 서서 말하기를, '행사하기를 청하나이다.' 하면, 종친이 조금 나아와서 말하기를, '아무가 지금 선생님에게 수업(受業)하고자 하여 뵙기를 청하나이다.' 한다. 전명하는 사람이 들어가서 이 말을 고하면, 교관(敎官)이 말하기를, '아무는 덕이 없사오니 종친은 욕되게 하지 마시기를 청하나이다.' 한다. 전명하는 사람이 나와서 종친에게 고하면, 종친은 굳이 청한다. 교관이 말하기를, '아무가 덕이 없으니, 종친께서 자리에 나아가려면 아무가 감히 뵙겠습니다.' 하고, 전명하는 사람이 나와서 고한다. 그러면 종친이 말하기를, '아무는 감히 빈객(賓客)을 대할 수 없사오니 마침내 뵙도록 허락하여 주십시오.' 한다. 전명하는 사람이 들어가서 이 뜻을 고하면, 교관이 말하기를, '아무가 사양하여도 듣지 아니하시니 감히 따르지 않을 수 있겠습니까.' 한다.

전명하는 사람이 나가서 이 말을 고하면, 폐백 광주리를 잡은 사람이 광주리를 가지고 동향하여 종친에게 주고, 종친은 광주리를 받아 든다. 교관이 동쪽 섬돌 아래로 내려와서 서향하여 서면, 상자(相者)가 종친을 인도하고, 집사자(執事者)는 술병과 육포 상을 받들고 따른다.

종친이 문에 들어가서 왼쪽으로 서쪽 섬돌의 남쪽에 나아가서 동향하여 서고, 술과 육포를 받든 사람은 종친의 서남쪽에 서되, 동향하여 북쪽을 윗자리로 한다. 종친이 꿇어앉아서 폐백 광주리를 드리고 재배하면 교관도 답하여 재배한다. 이때에 종친은 돌아서서 피하고 이내 나아가서 꿇어앉아 광주리를 든다. 상자가 종친을 인도하여 교관 앞에 나아가 동향하여 폐백을 바치고, 술병과 육포 상을 받든 사람도 따라서 교관 앞에 드린다. 교관이 폐백을 받으면 집사자가 술·육포·폐백을 받아 가지고 동쪽으로 선다. 상자가 종친을 인도하여 섬돌 중간에 남쪽 가까이 북향하여 서게 한다. 술과 육포를 받든 사람이 나가고, 종친이 재배하고 나면 상자가 종친을 인도하여 나간다.

<종학(宗學)에서의 일상 의식>

　　3, 4품의 교관은 정청(政廳)의 북쪽 벽에 앉고, 5, 6품의 교관은 동쪽 벽에 앉으며, 영접하고 전송하며, 절하고 읍(揖)하는 것은 이미 정해진 예식대로 한다. 교관이 자리에 앉고 나면, 종친은 교관 앞에 나아가서 【2품 이상이 한 줄, 3품 이하가 한 줄, 작(爵)이 없는 사람이 한 줄이 된다.】 돈수재배(頓首再拜)하면, 동시에 답배(答拜)한다. 예(禮)를 마치면 각각 재(齋)에 나아가서 차례대로 수업(受業)한다. 교관과 종친이 모두 평등히 차리되, 관복(冠服)은 작(爵)이 있는 사람은 품복(品服)을 입고, 작이 없는 사람은 학생복(學生服)을 입는다."

　　하니, 그대로 따랐다.

2개월 뒤 쯤, 이 같은 3월에 왕세자의 알성의가 제정되었는데, 이때 종학에서의 일상 의식이 개정되었다. 다음은 개정된 의식이다.

<종학의 일상 의식>

　　종학(宗學)의 정청(正廳)에 3품(品) 교관(敎官)은 북쪽 벽에, 4품 교관은 동쪽 벽에 5, 6품 교관은 서쪽 벽에 앉는다. 【만약 3품 교관이 없으면 4품 교관이 북쪽벽에, 5, 6품 교관은 동쪽 벽에 앉게 된다.】 교관을 맞이하고 보내며, 절하고 읍(揖)하는 절차는 이미 정해 있는 예에

의한다. 교관이 이미 앉았으면, 왕자 이하는 교관의 앞으로 나아가서 【대군(大君)이 한 줄이 되고, 2품 이상이 한 줄이 되고, 3품 이하가 한 줄이 되고, 작(爵)이 없는 사람이 한줄이 된다.】 돈수 재배(頓首再拜) 한다. 교관은 다 같이 한꺼번에 답하여 절한다. 예(禮)를 마치면, 각기 서재[齋]로 나아가서 차례대로 수업(受業)을 하는데, 교관과 왕자 이하가 모두 자리에 앉는다. 관복(冠服)은 관작이 있는 사람이면 품복(品服)을 입고, 관작이 없는 사람이면 학생복을 입는다."

개정의 핵심 사항은 대군이 종학의 참여자로 구성되었다는 사실이다. 교관의 조직이나 구성은 종학의 성립 초기부터 대체로 골격이 유지되었다. 그러나 피교육자인 종친 참여자의 범위에 대해서는 약간의 이견이 있었던 것으로 생각된다. 또 한 가지 고려할 사항은 1430년 시점에서는 아직 종친의 제도가 확립되지는 않았다는 점이다. 시간이 경과하면서 종친의 범주와 지속 가능한 제도화가 요구되었다. 1430년 시점의 입학의식은 종친의 범주를 대군, 2품 이상, 3품 이하로 구분하고, 관작이 없는 사람을 한 그룹으로 설정하고 있다.

『세종실록(世宗實錄)』「오례(五禮)」에는 종친의 종학에서의 교육 의식은 수록되어 있지 않다. 왕세자와 관련된 사항만을 수록하고 있다. 이런 점은 『국조오례의(國朝五禮儀)』도 마찬가지인데, 왕세자의 입학 의식과 규정하고 있다. 이때의 입학은 명륜당에서 공자를 알현하는 것을 내용으로 하고 있다. 따라서 종학(宗學)에서의 교육을 국가 의례의 수준으로는 정의하고 있지 않다. 다만, 『국조오례의』 왕세자 입학의의 세주에는 종친의 경우도 동일한 의식을 적용한다고 규정하고 있어 왕세자 이하 대군과 왕자군, 종친이 동일한 교육의 대상임을 명시하고 있기는 한다. 『국조오례의』 왕세자 입학 의식은 다음과 같다.

<국조오례의 왕세자/종친 입학 의식>

(왕자 및 종친도 같다. 다만 상자(相者)가 사성(司成)을 인도하여 예를 받는데 비단(帛) 1필과 포(脩) 3정이다.)

그날 왕세자는 작헌례(爵獻禮)[1]를 마치고, 학생복을 입는다. 보덕이 (왕세자를) 인도하여 명륜당 대문 동쪽에 서쪽을 향하여 선다. 백비(帛篚)[2](저포3필)·주호(酒壺)(두말)·수안(脩案)(다섯 정)을 왕세자 서쪽에 북쪽을 향하여 겹줄로 벌여 놓는다. 서쪽을 윗자리로 한다.

박사가 공복을 갖추고 집사자[3]의 인도로 명륜당 동쪽 계상에 서쪽을 향하여 선다.

장명자(將命者)[4]가 나가서 문 서쪽에서 동쪽을 향하여 서서는 "감히 일을 청합니다 (敢請事)"라고 말한다. 왕세자가 약간 앞으로 나서서 "아무개(某)는 선생께 수업하기를 원합니다" 라고 말한다. 장명자가 들어가 고한다. 박사가 "아무개(某)는 부덕합니다. 왕세자께서 욕이 되지 않기를 요청합니다."라고 한다. 장명자가 나가서 고한다. 왕세자가 굳이 청한다. 장명자가 들어와 고한다. 박사가 "아무개는 부덕합니다. 왕세자께서 자리에 나가시길 청하며, 아무개가 감히 뵙겠습니다."라고 말한다. 장명자가 나가 고한다.

왕세자가 "아무개는 빈객으로서 뵐 수 없습니다. 끝내 뵙도록 하여 주시길 요청합니다."한다.

장명자가 들어가 고한다. 박사가 "아무개는 사양이 받아들여지지 않아 명에 따르지 않을 없습니다" 라고 말한다. 장명자가 나가 고한다.

집비자(執篚者)[5]가 광주리를 동쪽을 향하여 왕세자에게 준다. 왕세자는 광주리를 잡는다.

---

1) 작헌례(爵獻禮): 종묘·문묘 등에 술을 따라 올리고 뵙는 제례.
2) 백비(帛篚) : 폐백을 담은 광주리.
3) 왕세자 입학 때의 집사관은 박사(博士: 성균관 지사(成均館知事) 장명자(將命者) 1원(학생(學生)) 집사자 6인(학생)으로 한다. 『국조오례의』서례 참고
4) 장명자(將命者): 주객의 말을 양쪽에 전달하는 일을 맡은 사람.
5) 집비자(執篚者): 백비를 드는 사람.

박사는 동쪽 계단 아래로 내려가 서쪽을 향하여 기다린다. 보덕이 왕세자를 인도하여 문으로 들어가서 왼쪽으로 간다.(入門而左) 집사자가 주호와 수안을 받들고 따른다. 서쪽 계단의 남쪽으로 나아가서 동쪽을 향한다. 주수를 받든 사람이 왕세자의 서남쪽에 동쪽을 향하여 선다. 북쪽을 윗자리로 한다.

왕세자가 꿇어앉아 광주리를 드리고 재배(再拜)한다. 박사는 답배한다. 왕세자가 꿇어앉아 광주리를 취하여 올린다. 주수를 받든 사람이 따라서 박사 앞에 올린다. 박사는 꿇어앉아 광주리를 받아서 집사자에게 준다. 또 집사자가 꿇어앉아 주수를 가지고 물러난다.

보덕이 왕세자를 인도하여 계단 사이에 서서 북쪽을 향하여 재배하고 인도하여 나가, 편차6)로 가서 기다린다. 박사는 상복으로 갈아입고 당에 올라가 좌에 앉는다.(명륜당 동쪽 벽에 서쪽을 향하여 있다), 보덕이 왕세자를 인도하여 문으로 들어와 서쪽 계단으로 올라가 박사 앞에 나아간다.(임시로 자리를 설치한다.)

집사자가 강서(講書)를 박사 앞(안(案)이 있다) 및 왕세자 앞에 놓는다. 책을 강(講)하고 뜻을 해석하기를 마치면 집사가 안(案) 및 책을 치운다.

보덕이 왕세자를 인도하여 서쪽 계단으로 내려가 편차로 나아간다.

궁으로 돌아갈 때는(의식은) 올 때의 의식과 같다.

입학 의식이 정해지는 등 종학(宗學)의 운영은 국왕의 깊은 관심 사안이었지만, 그 운영이 의도했던 만큼 효과적이지는 않았다. 1493년(성종 24) 사헌부에서는 대군과 왕자군을 종학에서 가르치자고 건의한다. 당시 대사헌이었던 성현(成俔)의 주장은 '조종(祖宗) 때에 종학(宗學)을 세워서 이미 대군(大君)·제군(諸君)의 청(廳)을 두고 또 여러 종친(宗親)의 재(齋)를 두어 취학하는 곳이 있고 양성하는 규례가 있는 것은 대개 이것을 염려했기 때문입니다. 그런데 지금 문신(文臣)을 가려 찬

---

6) 편차: 간편하게 꾸민 막차

<그림 1> 왕세자 입학 의식

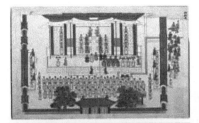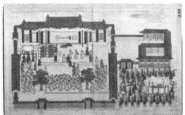
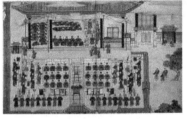

독(贊讀)이라 이름하여 제군을 가르치도록 명하신 것은 진실로 좋은 규례입니다만, 종학에서 하지 않고 따로 독서청(讀書廳)에 있게 한 것은 옳지 못한 듯합니다. 이른바 찬독이라 하는 것은 장차 문학(文學)·구두(句讀)를 주로 하여 날마다 함께 있을 것이므로, 정이 쉽게 가까워져서 예가 엄하지 않을 것이고 교양하는 도리가 지극하지 못할 듯합니다. 종학은 이미 학관(學官)이 있어서 스승과 제자의 예를 엄하게 하고, 또 종부시(宗簿寺)로 하여금 날마다 1원(員)을 사진(仕進)하게 하여 그 거동을 살피고 그 출입에 때를 맞추며, 제군과 여러 종친이 청(廳)을 달리하여 있어 서로 친압(親狎)할 수 없으므로, 학문이 절로 부지런하지 않을 수 없고, 예의(禮義)가 절로 익혀지지 않을 수 없습니다. 제군은 비록 젊다고는 하나 이미 출합(出閤)하였고, 또 성균관(成均館)에 입학하면 성인(成人)의 예(禮)로 책망하여야 할 것이니, 선조(先祖)의 구규(舊規)에 따라 제군을 종학에 취학시켜 바른 도리를 수양하는 뜻을 잃지 말게'하

라는 것이었다. 성종이 개인 교수를 실시하는 것에 반대하고 종학이라는 조직을 통해 대군과 왕자군의 교육을 담당하게 하자는 것이었다.

이에 대해서 성종은 '아이들이 모두 어리니, 만약 종학에 가게 하여 바깥 종친(宗親)의 광망(狂妄)한 일을 보게 한다면, 반드시 종친이 하는 일은 마땅히 이와 같은 것이라고 생각할 것이니, 보고 본뜰 리가 없지 않다. 내가 잠저(潛邸)에 있을 때에 또한 교관(敎官)을 따라서 배웠으니, 젊었을 때에는 우선 이렇게 하고, 나이가 들기를 기다려 종학에 가게 하는 것이 옳을 것'이라고 건의를 거부하였다. 종학을 학습의 효과보다는 부정적인 영향이 확산될 가능성이 있는 공간으로 파악한 것이다.

2. 종부시의 규찰과 종친의 혼인

1) 종부시의 설치와 종친 규찰

(1) 종부시의 기구와 역할

종친의 일상을 이해하기 위해서는 종부시의 존재에서 시작할 필요가 있다. 종부시는 한편으론 『선원록』을 작성하여 종친의 실체를 규정하고, 한편으론 이들을 규찰하는 기능을 수행하였다. 종부시(宗簿寺)가 처음부터 종친을 규찰하는 강력한 관부는 아니었다.

1405년(태종5) 원윤(元尹) 이백온(李伯溫)의 살인죄를 처리하는 과정에서 태종은 친족이라는 이유로 사헌부에서 처리하지 못하게 하고 종부시로 옮긴 후 순금사에서 행형(行刑)하는 조처를 취하였다. 당시 대사헌 이내(李來)는 이러한 처리를 강력하게 항의하였다.

"종부시(宗簿寺)는 본래 형관(刑官)이 아니옵고, 다만 종친(宗親)의 문부(文簿)만을 맡을 뿐이온데, 지금 살인(殺人)한 도적을 헌사(憲司)에서 엄하게 다스릴 것을 염려하시어 순금사로 옮기시고, 또 순금사에서도 엄하게 할 것을 염려하시어 종부시로 옮기셨으니, 이것은 무슨 법이옵니까? 백온의 형(兄) 이조(李朝)가 전에 이미 사람을 죽이었고, 백온이 지금 또 사람을 죽였으니, 이는 진실로 백온 형제가 전하의 성덕(盛德)을 더럽힌 것입니다. 백온이 용서치 못할 죄가 있사온즉, 비록 포박해 보낸다 할지라도 무엇이 의리에 해롭겠습니까? 또 포박해 보낸 까닭은 그가 날래고 용맹스러워서 쉽게 도망칠 것을 염려한 것입니다."

이에 대해서 국왕은 종친을 일반적인 형법으로 다스리는 것이 곤란하다는 의사를 밝혔다.

종부시에서 살인죄를 범한 종친을 구류하고 이곳에서 처벌 조처를 취한 것은 일반적인 법률에는 저촉되는 조처였지만, 국왕의 친족이라는 특수한 신분층에 대해 어떠한 원칙에 의해 범법 행위를 처리할지에 대한 전례가 될 수 있는 결정이었다.

1409년 의정부에서는 국왕과 왕비를 제사드릴 때, 종친이 배제(陪祭)하는 과정에서의 각종의 비리 행위를 다스리기 위해 '이제부터 종부시(宗簿寺)로 하여금 주장(主掌)하게 하여, 정윤(正尹) 이상의 종친(宗親)이 재계(齋戒)에 나오는지 안 나오는지의 여부(與否)를 기록하여 아뢰게 하고, 인하여 헌부(憲府)에 이문(移文)하여 고찰(考察)에 빙거(憑據)하게 하십시오.'라는 건의를 올려서 국왕의 승인을 받았다. 종부시가 국왕 친족의 기록을 관장하는 관서이기 때문에 종친의 제사 참석 여부 및 준비 상황, 제사에서의 적절한 행동 절차 등을 포괄해서 파악할 수 있을 것으로 기대하고 이루어진 건의였다. 어떻든 종친의 부적절한 행위를 적발하여 보고할 수 있는 역할을 이때 종부시에서 담당하였던 것이다. 이런 결정은 항구적인 성격보다는 현안에 따라 일시적으로 이루어진 조처였지만, 종부시가 갖고 있는 특수한 기능에 의해 이러한 역할은 점차 제도화된 것으로 전환되었다.

1414년(태종14) 정월 관제 개편 과정에서 종부시는 종3품 윤(尹)과 4품 소윤(少尹)이 설치된 관서로 조정되었다가 2월에 다시 재내제군소(在內諸君所)에 예속되면서, 종친이 도제조(都提調)와 제조(提調)를 맡는 관서로 개편되었다. 종부시는 재내제군소의 종친을 지응하는 관서로 편제되었다.

세종이 국정을 맡으면서 일시적으로 종부시윤을 증치하는 조처를 취하기도 하였지만, 집현전을 강화하면서 증치된 관원을 곧바로 집현전으로 전속하는 결정이 있었다. 1423년(세종 5) 제조에 대한 전면적인 정비 조처가 있었는데, 종부시는 제조 1명이 배치되는 관서로 조정되었다.

종부시의 기능이 종합적으로 조정된 것은 1428년(세종 10)의 일이었다. 이조에서는 종부시(宗簿寺)의 편제와 기능 조정을 건의하면서, '바라옵건대 종친으로서 지위도 높고 속친도 높으며, 덕망이 있는 2인으로 제조(提調)를 삼고, 판사(判事) 이하는 종성(宗姓)의 조관(朝官)과 서성(庶姓)으로 교체 임명하게 하되, 종성의 조관이 없으면 오로지 서성을 쓰도록 하옵고, 그 직장(職掌)은 종족간의 돈목에 관한 일을 맡아 보게 하되, 만일 비위 사실이 있으면, 이를 규찰 계문하며 한결같이 고제에 의하여 시행하고, 겸임 종학(兼任宗學)은 또 겸 춘추(兼春秋) 2품 이상 1인과 3품 이하 1인으로 이를 겸하게 하고, 10년에 한 번 선원록(璿源錄)을 닦고, 3년마다 계속 종실의 보첩(譜牒)을 등사해 올리도록 하십시오.' 하였다. 이조의 건의는 종부시에서 종친의 규찰을 담당하는 상부 구조와 선원록(璿源錄)을 작성하는 하부 관원으로 기능이 이원화된 종부시를 구상한 것이었다. 국왕이 이러한 건의를 수용함으로써, 종부시는 명실공히 종친의 규찰을 업무로 하는 관서로 재정비되었다.

종친의 규찰 업무를 주요 기능으로 규정되었기 때문에 재내제군소 예하의 종친을 지응하는 기능은 사실상 어렵게 되었고, 종부시는 재내제군소에서 분리되어 독립된 관서로 기능하게 되었다. 그러면서 여타의 관서에서 제어할 수 없는 종친을 규찰하는 엄정한 법사 관서로서의 기능이 한층 강화되게 되었다.

1430년 종학이 설치되면서 종친에 대한 제어의 방식이 전면적으로 재조정되게 되었는데, 이때 종학의 참석 여부와 학업의 근태를 종부시에서 담당하도록 하였기 때문에 비교적 한가한 관서로 분류되었던 종부시는 종친을 규찰하는 강력한 권한을 가진 관서로 탈바꿈하게 되었다. 종부시가 별도의 규찰 기능을 강화하면서 종래 종부시가 담당했던 지응 기능은 전첨사(典籤司)를 설치하여 맡게 하였다.

당시 이조에서는 "과거에는 종부시(宗簿寺)가 중앙에 있는 제군부(諸君府)에 예속되어 부중(府中)의 모든 물품을 겸장(兼掌)했으나, 지금은 본시(本寺)가 따로 하나의 관청이 되어 오로지 규찰(糾察)을 관장하고 있으므로, 본부(本府)에는 소속된 관료가 없게 되었습니다.

지금부터는 중앙에 있는 제군부(諸君府)를 종친부(宗親府)라고 명칭을 고치고, 소속 관료를 설치하고 이를 전첨사(典籤司)라 하고, 전첨(典籤) 1인을 정4품으로, 부전첨(副典籤) 1인을 종5품으로 하되, 사무가 간단한 각 관청의 봉급 받는 관리 가운데서 같은 계급으로 겸임하게 하고, 녹사(錄事) 1인은 종8품으로, 부록사(副錄事) 1인은 종9품으로 하되, 사무가 간단한 공신도감(功臣都監)의 승(丞)과 녹사(錄事) 1인씩을 전임(轉任)시키어 모든 사무를 관장하게 하십시오."라고 건의하였고, 건의하였고, 국왕의 승인을 받았다.

전첨사의 설치로 종부시와 전첨사의 역할 분장에 대해 재검토도 이루어졌다. 1431년(세종 13) 종부시에서는 "일찍이 전지를 내리시기를, '종학(宗學)에 입학한 종친으로서 부모와 처자의 질병을 고해 오면 휴가를 주고, 이내 의원(醫員)을 파견하여 그 진위(眞僞)를 조사하게 하라.' 하셨습니다. 그러하오나 상항(上項)의 이유로 일시에 고장(告狀)을 제출한 자가 자못 많사오니, 이제부터는 입학 첫날엔 종학에 고장을 내게 하고, 그 뒤엔 예궐(詣闕)하여 〈이를 고하고〉 휴가를 청하게 할 것이며, 또 본시(本寺)에서는 규찰(糾察) 임무를 전장(專掌)하고 있기 때문에 이조에서 교지를 받고 또 전첨사(典籤司)를 설치하여 잡물(雜物)을 관장케 하였사오니, 청하옵건대 이제부터 종친으로서 예(禮)를 어겼거나 법을 범하는 등의 일은 본시에서 관장하고, 그 나머지 월말, 또는 10일에 한 차례씩 계달하는 출석의 근만(勤慢)과, 읽은 글의 통부(通否), 그리고 종학 안의 잡사(雜事)는 모두 전첨사로 하여금 관장하게 하십시오."라고 건의하였고, 왕의 재가를 받았다. 제군부의 잡물 관장 기능을 전첨사에서 관장하게 했으므로, 종친의 출근과 근태에 대해서도 전첨사가 담당하게 하고, 종부시는 종친의 규찰 기능만 수행하게 하는 결정이었다.

그런데 전첨사는 안정적인 관서로 자리 잡지 못했다. 종친부가 인사 평정을 담당하는 기능을 수행할 수 없었기 때문에 종친부 예하의 전첨사는 이조에서 평정을 담당하는 기형적 형태로 존재하였다. 결국 전첨사는 편제되었던 관원이 폐지되지는 않았지만, 관서로서의 기능이 소멸되어 관원 전첨(典籤) 등만 종친부 소속 관서로 재편되는 운명을 맞았다. 전첨사에서 수행하게 하려던 종친의 근무 고찰은 계속해서 종부시의 소관 업무가 되었다.

종친의 비리 행위가 빈번하게 발생하였기 때문에 이에 대한 명백한 처리 지침이 요구되었다. 세종은 이에 대해서 1439년(세종 21년) "종부시(宗簿寺)에서 종친의 사송(詞訟)을 수리하여 그 옳고 그름을 판단하게 하고, 유사(攸司)에서는 종친의 과실을 듣거든 종부시로 이문(移文)하게 하려고 한다."고 하면서 해당 조문을 마련하도록 지시하였다. 이렇게 해서 탄생한 것이 종친 규찰 사목이었다.

종친 규찰 사목의 전문을 제시하면 다음과 같다.

제1조. 종부시의 서성 제조(庶姓提調)는 닷새에 한 번 출석하고, 만일 공사(公事)가 있으면 연일 출석할 것.
제2조. 당상(堂上) 낭청(郎廳)의 점심은 육조(六曹)의 예에 의하여 줄 것.
제3조. 종친의 잘못을 대간(臺諫)과 형조(刑曹)에서 이미 알고 있는데, 종부시에서 만일 미처 깨달아 듣추지 못하면, 즉시 종부시에 이문(移文)하여 사실을 조사하여 계문(啓聞)할 것.
제4조. 종친이 소송(訴訟) 사건이 있으면 종부시에 고하고, 종부시는 곧 경중(京中)의 각사(各司)와 외방(外方)의 감사에게 이문(移文)을 행하되, 노비(奴婢)와 토전(土田) 등의 일과 같은 것은 종부시에서 문적을 고루 열람하여, 사리가 명백하여야 바야흐로 경외에 이문하게 하고, 주장관(主掌官)은 추고(推考)하여 밝혀 입안(立案)을 만들어 준 뒤에 입안(立案) 내용의 사연(辭緣)을 자세히 갖추어 종부시에 이문하고, 그 중에 일이 아뢰지 않으면 안 될 것은 계문(啓聞)하고, 당초에 고열(考閱)할 때에 만일 문적이 명백하지 못하거나, 사리가 통하지 않는 것은 이문하지 말 것.
제5조. 경외(京外)의 결송(決訟)에 대하여 종친(宗親)이 만일 오결(誤決)을 정소(呈訴)하려면, 반드시 오결된 종지(宗旨)를 기록하여 고장(告狀)을 내고, 종부시는 그 사(司)에서 판결한 입안(立案)과 고장(告狀)을 상고하여 오결이 명백하면, 다른 예(例)에

의하여 이문(移文)하여 개정하게 하고, 사헌부(司憲府)에 보고
하여 과죄(科罪)하게 할 것.

제6조. 어느 사람이 종친과 쟁송하는 자가 있어 종부시에 고하면 이
예(例)에 의하여 시행하고, 만일 무송(誣訟)하는 자가 있으면
사헌부에 보고하여 과죄할 것.

제7조. 종친이 쟁송하는 사건은 경외의 관리가 종부시의 이문(移文)이
아니면 수리하지 말 것.

제8조. 종친이 비리 소송(非理訴訟)을 하여 끝까지 변명하고 불복(不
服)하다가 마침내 정상이 드러났을 때에는 종부시에서 계문
(啓聞)하여 죄를 청할 것.

제9조. 종친이 만일 소송할 때에 종부시에게 불공한 언사를 쓰면, 피
혐(避嫌)하지 말고 사실을 조사하여 계문(啓聞)하여 죄주기
를 청할 것.

제10조. 종친의 반당(伴黨)과 구사(丘史)가 만일 불법한 일이 있으면,
종부시에서 즉시 고신(栲訊)을 행하고 율에 의하여 논죄(論罪)
하며, 경외(京外)의 노비(奴婢)가 범한 것도 아울러 검거(檢擧)
를 행할 것.

제11조. 경외(京外)의 관리들이 종부시에서 이문(移文)한 일에 대하여
지완(遲緩)하게 시행하면, 종부시에서 계문(啓聞)하여 유사(攸
司)에게 내려 추고(推考)할 것.

제12조. 종부시에서 종친의 과실과 비리 소송(非理訴訟)인 것을 알면
서도 들어서 핵실하지 않은 것은, 사헌부에서 핵실하여 율에
의하여 과죄(科罪)할 것.

제13조. 대소 인원(大小人員)이 종친에 대하여 만일 예절에 어긋나는
일이 있으면 종부시에서 곧 계문(啓聞)하여, 유사(攸司)에 내
려 추고(推考)하여 과죄할 것.

제14조. 소윤(少尹) 이하가 윤번으로 예전의 예(例)에 의하여 종학(宗
學)을 규찰(糾察)할 것.

제15조. 종부시는 직책이 종친을 규찰하는 일을 맡고 있어 다른 각사
(各司)의 비교가 아니오니, 판관(判官) 이하는 고신(告身)을 서

합(署合)하여 그 직책을 중하게 할 것.

　제16조. 종친의 각 저택(邸宅)에 혹 간사하고 아첨하는 무리가 있어 진퇴
　　　　(進退)하며 폐단을 일으키고 있사오니, 차첩(差貼)을 받은 반당
　　　　(伴黨) 이외에는 간사한 무리들의 진퇴(進退)를 허락하지 말 것.

　제17조. 종부시의 영사(令史)는 본래 10인인데 또 10인을 더 두고, 또 조
　　　　예(皀隷) 20인을 더 두어 판관 이상이 데리고 다니게 할 것.

　종부시에서 종친을 규찰하는 사목은 1439년(세종 21) 8월 완성되었
다. 형식은 규찰 사목이지만, 이 내용은 종친을 특별한 신분으로 대우
하는 것이고, 아울러 종부시의 권한을 규정한 사목이기도 하였다.

　종친의 비리 사항은 대간(臺諫)이나 형조(刑曹)에서 단독으로 처리할
수 없었다. 제3조의 규정에 의하면, 종친의 비리를 종부시(宗簿寺)에서
확인하지 않은 상태에서는 관련 사안이 진행될 수 없었다. 사헌부나 형
조와 같은 기관에서는 해당 사항을 종부시에 이문(移文)하는 것이 의무
사항이었다. 이렇게 이문으로 통지받은 종친의 비리 사항은 종친부에
서 조사하여 왕에게 보고하도록 규정하고 있는데, 이 규정에 의하면, 종
친의 비리는 종친부가 아니면 조사를 진행할 수 없도록 하는 것이었다.

　기타 사법 기관에서 종친의 비리 사항을 조사할 수 있는 경우가 전혀
없는 것은 아니었다. 종부시가 종친의 과실과 잘못된 소송을 알고 있음
에도 조사를 진행하지 않는 경우에는 사헌부(司憲府)에서 해당 사안을
조사하여 법에 의해 종부시를 처벌하도록 하고 있다. 이런 사항은 제12
조에서 규정하고 있다. 제12조에서 사헌부가 조사하여 처벌하는 것이
종친이 될 수는 없다. 종친의 과죄는 사법 기관이 판단하는 사안이 아
니었다. 사법 기관은 종친의 비리 사실을 조사하여 왕에게 보고하고 경
우에 따라서 법에서 규정한 처벌 내용을 첨부할 수 있었다. 그러나 종

친에 대한 구체적인 처벌 내용은 국왕만이 결정하였다. 따라서 제12조의 사항은 종부시가 인지한 종친의 비리를 제대로 조사하지 않는 경우 그러한 내용을 사헌부에서 조사하여 종부시의 업무 태만을 처벌하도록 규정한 것으로 이해된다.

종친과 관련된 재판에서도 종친부가 관여되었다. 물론 종부시는 사법 기구가 아니었다. 따라서 종부시가 재판을 진행할 수는 없었다. 그러나 규찰 사목에 의해 종친이 연관된 재판은 종부시가 깊이 관여하여 진행되었다. 종친 관련 재판과 관련하여서는 여러 조항을 설정하고 있다. 제4조, 제5조, 제6조와 제7조는 종친이 관련된 재판의 성립과 관련된 조항이었다.

제4조에 의하면, 종친이 서울과 지방에서 재판하는 경우 임의로 재판을 청구할 수 없었다. 종친은 반드시 재판을 진행할 사안을 종부시에 신고해야 했고, 종부시는 해당 사안을 검토한 후 재판을 담당할 서울의 관사 및 지방의 수령(守令)이나 감사(監司)에게 곧바로 문서를 발송하였다. 즉 종친의 재판 제기는 사실상 종부시에서 담당하는 것이었다. 제11조에서 종부시에서 이문(移文)한 사안을 제때 처리하지 않는 경우에 종부시에서 이를 왕에게 보고하여 처리할 수 있는 규정이 마련되어 있었기 때문에 종부시의 문서를 받은 해당 관서는 상당히 위축되어 업무를 처리할 수밖에 없었을 것으로 판단된다.

제4조에는 종친이 토지와 노비 문제로 관의 판단을 받아야 하는 경우도 규정되어 있다. 역시 종부시에서 해당 사안의 서류를 조사한 후, 담당 관서에 문서를 발송하는데, 담당 관서에서는 처리 결과를 반드시 종부시에 통지해야 했다. 더구나 종부시에서 관련 사안이 중대하다고 판단하는 경우에는 사전 사후에 국왕에게 보고할 수도 있었다.

이러한 절차의 전제에 사안이 애매하고 분명하지 않은 경우에는 종부시가 아예 이문(移文) 절차를 진행하지 않도록 규정하고 있다. 따라서 종부시가 해당 관서에 문서를 발송한다는 것은 종부시에서 해당 사안을 판단하여 충분한 소명 자료가 있다는 사실을 의미했다. 종부시의 문서를 수신한 관서에서는 이러한 절차의 의미를 충분히 알고 있었을 것이다. 즉, 종부시가 이 안건을 자신들의 관서에 이송한 것은 합리적이고 증거가 명백하다고 판단하였다는 의미이고, 본건의 처리를 지연하는 경우에는 그 사실만으로도 조사와 징계를 받을 수 있었다. 더구나 그 판결이 종친에게 불리하게 종결되는 경우, 종친은 다시 이 사안을 문제 제기할 수 있고, 판단이 오류였다고 종부시 등에서 보고할 여지가 있었다. 종친이 제기한 소송은 재산 분쟁이건 기타 분쟁이건 성격의 차이에 상관없이 구조적으로 종친에게 유리하게 진행될 수밖에 없는 것이었다. 더구나 종친을 대행해서 소송을 제기하고 진행 상황을 점검하는 종부시는 그 자체가 사법 기관으로서 기능을 담당하고 있는 관서였다.

종친을 상대로 소송을 진행해야 하는 사람도 마찬가지로 불리한 입장에 놓여 있었다. 종친에 관여된 소송에서의 원고는 제6조 규정에 의하여, 먼저 해당 사안을 종부시에 신고해야 했다. 종부시에서는 다른 사람에 의해 종친이 소송당한다는 사실을 확인한 상태에서 소송이 진행되었고, 이 소송 제기가 무고에 의한 것으로 종부시에서 판단하는 경우에는 사헌부(司憲府)에 통지하여 죄를 부과하도록 규정되어 있었다. 따라서 종친을 상대로 소송을 제기하는 사람은 대단히 불리한 입장에서 소송을 진행할 수밖에 없었다.

소송의 제도가 종친에게 일방적으로 유리하도록 만들어졌기 때문에 종친의 지나친 전횡을 규제하는 장치가 마련되어 있었다. 제8조와 제9

조가 해당 항목이었다. 종친이 부당한 소송을 제기하고, 억지를 부리며 불복하는 경우에는 해당 사실이 명확하게 드러난 경우에 종부시에서 국왕에게 보고하여 죄를 청하도록 하였다. 물론 이 조항은 종친을 규제하기 위한 형식을 갖추고 있지만, 종친의 부당한 행위가 국왕에게 갖추어 보고할 수 있을 정도로 명확하게 드러나야 하는 것을 전제로 하고 있다. 이 조항 역시 소송과 관련하여 종친을 규제하는 것을 사실상 어렵게 만드는 조항이었다. 종친이 소송 과정에서 일방적으로 유리하였기 때문에 종부시에서도 이를 제대로 규제하지 못하는 가능성이 상정되고 있었다. 제9조는 이러한 경우에 적용되는 조항이었다. 이 조항은 종친이 소송과 관련하여 종부시에 무례할 경우, 사실 관계를 조사한 후 국왕에게 보고하여 죄를 청하도록 하는 내용이었다.

　종친을 규제하는 것을 목적으로 마련된 사목이었지만, 사실 종친의 일상생활에서 종친을 직접 규제하는 내용을 담고 있지는 않다. 제10조는 종친에게 지급된 반당(伴黨)과 노비(奴婢)의 불법 행위를 처벌하는 규정이었다. 종친의 불법적 행위는 대개는 수행인에 의해 이루어졌다. 반당은 양인들의 역(役)의 일종이었다. 군역을 대신하여 반당으로 근무하는 인원은 특정 관인에게 할당되어 시종의 역할을 수행하였다. 종친에게도 반당이 지급되었고, 이들은 종친의 위세를 빙자하여 불법을 자행하는 경우가 빈번했다. 노비는 종친에게 사적으로 예속된 존재였다. 이들도 주인을 대신하여 다양한 업무를 처리하였는데, 이 과정에서 무리가 자주 발생하였다. 종부시는 바로 이러한 반당과 노비의 불법 행위를 저지하는 업무를 부여받고 있었다. 종부시는 또한 종친 저택에 드나드는 불법 행위자를 차단할 수 있는 권한도 부여받고 있었다. 종부시에서 종친을 직접적으로 규찰할 수 있는 권한은 간접적으로 명시되어 있다. 제12조는 사헌부에서 종부시를 규제하는 경우를 규정한 것이다. 종부시가 종친의 과실이나 잘못된 소송제기를 알고 있으면서 이를 적발하지 않은 경우는 사헌부에게 개입하여 종부시를 과죄(科罪)하는 내용이다. 이 규정에 의하면, 종부시는 일반적인 종친의 과실을 조사할 업무상의 책임을 가지고 있었다.

종부시에서 종친을 규제하는 직접적인 상황은 종학(宗學)에 참여하는 종친을 감시하는 것이다. 종학은 종친의 교육을 위해 운영되었는데, 이의 성실한 참여를 종부시에서 감독하도록 규정하고 있었다. 일반 관원과 종친 사이의 의례 교환에 문제가 발생하는 경우에는 종부시에서 해당 사항을 즉시 국왕에게 보고하여 담당 관서에서 죄를 정하도록 규정하고 있다.

종친 규찰 사목의 작성으로 종부시는 법사(法司)의 지위를 얻게 되었고, 국왕의 가장 지근한 친족임을 법제에 의해 보장받은 종친을 통제하는 관서가 되었다. 여타의 사법 기구가 규제할 수 없는 종친을 규찰하는 기능을 수행하며, 종친과 관련된 일체의 법적 권리를 대행하는 기구가 되었기 때문에 종부시가 사실상 막강한 권력 기관으로 일신하게 되었다.

(2) 종친의 혼인과 종부시의 규찰

1439년(세종 21) 12월 종부시는 추가 권한을 갖게 된다. 1435년 예조에서는 종부시에서 왕자와 왕녀의 혼인을 주관하게 하자는 건의를 올렸다.

"송제(宋制)에 의하면, 종정시(宗正寺)에서 종실을 규합하여 검속하고 훈계하며, 무릇 시집가고 장가들 적에 제택과 가구 등, 치혼(治婚)에 관한 것까지도 재산을 나누어서 후박(厚薄)과 다과(多寡)를 참

작하여 논의 결정하였던 것이니, 본조의 종부시는 곧 송나라의 종정
시이온즉, 비옵건대, 송나라 제도에 의하여 이제부터 왕자·왕녀의 결
혼 때의 모든 일을 종부시로 하여금 이를 주관하여 갖추어 마련하도
록 하십시오."

왕자와 왕녀의 혼인 관련 사안은 예조에서 담당하는 사안이었는데,
독립 관서로서 종부시의 역할이 강화되는 추세에서 왕자와 왕녀의 혼
인 사안은 종부시에서 주관하게 하자는 제안이었다. 세종 10년 종부시
를 독립 관서로 운영하게 하였고, 세종 12년에서 종학(宗學)을 설치하
여 종친을 종학이라는 제도권 교육 기구에 묶어두면서 그 출석과 수학
의 근만을 종부시에서 관장하게 하였다. 다시 세종 17년 무렵에서 왕자
와 왕녀의 혼인을 주관하는 관서가 되었고, 세종 21년에서 종친 규찰
사목이 마련되면서, 세부적인 규정을 갖춘 법사 기구로서의 기능이 강
화되었다. 이런 추세에서 종부시는 종친 일반에 대해 혼인 사안을 관장
하는 기구로 역할을 확대하였다.

종친 규찰 사목이 작성된 1439년 12월 종부시에서는 "지금부터는 종
친(宗親)과 종녀(宗女)의 혼가(婚嫁)는 모두 본사(本司)에서 관장하게
하시고, 종친이 장차 혼가(婚嫁)하려고 하면, 자녀(子女)의 연세(年歲)를
갖추 기록하고, 모관(某官) 모가(某家)와 혼가(婚嫁)하고자 한다고 본시
(本寺)에 고(告)하게 하여, 본시에서 그 허물[痕咎]의 유무(有無)와 연세
(年歲)의 장유(長幼)를 상고하여 계문(啓聞)해서 교지(敎旨)를 받아, 그
일시(日時)를 정하여 혼례(婚禮)를 정하게 하십시오."라는 건의를 하였
고, 왕의 허락을 받았다. 이때의 결정으로 종친은 아들과 딸을 혼인시
키고자 할 때, 종부시에 신고하게 되었다. 이때 신고의 내용이 단순히
혼인 당사자의 연령과 성별을 적시하는 것이 아니라 상대 가문까지 지

정하도록 하였다는 점이 주목된다. 상대 가문이 관인층이라는 것을 전제로 규정이 마련되었기 때문에 종친은 상대의 의사와 상관없이 혼인 희망 대상을 종부시라는 관서를 배경에 두고 결정할 수 있는 권한을 갖게 되었다.

종친의 혼인 요청을 거절하는 유일한 길은 이미 성혼(成婚)되었음을 주장하는 것인데, 실제로 이러한 회피 시도가 적잖이 발생하였다. 이를 보완하기 위해 1441년(세종 23) 종부시에서는 새로운 건의를 하게 되었다.

> "종친(宗親)의 집에서 혼인을 의논하면, 모두가 이미 다른 사람에게 허락하였다고 칭탁하고 좇지 않는 자가 있사오니, 청하옵건대, 이제부터는 본시(本寺)에서 사실 여부를 핵실하여 사헌부에 이문(移文)하여, 비록 다른 사람과 중신을 하였을지라도 기한이 지나서 혼인을 하지 아니한 자에게는 약혼하지 아니한 예에 의하여 시행하되, 기한이 지나도 시일을 미루면서 속이고 사실이 아닌 자에게는 사헌부에 이문하여 엄하게 징계함이 마땅하옵니다."

종부시의 건의는 물론 왕의 허락을 받아 법조문으로서 효력을 갖게 되었다. 종부시는 다른 사람과 혼인 약속이 이루어진 경우에도 기한이 지난 것으로 판단할 경우에는 혼인을 강행할 수 있는 권한을 갖게 되었고, 혼인이 약속되었다는 주장의 사실 여부를 조사할 수 있는 권한도 아울러 확보하게 되었다. 종부시가 혼인 관련 주장의 허위를 인지하는 경우에는 이 사안은 사헌부의 징치 대상으로 전환되었다. 이런 법적 강제력을 갖추게 되었기 때문에 종친의 혼인은 사실상 종친의 희망을 전제로 대상을 불문하고 강행할 수 있는 제도적 장치가 마련되었다. 종부시는 명실상부하게 종친 관련 업무를 총괄하는 위치를 갖게 되는데, 심

지어 종친이 사망하는 경우 해당 사안에 대한 신고도 종부시에서 접수하도록 하였다.

1443년(세종 25) 예조의 건의에 의해 종친 이상의 친족이 사망한 경우 시행되는 부의와 조전 절차를 진행하기 위해 친족이 개별적으로 신고하던 것을 종부시에 신고하도록 조처하였다. 당시 예조에서는 "종친으로서 단문(袒免) 이상의 친속이 죽으면 부의(賻儀)와 조전(弔奠)을 하는데, 일체 족친(族親)이 고하는 대로 시행하는 것은 미편(未便)합니다. 금후에는 아울러 종부시(宗簿寺)에 알리도록 하여 기록된 문적을 조사하고, 예조에 이문(移文)하여 계문하고서 시행하는 것을 항식(恒式)으로 삼도록 하십시오."라고 건의하였다. 이때의 결정은 종부시가 현실적으로 『선원록(璿源錄)』을 작성하는 부서로 국왕의 친족 관련 사항을 총체적으로 파악하고 있었기 때문에 이를 기반으로 사실 관계와 필요한 부의 등의 조처를 진행하도록 한 것이었다.

물론 종부시에서는 종친의 사망과 관련한 증시(贈諡) 등의 절차를 일괄 진행할 수는 없었다. 1445년(세종 27) 국왕이 "금후로는 종친(宗親)이 사망하는 경우 직함(職銜)과 족속(族屬)의 친소(親疏)를 갖추 기록하여 즉시 예조에 보고하도록 이를 항식으로 삼으라."고 지시한 것은 예조에서 진행해야 하는 죽음과 관련된 제반 조처를 위해서 이루어진 결정이었다.

『경국대전(經國大典)』에는 종친의 혼인에 대한 규정이 몇 가지 존재한다. 가장 일반적인 혼인 규정은 예전(禮典) 혼가(婚嫁) 조항이다. 예전 혼가 조항은 혼인의 일반적 조건을 규정하는 것인데, 종친의 경우는 이러한 일반 규정과 구분하여 별도의 조항이 마련되어 있다.

남자의 나이 15세, 여자의 나이 14세가 되면 바야흐로 혼가(婚嫁)하는 것을 허락한다. ○ 종실(宗室)은 자녀의 나이 및 정혼(定婚)한 집 주인의 관직(官職)·성명(姓名)을 갖추어 종부시(宗簿寺)에 신고하고[정혼(定婚)한 집의 성이 이씨(李氏)인 경우는 신고할 수 없다], 종부시에서는 사실을 조사하여 왕에게 보고한다.[양가 자녀의 나이가 10세가 차면 바야흐로 혼인을 의논하는 것을 허락하되 나이 차가 6세이고 진정으로 원하지 아니하는 자는 서로 혼인하는 것을 허락하지 아니한다. 나이를 가감하거나 딸을 숨겼다가 뒤에 발각된 자는 가장(家長)을 위혼망모율(爲婚妄冒律)로 논죄(論罪)한다.] 『경국대전(經國大典)』 예전(禮典) 혼가(婚嫁)

일반적으로 남자는 15세, 여자는 14세가 되어야 혼인이 성립된다는 것이 『경국대전』에 규정된 혼인에 대한 일반 원칙이다. 그런데 종친의 경우는 10세가 되면 혼인의 성립을 선언할 수 있다. 종친이 혼인할 때는 종부시(宗簿寺)에 혼인 상대의 나이와 상대방 어른의 관직 성명 등을 작성하여 신고하였고, 종부시에서는 이러한 신고 사항을 국왕에게 보고하도록 하였다. 제한 조건이 있는데, 혼인 당사자가 10세를 넘어야 했고, 서로의 나이 차가 6세를 넘어서는 안되었다. 상대방이 혼인을 회피하기 위해 자녀의 나이를 변경하거나 여식을 숨기는 것도 불법행위로 처벌 대상이 되었다.

『경국대전』의 종친 혼인 규정은 기본 골격은 1439년(세종 21) 마련된 것이었다. 당시 종부시에서는 왕자와 왕녀의 혼인을 관장하고 있었는데, 이에 추가하여 종친과 종녀의 혼인까지 종부시에서 담당하도록 하였다. 그러면서 종친이 혼인하려고 하는 경우에는 자녀의 나이와 상대 가문과 관직을 신고하도록 하였다. 종부시는 신고를 받으면, 해당 혼인에 대해 혼인 당사자의 나이를 비롯하여 결격 사유가 있는지 조사한 후 국왕에게 보고하도록 하였다. 다시 2년이 지난 1441년 종부시에서는 종친이 혼인을 원하는 가문에서 이를 회피하기 위해 다른 사람과 혼인하였다고 거짓으로 청탁하는 경우가 있다고 하여 이에 대한 제한 규정을 추가하였다. 당시 종부시에서는 '이제부터는 본 시(本寺)에서 사실 여부를 핵실하여 사헌부에 이문(移文)하여, 비록 다른 사람과 중신을 하였을지라도 기한이 지나서 혼인을 하지 아니한 자에게는 약혼하지 아니한 예에 의하여 시행하되, 기한이 지나도 시일을 미루면서 속이고 사실이 아닌 자에게는 사헌부에 이문하여 엄하게 징계함이 마땅'하다고 건의하였다.『경국대전』의 종친 혼인 규정은 세종 때 마련된 사항이 그대로 반영된 것이었다.

6세 이상 차이가 나는 경우에 대한 조항은 폐지가 검토되었다.『경국대전』의 최종 교감이 진행되던 1484년(성종 15) 이 조항이 혼인 상대 가문에 의해 악용되고 있다는 지적과 함께 이러한 회피 사유를 입증하는 방법이 사실상 모호하기 때문에 해당 조항을 그대로 두는 것이 곤란하다는 것이 당시 검토자의 의견이었다. 이에 대해서 국왕 성종은 "6세 이상 차이 나면 혼인을 허가하지 않는 법은 고칠 수 없다. 이 법이 없으면 포대기에 싸인 아이에게 혼인하려고 꾀하는 자도 혹 있을 것이다. 또 부부가 이미 된 뒤에 독촉해서 이이(離異)시키는 것도 못할 일이다. 다만 조관의 자녀를 장적에 등록하는 법은 감교청(勘校廳)을 시켜 상세히 정하게 하라."고 지시하였다. 즉 6세 이상 차이나는 혼인을 금지하는 것은 타당하기 때문에 수정이 불가하고, 그 대신 관원의 자녀를 장적에 정확하게 등록하는 원칙을 강화하는 것으로 조정하였던 것이다.

종친이 혼인을 희망하는 상대 가문에서 이를 회피하고자 하는 상황이 빈번하였기 때문에『대전속록(大典續錄)』에는 이에 대한 보완 규정이 추가되었다.

종친이 혼인하고자 하는 곳에 망정(望呈) 단자(單字)를 제출한 이후
상대 집안에서 이미 약혼한 다른 곳이 있다는 이유로 거절한다면 종
부시(宗簿寺)에서 즉시 혼서(婚書)를 조사하고 매인(媒人)에게 물어 사
실을 조사한 후 거짓으로 혼인을 피하고자 도모한 경우에는 사헌부
(司憲府)에 이문(移文)하여 죄를 논한다. 이미 정혼한 다른 곳이 기년
(期年)을 경과한 경우에는 허락하지 않는다.『대전속록(大典續錄)』예
전(禮典) 혼례(婚禮)

『대전속록』의 규정은 종친이 종부시에 이미 망정(望呈)을 제출한 상
태에서 상대 집안이 이미 약혼한 혼처가 있으므로 종친관의 혼인에 응
할 수 없다고 거절하는 경우에 대한 처리 절차이다. 이런 경우에도 종
부시에서는 상대 집안의 주장을 자료에 근거하여 조사를 진행하였다.
정확하게 증거 문서를 제시할 수 없다면, 아마도 회피를 위한 거짓으로
처리될 것으로 판단된다. 정혼한 경우라도 만 1년이 경과한 경우에는
정혼에 의해 종친과의 혼인을 피할 수 없다고 명시하고 있다.『대전속
록』은 조항은 종친이 희망하는 혼인 상대가 사실상 이를 거절할 수 없
도록 하는 강제 규정의 성격을 가지고 있다.

종친의 혼인에 대해 종친이 희망하는 경우 사실상 상대방에서는 이
를 거부할 수 없도록 하는 제도를 만들어 간 데는 그만한 이유가 있었
다. 종친과의 혼인은 가격(家格)을 엄격하게 따지는 가문 입장에서는
경우에 따라서 날벼락과 같은 사안이었다. 종친의 혼인이 상대 가문과
의 사전 논의 없이 종친이 일방적으로 종부시(宗簿寺)에 희망 사항을
신고하면, 바로 종부시가 개입해서 혼인이 성립하도록 강제하는 것이
종친 혼인의 양상이었다. 이에 대해서 상대 가문은 이미 혼처(婚處)가
있다고 거부하더라도 혼처와의 구체적인 증빙 문서를 제시할 수 없으

면, 이러한 의사는 무시되었다. 더구나 이러한 의사 표현이 종친과의 혼인을 회피하기 위한 의도에 근거한 것으로 판정되면, 사헌부의 치죄 대상이 되는 위험 부담도 감수해야 했다. 비록 혼인이 진행되고 있다는 증거를 제시하더라도 논의가 시작된 지 일년 이상이 경과된 상태에서 혼인 의식이 치러지지 않았다면, 이 조차도 무효로 선언하도록 『대전속록』은 보다 강화된 규정을 보완하고 있다. 문제는 종친과의 혼인을 왜 상대 가문이 회피하려고 했는가 하는 점이다. 이와 관련된 심층적인 논의가 성종 때 이루어졌다.

1476년 오산군(烏山君) 이주(李澍)가 자신의 첩 소생 딸과 노충선(盧忠善)의 첩 소생 아들과의 혼인을 진행하였다. 명문가였던 노충선 집안에서는 이러한 혼인의 진행에 불만이 있었던 것 같고, 종친의 천첩 소생이 명문가와 혼인을 진행하는 것이 아무런 문제가 없는 것인지 검토가가 시도되었다. 성종 7년 시점에서 종친의 혼인 문제가 국왕이 검토해야 할 논의 사항이 된 데는 나름의 맥락이 있었다.

당시 성종과 논의에 참여하였던 종친들의 주장은 두 가지로 정리되어 있다. 첫째는 "종실(宗室)에서는 적첩(嫡妾)을 구분하지 아니하니, 이는 대개 왕파(王派)이기 때문입니다. 혼인(婚姻)하기에 이르러 한결같이 정원(情願)에 따른다면 간혹 혼인하지 못하고 죽는 자도 있을 것입니다. 비록 친소(親疎)의 구분이 있다 하더라도 선정(先正)에 있어서는 균등한 일파(一派)이며, 세종(世宗)께서 법(法)을 세운 것도 바로 이것을 위한 것이었으니, 옛날과 다름없이 하는 것이 어떠합니까?"라는 것이었다. 이 주장은 혼인에서 상대의 희망이 무시되면서, 종친이 임의로 혼인을 선택할 수 있다는 점과 이러한 특권이 적첩에 구애되지 않고 적용되어야 한다는 것이다. 이러한 제도를 만든 것은 세종이라는 점도 덧붙이고 있다.

둘째는 "종실에 있어서 첩자(妾子)의 양천(良賤)은 구별(區別)할 수가 없습니다. 만약 구별한다면 이는 어미의 미천(微賤)으로 인하여 아비의 고귀(高貴)함을 잃게 되는 것입니다. 비록 당대(當代)에서 멀다 하더라도 이 또한 선왕(先王)의 자손입니다. 반드시 사대부(士大夫)의 첩자와 혼인하고자 한다면 죽을 때까지 혼인조차 하지 못하는 자도 있을 것입니다."라는 것이다. 이 주장은 첩자 신분인 종친이 첩자만을 혼인 대상으로 한정한다면, 어미의 신분으로 종친으로서의 위상은 무시된다는 점을 강조하고 있다.

2) 혼인 의례의 정비와 관련 종친 의례

(1) 혼인 의례 정비

조선에서는 각 신분에 따라 차등이 두어진 혼인 의례를 규정하였다. 『세종실록』「오례」는 국가례 전반에 대한 정리를 시도한 첫 시도였다. 1444년 국왕은 정척·변효문 등 집현전에 오례에 대한 정비를 지시하였다. 『세종실록』「오례」는 당시 지시에 따라 진행된 작업을 반영한 것이었다. 「실록오례」는 미완의 작업이었고, 『세종실록』에 수록할지를 두고도 격론이 벌어졌다. 이미 알려진 것처럼, 경위는 알 수 없지만, 오례 중 길례는 태종 때 공인된 『제사의식』과 『제사서례』로 대체하고, 나머지 사례(四禮)만 수록하였다. 수양대군이 집권하는 계유정난을 겪으면서, 커다란 정치적 혼란 속에서 세종이 시도했던 첫 오례 정리 작업은 완성되지 못한 상태로 마감되었다. 그렇지만, 혼인 의례의 경우는 사실상 이때의 작업으로 일단락되었다. 『국조오례의』의 혼인 의례는 「실록오례」의 관련 의주를 전재하다시피 옮겨 실었다.

종친의 직제는 『경국대전』에 세세하게 규정되어 있는데, 『경국대전』 규정의 원형이 등장하는 것은 1443년(세종25)이었다. 『세종실록』 「오례」는 새로 제정된 종친 직제를 염두에 두면서 작성되었다. 왕자의 혼례 의식을 국가에서 공식적으로 상정한 것은 1435년(세종17)이었고, 이때 1품 관원부터 일반 서인에게 적용하는 혼례 의식도 작성되었다.[7] 당시 작성된 의주는 왕자의 경우 대군(大君)을 대상으로 하고 있고, 일반인의 경우에는 종친이 따로 규정되고 있지 않았다. 조선의 전체적인 신분 질서에서 종친이 어떻게 자리잡을 것인지에 대한 포괄적인 규정이 1443년 마련되었고, 이를 반영하여 『세종실록』 「오례」의 혼인 의례에서는 종친의 규정이 반영되었다. 『국조오례의』의 혼인 의식은 이를 계승한 것이었다.

<표 2> 국조오례의 혼의

	Ⓐ納妃	Ⓑ世子納嬪	Ⓒ王子昏禮	Ⓓ王女下嫁	Ⓔ宗親文武官一品以下昏	六禮	가례
①	納采	納采	納采	納采	納采	納采	議婚
②	納徵	納徵	納幣	納幣	納幣	問名	納采
③	告期	告期	親迎	親迎	親迎	納吉	納幣
④	册妃	告宗廟	同牢	同牢	婦見舅姑	納徵	親迎
⑤	命使奉迎	册嬪	夫人朝見	公主見舅姑	婦見祠堂	請期	婦見舅姑
⑥	同牢	臨軒醮戒	大君見夫人之父母	公主見祠堂		親迎	廟見
⑦	王妃受百官賀	親迎		壻朝見			壻見婦之父母
⑧	殿下會百官	同牢					
⑨	王妃受內外命婦朝會	嬪朝見					
⑩		殿下會百官					

---

7) 『세종실록』 권67, 세종 17년 2월 29일(신미)

<표2>는『국조오례의』혼인 의례에서 각 절차를 비교 정리한 것이다. Ⓐ-Ⓔ는『국조오례의』에 표제로 수록된 의주를 제시한 것이다. 표제 중 마지막 육례(六禮)는『의례』사혼례의 절차를, 가례는『주자가례』의 혼례 절차를 제시하였다. 종친에게 적용되는 별도의 혼례 절차는 규정되지 않았다.『국조오례의』에 의하면, 종친의 경우는 문·무관 1품 이하와 혼례 절차를 공유하도록 하였다. 물론 해당 의주는 일반 서인에까지 적용되는 것이었다.

조선이 혼례 의식을 정비하는 과정에서 가장 문제가 된 것은 조선의 혼속이 중국에서 유래한 유교식 혼속을 수용할 수 없는 상태였다는 점이다. 중국은 부인을 상당한 비용을 지불하고 남자의 집으로 데려오는 방식을 취하고 있었다. 유교식 제사는 이를 전제로 남자 중심의 의례 형식을 취하게 되었다. 조선에서는 사위가 장인의 집에 들어가는 방식으로, 즉 장가드는 형태의 혼속이 일반적이었다. 따라서 부인을 신랑이 맞아들인다는 의미의 친영으로 상징되는 유교 혼례는 조선에서 가능하지 않은 방식이었다. 그럼에도 유교 국가를 지향하고, 이를 의례의 실천을 통해서 실현하고자 했던 조선에서는 친영(親迎)이 포함된 혼례 의식을 구상하였다. 그러한 구상의 결과가『국조오례의』혼례 의식이었다.

유교적 혼인 의례는 통상 육례(六禮)로 지칭된다.『의례』사혼례(士婚禮)에서 유래한 것인데, 육례는 납채, 문명, 납길, 납징, 청기, 친영으로 구성되었다. 납채는 채택을 받아들인다는 의미로 신부집에서 중신자를 통해 신랑집의 채택의사를 수용한다는 뜻이다. 문명은 신부의 외가쪽 가계를 확인하는 절차이고, 납징은 결혼이 성사되었음을 상징하는 절차이다. 청기는 신부 쪽에 날짜를 정해달라고 요청하는 절차이고, 친영은 신부를 맞이하여 들이는 것이다. 실제의 혼인 절차가 이러한 여섯 절차를 갖추어 진행되지는 않지만, 정상적으로 진행되는 혼인 의례를 육례로 통칭한다.『주자가례』에서 육례에 해당하는 절차는 의혼, 납채, 납폐, 친영의 네 단계로 축소되어 설정되어 있다. 친영 이후에 신부가 신랑의 부모를 뵙고, 사당에 인사하는 절차와 신랑이 신부 부모에게 인사하는 절차가 후속 의식으로 혼례의 정식 절차를 구성하고 있는 점에서『의례』와 차이가 있다.

조선의 경우는 오랜 기간 사위가 장인집에 체류하는 방식으로 혼인이 이루어졌기 때문에 친영의 절차가 진행될 수 없었다. 또한 불교 사회의 전통 속에서 유교 제사의 공간으로 가묘가 마련되지도 못했다. 따라서『의례』의 사혼례에서 하이라이트에 해당하는 친영을 실행할 수 없었고,『주자가례』에서 강조되는 사당에서의 인사도 불가능했다. 그럼에도 조선이 공인한 혼례 절차에서는 이 두 가지를 실천하도록 설정되었다. 당연하게도 공인된 절차는 실제의 혼례로 활용될 수는 없었지만, 왕실을 중심으로 이의 실천이 시도되었다. 1512년 중종은 다음과 같은 지시를 내린다.

세종(世宗)께서 말씀하시기를 '혼례는 삼강(三綱)의 근본이요, 시초를 바로 잡는 도리이므로, 성인들이 대혼(大婚)의 예를 중시하여 친영(親迎)하는 의식을 마련한 것인데, 우리나라의 풍속은 남자가 여자의 집으로 가는 것이 그 유래가 이미 오래어 갑자기 고칠 수 없으니, 이제부터 왕자나 왕녀의 혼인을 한결같이 옛 법제대로 하여 백성들의 모범이 되도록 하라.' 하셨고, 또한 《오례의》에도 종친과 문·무 관원 1품 이하 모든 사람의 혼인에 친영하는 의식이 실렸는데, 습속에 버릇이 되어 버려 두고 거행하지 않으니 결여된 법이라 하겠다. 만일 위에 있는 사람들이 먼저 그 예절을 실행한다면 아랫사람들은 자연히 감화될 것이다. 이 뒤부터 경대부(卿大夫)의 집에서 혼인할 때에는 친영의

의식을 한결같이 예문에 따라 하면 사서(士庶)의 집들 또한 본받게 될 것이니, 수의하여 아뢰도록 하라.8)

16세기에도 여전히 조선의 혼속은 남자가 여자 집으로 '장가드는' 형태였다. 세종은 이를 감안하여 왕자와 공주의 혼례는 친영을 도입하도록 하였다. 그리고 이러한 의도는『국조오례의』에도 반영되었다. 종친과 문무관원은 모두 친영을 하도록 하였는데, 현실은 이러한 실천이 제대로 이행되지 않았다. 중종은 현직 관원을 중심으로 친영을 실천하여, 나머지 일반인들이 이를 본받도록 지시한 것이다.

『국조오례의』혼례 의식은『주자가례』에서 많은 부분을 차용하고 있다. 종친에게 일반인과 동일한 절차를 적용하고 있는데, 여기에 적용된 방식은『주자가례』에 규정된 방식에 근거하고 있다. 왕자와 왕녀, 종친에게 적용된 납채, 납폐, 친영의 절차는『주자가례』에 규정된 절차이다. 이는『의례』에서 납채에서 친영까지 여섯 절차를 세 단계로 축소한 것인데, 조선은『주자가례』의 축소된 절차를 수용하고 있다.

『주자가례』에서 친영 이후의 절차는 부인이 시부모를 뵙고, 사당에 인사를 올리도록 한다. 이와 별도로 사위가 부인의 부모와 가족에게 인사를 드리도록 하고 있다.

1435년(세종17) 1품에서 서인까지에 적용되는 혼례 절차가 작성되었다.9) 종친에게 적용되는 별도의 혼례 절차는 확인되지 않지만, 1434년 종친 친영의(親迎儀)가 언급되는 것으로 보아 통용되는 의식은 있었던 것으로 추정된다.10) 1430년대는 다양한 의례 절차가 마련되는 시기

---

8) 『중종실록』 권17, 중종 7년 1월 24일 (갑오)
9) 『세종실록』 권67, 세종 17년 2월 29일 (신미)
10) 『세종실록』 권6, 세종 16년 1월 2일 (병신)

인데, 종친 혼례의는 별도로 작성되지 않았다. 왕자 혼례의는 따로 작성되었는데, 그 절차가 1품에서 서인에게 적용되는 의식과 유사한 구조로 설정되었다.[11]

종친의 혼인 의식을 『국조오례의』에 수록된 다른 혼례 의식과 비교하여 정리하면 다음 표와 같다.

\<표 3\> 『국조오례의』 혼례 의식 비교

	①납비의	②왕세자납빈의	③왕자혼례	④종친혼례
전의 (前儀)	납채(納采)	납채(納采)	납채(納采)	납채(納采)
	납징(納徵)	납징(納徵)		
	고기(告期)	고기(告期)	납폐(納幣)	납폐(納幣)
	책비(册妃)	책빈(册嬪)		
본의 (本儀)	명사봉영(命使奉迎)	임헌초계(臨軒醮戒)	친영(親迎)	친영(親迎)
		친영(親迎)		
	동뢰(同牢)	동뢰(同牢)	동뢰(同牢)	
후의 (後儀)	왕비수백관하 (王妃受百官賀)	빈조현(嬪朝見)	부인조현(夫人朝見)	부현구고(婦見舅姑)
	전하회백관 (殿下會百官)			
	왕비수내외 명부조회	전하회백관 (殿下會百官)	대군현부인지부모 (大君見夫人之父母)	부현사당(婦見祠堂)

『국조오례의』에 수록된 혼례 의식은 각 혼례에 대한 의례 작성자의 이해를 반영하여 작성되었다. 표에서는 전체 의식의 구성을 전의와 본의, 후의로 구분하였다. 남녀 두 사람이 만나서 이루어지는 절차를 본의를 설정하고 그 이전에 진행되는 절차는 전의로 분류하였다. 두 사람이 부부의 관계를 맺은 후 이루어지는 절차는 후의로 정리하였다.

①국왕이 왕비를 들이는 의식과 ②왕세자가 빈을 들이는 의식은 이른바 국혼(國婚)에 해당하는 의식이다. 이들 의식이 전의에서 공통으로 진

---

11) 『세종실록』 권67, 세종 17년 2월 29일 (신미)

행하는 절차는 책례(冊禮)이다. 책례는 책을 주어 신분을 변화시키는 의례이다. 국왕은 동급이 아닌 여인을 선택하여 왕비로 들이게 되는데, 국왕이 자연인이 아닌 책을 부여하여 새로운 왕비의 격으로 승격된 여인을 맞이하여 본의를 진행하게 된다. 책례는 자연인으로서의 여인을 왕비의 격으로 승격시키는 절차이다. 왕세자의 경우도 자연인인 여인이 동등한 등급을 가진 빈의 지위로 격상시키는 책례의 절차를 시행한다.

왕자와 종친 이하의 혼인에서는 책례가 설정되어 있지 않다. 국왕을 정점으로 하는 국가 신분 질서에서 국왕과 왕세자는 보편적인 자연인과 구분되는 인격을 가진 것으로 간주된다. 따라서 이들의 혼례가 진행되기 위해서는 선택된 여인이 동급의 지위로 승격되는 의례를 진행하는 것이다. 반면에 왕자 이하의 신분은 이러한 절차가 요구되는 차별화된 인격으로 간주되지 않는다. 이러한 절차가 왕자의 신분이 특별한 것임을 부정하는 것은 아니지만, 왕자와 종친의 특별한 신분이 국왕이나 왕세자와는 격이 다르다는 사실을 의례에 반영하고 있는 것이다.

본의 단계는 남녀가 부부가 되는 본격적인 절차가 진행된다. 국왕을 제외하면 모두 친영(親迎)을 시행하는 것으로 설정되어 있다. 친영의 시행은 일반인 사이에서는 거의 이루어지기 어려운 것이었다. 남자가 여자 집으로 이동하는 혼인 습속이 보편적인 상황이었기 때문에 남자가 여자를 맞이하여 자신의 집으로 돌아오는 친영은 현실과 동떨어진 것이었다. 국가 의례의 수준에서 국왕은 애초부터 친영을 하지 않았다. 사신을 시켜서 대신 신부를 맞아오는 명사봉영(命使奉迎)은 국가적 차원에서 친영을 대체하는 의식 절차였다. 『국조오례의』 국왕의 혼인 절차에서도 동일한 방식을 채택하고 있다. 왕세자의 경우는 친영을 수행하는 왕세자에게 국왕이 직접 이를 격려하는 임헌초계(臨軒醮戒)의 절차가 설정된 점이 특징이다. 종친의 경우는 본의 단계를 친영만으로 설정하고 있다. 남녀가 만나서 부부가 되는 의식의 핵심을 친영으로 상정하고 있다는 점이 주목된다.

후의를 구성하는 절차는 네 가지 경우가 차이를 보이고 있다. 종친의 경우는 혼인이 이루어진 여인을 부인(婦人)으로 지칭하고 있다. 반면에 국왕은 왕비, 왕세자는 빈, 왕자는 부인(夫人)으로 작위의 명칭을 사용하고 있다. 이들은 혼인을 통해 신분이 변화하고 법에 의해 작위가 부여되는 특수한 혼인이 이루어졌기 때문에 이를 의식에 반영하고 있는 것이다.

종친의 의식에만 부인이 다음날 시부모를 뵙고, 남편 집안의 사당에 인사하는 것을 규정하고 있다. 반면에 국왕과 왕세자, 왕자의 경우에는 사당에 인사하는 절차가 설정되어 있지 않다. 국왕의 경우는 왕비가 왕비의 자격으로 처음으로 시행되는 백관의 하례(賀禮)를 받고, 국왕은 이들에게 잔치를 베푼다. 이어서 왕비가 내외명부를 통솔하는 신분으로서 이들의 하례(賀禮)를 받는 것으로 후의의 절차를 종료한다. 왕세자 혼례에서는 왕세자빈이 국왕을 뵙고, 국왕은 백관에게 잔치를 베푸는 것으로 후의를 구성하고 있다. 왕자의 경우는 부인(夫人)이 국왕을 뵙는 절차와 왕자가 처부모를 뵙는 절차를 대응해서 구성하고 있다. 국왕과 왕세자, 왕자의 경우 이들의 사당은 종묘(宗廟)로 간주되었기 때문에 사당에 인사하는 절차를 설정하지 못한 것이다. 이들 신분층의 혼인에서 종묘에 신부가 인사하는 절차는 영조 때에 가서야 설정되었다.

(2) 종친의 혼인 의례

종친만을 위한 혼인 의례는 별도로 기록되어 있지 않다. 『국조오례의』에는 종친을 비롯하여 문무관원과 일반인에까지 적용되는 혼인 의식을 포괄하여 규정하고 있다. 국혼이 육례(六禮)의 구성을 원칙으로 하고 있지만, 본 의식의 경우는 납채(納采), 납폐(納幣), 친영(親迎)으로 구성되어 있고, 혼인 이후의 의식으로 부현구고(婦見舅姑)와 부견사당(婦見祠堂)이 규정되어 있다. 전자는 신부가 시부모를 뵙는 의식이고, 후자는 시댁의 사당에 인사하는 의식이다.

국혼과 비교할 때 이 의식이 다른 점은 친영을 구성하고 있다는 사실이다. 친영은 신랑이 신부를 장인댁에 가서 데리고 오는 것을 의미하는데, 신부를 신랑의 집으로 데리고 왔기 때문에 시부모를 만나고, 사당에 인사하는 절차가 후속 의식으로 규정되고 있는 것이다.

친영을 주요 구성으로 하여 진행되는 『국조오례의』의 종친 의식은 현실과 괴리된 것이었다. 현실의 혼례는 여자 집으로 남자가 이동하는 것이 일반적이었고, 종친의 경우도 이에서 크게 벗어나지 않았다. 친영은 당시 조선에서는 매우 낯선 의식이었다. 다만 『국조오례의』의 의식은 당시 조선이 지향하고 있던 이상형을 제시했다는 점에서의 의의를 가진다. 다음은 해당 의식을 번역하여 소개한다.[12]

<종친과 문무관 1품 이하의 혼례>

○ 납채(納采)

주인은 글을 갖춘다.[13] 주인은 일찍 일어나 사당에 고유한다. 의식 대로 한다.[14] 이에 자제(子弟)를 사자로 하여, 성복(盛服) 차림으로 신

---

12) 한희숙교수의 번역을 사용하였다.

13) 직함. 성명을 갖춘다. 때는 맹춘 <시기에 따라 고쳐 칭한다>으로서 태후(台候)<2품 이상은 태후(台候)라 칭하고, 3품은 중후(重候), 4품에서 6품까지는 아후(雅候)라 통칭하고, 7품 이하는 재후(裁候)라 칭한다.> 다복하십니까? 아무개의 아들(某之子) 아무개(某若), 또는 아무개친(某親) 아무개의 아들(某之子) 아무개(某)는 나이 이미 장성하였으나 아직 배우자를 두지 못하였습니다. 삼가 납채하는 예를 행하오니 굽어 살펴주십시오. 이만 줄입니다. 연 월 일

14) 길례에 나와 있다. 축사(祝詞)에 "아무개의 아들(某之子) 아무개(某若), 또는 아무개친(某親) 아무개의 아들(某之子) 아무개(某)는 나이 이미 장성하였으나 배우자를 두지 못하였습니다. 이미 아무개관(某官) 아무개군(某郡) 성명의 딸에게 장가들기로 의논

부의 집에 보낸다.

주인15) 또한 성복으로 나와 맞이한다.16)사자가 정청(正廳)으로 오른다. 사자가 치사(致辭)에서 "그대가 은혜롭게 배우자를 아무개(某)에게 주시니 아무개의 아무개친(某之某親)인 아무개관(某官)은 선인의 예에 따라 아무개를 시켜 납채하기를 청합니다"라고 한다. 종자가 글을 들인다. 사자가 글을 주인에게 준다. 주인은 대답하여 말하기를 "아무개의 여식, 또는 누이·조카·손녀는 어리석고 또 가르치지 못하였습니다.17)당신이 명하시니 아무개는 사양할 수 없습니다" 라고 한다. 이에 주인은 글을 받고 북쪽을 향하여 두 번 절한다. 사자는 비켜서서 답배하지 않는다.18) 사자는 물러나 명을 기다릴 것을 청한다. 막차로 돌아간다.

주인은 사당에 아뢴다. 사위 집에서의 의식대로 한다.19)

주인은 나아가 사자를 맞이하여 정청으로 오른다. 답서[復書]를 준다.20) 서로 절을 하기를[交拜] 평상시 빈객의 예와 같이한다. 이에 주인은 주찬21)으로 사자를 접대한다. 사자는 돌아와 명을 아뢴다.[復命]

○ 납폐(納幣)22)

하여 오늘 납채를 하니 감격스럽고도 슬픈(感愴) 마음을 이길 수 없습니다"라고 한다.

15) (역주) 주인 : 여기서의 주인은 신부집의 주혼자이다.

16) 빈과 주인이 예를 행할 때 모두 찬자가 서로 인도한다.

17) 만약 시집갈 사람이 주인에게 고모나 누님인 경우에는 "어리석고 또 가르치지 못하였다" 라고 말하지 않는다.

18) (역주) 사자는 비켜선다 : 주인의 절을 받는 주체가 왕이 되기 때문에 사자는 답하여 절하지 않는다.

19) 축사에 "아무개의 제 몇째 딸, 또는 아무개친 아무개의 제 몇째 딸은 나이 점점 장성하여 이미 아무개관(某官) 아무개군(某郡) 성명의 아들에게 시집보내기로 허락했습니다. 오늘 납채를 하니 감격스럽고도 슬픈(感愴) 마음을 이길 수 없습니다" 라고 한다.

20) 직함·성명을 갖춘다. 글을 받들고 납채의 예를 살필 수 있었습니다. 아무개의 딸, 또는 아무개친 아무개의 딸은 어리석고 또 가르치지 못하였습니다. 만약 시집갈 사람이 주인에게 고모나 누님인 경우에는 나이 점점 장성하여 오늘 높으신 명을 받고 보니 사양할 수가 없습니다. 굽어살펴 주십시오. 이만 줄입니다. 연 월 일.

21) 찬품(饌品)은 3가지를 넘지 않는다.

주인은 일찍 일어나 사자23)를 신부집으로 보낸다. 주인은 나아가 사자를 맞이하여 정청으로 오른다. 사자는 치사에서 "그대가 은혜롭게 배우자를 아무개에게 주시니 아무개의 아무개친 아무개관은 선인의 예에 따라 아무개를 시켜 납폐하기를 청합니다"라고 한다.

종자가 폐백을 사자에게 들인다. 사자가 폐백을 주인에게 준다. 주인은 답하여 말하기를 "그대가 선인의 법에 따라 아무개에게 중한 예물을 주시니 명을 받지 않을 수 없습니다"라고 한다. 이에 폐백을 받고 두 번 절한다. 사자는 비켜선다.

빈(賓)을 예우하는 것 및 사자가 복명하는 것은 모두 납채하는 의식과 같다.

○ 친영(親迎)24)
행사 1일 전
신부집에서는 사람을 시켜 사위의 방에 늘어 놓는다.25)
행사 당일
사위 집에서는 방안에 깔개(席) 두개를 설치한다. 방향은 동쪽과 서쪽에 마주 향하게 한다.26)또 절하는 자리[배위(拜位)]를 자리(座)의 남쪽에 설치한다. 주탁(酒卓)은 방안에 설치하는데 위치는 남쪽에 가깝게 한다. 두 개의 잔(盞)과 근을 그 위에 둔다.

신부의 집에서는 막차(幕次)를 밖에 설치한다.
초어스름에 사위는 성복을 한다.27)

---

22) 폐백은 명주나 베를 쓴다. 2품 이상은 검은 것 3, 분홍 2를, 3품 이하 서인(庶人)에 이르기까지는 검은 것과 분홍 각 하나로 한다.
23) 만약 길이 멀거나 혹은 이유가 있으면 납채와 납폐를 같은 날 같은 사신이 한다.
24) 만약 처가가 먼데, 예를 행하기를 원하면 처가에서 가까운 곳에 나가 사위가 유숙할 곳을 마련한다. 사위가 신부집에 감에 그가 유숙하는 곳에서 맞아들이고 돌아가는 예를 행한다.
25) 이불과 요는 명주와 무명으로 한다. 병풍·자리·장만 등은 사위 집에서 갖추어 늘어 놓는다.
26) 사위의 깔개(席)는 동쪽에, 신부의 깔개(席)는 서쪽에 있다.

주인은 사당에 고유한다. 납채 의식과 같다.28)마치면 주준(酒尊)과 잔을 놓은 탁자를 당위에 설치한다.

아버지는 당의 동쪽에 앉는다. 방향은 서쪽을 향하게 한다. 사위의 깔개(席)를 그 서북쪽에 설치한다. 방향은 남쪽을 향하게 한다. 사위는 서쪽 계단으로 올라와 깔개(席)의 서쪽에 선다. 방향은 남쪽을 향하게 한다.

집사자가 잔에 술을 따라 사위의 깔개(席) 앞에 나아가 북쪽을 향하여 선다. 사위는 네 번 절한다. 깔개(席)에 오른다. 방향은 남쪽을 향하게 한다. 무릎 꿇고 잔을 받아 좨주(祭酒)를 한다. 일어나 깔개(席) 끝에 나아가 무릎 꿇는다. 술을 맛보고 집사자에게 준다. 또 네 번 절한다. 나아가 아버지 자리(座) 앞에 가서 동쪽을 향하여 무릎 꿇는다. 아버지는 명하여 "가서 네 안사람을 맞아 우리 종사를 잇게 하라.29) 힘써 공경으로 거느리고 너는 떳떳한 법도를 가지라" 라고 말한다. 사위는 "예, 다만 감당하지 못할까 두렵습니다만 명을 잊지 않겠습니다" 라고 말한다. 부복하였다가 일어나 나간다.30)

주인은 속예를 딸려 보낸다.

사위는 말을 탄다. 횃불이 앞에서 인도한다.31) 예의에 갖출 물품32)을 가지고신부의 집 대문밖에 이른다. 말에서 내린다. 막차에 들어가 기다린다.

주인은 사당에 아뢰는데 납채 의식과 같다.33)

---

27) 관직에 있는 사람은 시임(時任)·산직(散職)을 불구하고 공복(公服)을 입는다. 문·무양반의 자손이나 급제한 사람과 생원은 사모(紗帽)에 각대(角帶)를 띤다. 서인(庶人)은 갓에 도아(絛兒) (역주) 도아(絛兒) : 실을 꼬아 만든 띠를 사용한다. 사모·각대를 갖출 수 없는 사람은 갓에 도아(絛兒)를 사용해도 좋다. 의복은 모두 명주와 무명으로 한다.

28) 축사에 "아무개의 아들, 또는 아무개친 아무개의 아들 아무개는 오늘 아무개관(某官) 모모군(某某郡) 아무개씨(某氏)를 친영하려 하니 감격스럽고도 슬픈(感愴) 마음을 이길 수 없습니다" 라고 한다.

29) 종자(宗子)의 아들이 아니면 종사를 고쳐 가사(家事)라 한다.

30) 만약 종자가 고아라서 스스로 혼인할 경우에는 이 예를 행하지 않는다.

31) 2품 이상은 횃불 10자루이고, 3품 이하는 횃불 6자루로 한다.

32) 붉은 빛깔이 섞인 안장과 초롱같은 것, 그 의물(儀物)이 없는 사람은 사용하지 않는다.

신부는 성식(盛飾)한다.[34]부모(傅姆)가 도와서 나온다. 아버지는 마루의 동쪽에 앉는다. 방향은 서쪽을 향하게 한다. 어머니는 서쪽에 앉는다. 방향은 동쪽을 향하게 한다. 신부의 깔개(席)는 어머니의 동북쪽에 설치한다. 방향은 남쪽을 향하게 한다. 신부는 깔개(席)의 서쪽에 선다. 방향은 남쪽을 향하게 한다. 집사자는 술로 초례를 행하는데 사위가 행한 의례(壻禮)와 같이 한다

주인은 나아가 사위를 문밖에서 맞이한다. 읍양하고 들어온다. 사위는 기러기[35]를 들고 따라서 마루에 이른다. 주인은 동쪽 계단으로 올라 서쪽을 향하여 선다. 사위는 서쪽 계단으로 올라 북쪽을 향하여 무릎 꿇는다. 사위가 기러기를 땅에 놓는다. 주인을 모시는 자(侍者)가 받는다. 사위가 부복하였다가 일어나 두 번 절한다. 주인은 답배하지 않는다.

사위가 서쪽 계단으로 내려간다. 주인은 내려가지 않는다.

부모(傅姆)가 신부를 인도하여 어머니의 왼쪽으로 나온다. 아버지는 나아가 명하기를 "공경하고 조심하여서 밤낮으로 시부모의 명에 어김이 없게 하라"라고 한다. 어머니는 서쪽 계단 위에서 보내는데 관을 정리하고 피(帔)[36]를 매만져주며 명하기를 "힘쓰고 공경하여 밤낮으로 너의 규문(閨門)[37]의 예를 어기지 말라"라고 한다. 제모(諸母)·고모·올케·언니는 중문 안에 나와 전송하는데 옷을 매만져주고 부모의 명을 거듭 다지며 "삼가 네 부모의 말씀을 들어 밤낮으로 허물이 없게 하라"라고 말한다.

---

33) 축사에 "아무개(某)의 제 몇째 딸, 또는 아무개친(某親) 아무개(某)의 제 몇째 딸이 오늘 무슨 관(某官) 무슨 군(某郡) 성명에게 시집가려 하니 감격스럽고도 슬픈(感愴) 마음을 이길 수 없습니다"라고 한다.

34) 의복은 명주와 무명으로 한다.

35) 산기러기다. 왼쪽 머리(左首) (역주) 좌수(左首) : 『禮記』「曲禮」에 "새를 잡는 것은 왼쪽 머리(執禽者 左首)라 하고, 그 疏에 "왼쪽은 양이요 머리도 양이기 때문이다. 왼쪽 머리는 비껴서 받드는 것을 말한다"(左陽也 首亦陽也 左首謂橫捧之)라고 하였다. 는 색이 있는 비단실로 엇갈려 묶는다. 없으면 나무로 깎아 만든다.

36) (역주) 피(帔) : 소매가 없는 웃옷.

37) (역주) 규문(閨門) : 여자들이 거처하는 곳(『正字通』 "閨 女稱閨秀 所居亦曰閨")

부모(傅姆)는 신부를 받들고 나온다. 사위는 중문을 나간다. 신부가 따른다. 사위가 교자의 발(簾)을 들고 기다린다. 부모(傅姆)가 사양하며 "가르치지 못했습니다. 예우하실 것 없습니다"라고 말한다. 이에 신부는 교자에 오른다. 횃불이 앞에서 인도한다.[38] 사위가 말을 타고 앞서 간다. 신부가 다음에 간다. 주인은 속예(屬隷)를 딸려 보낸다.

사위가 집에 돌아와 신부가 이르기를 기다려 인도하여 들어간다. 사위가 읍하면 신부는 깔개(席)로 간다. 신부가 두 번 절하면 사위는 답배한다. 사위는 읍하고, 신부는 자리(座)로 간다. 종자가 찬과(饌果)[39]를 설치하고술을 따른다. 사위와 신부는 좨주하고 마시고 안주를 든다. 또 종자가 술을 따른다. 사위와 신부는 마시고 안주를 든다. 또 종자가 근에 술을 따른다. 사위와 신부가 마시고 안주를 든다. 종자는 찬을 치워서 방밖에 둔다.

사위는 나가서 다른 방으로 간다. 부모(傅姆)와 신부는 방안에 머무른다. 사위가 다시 들어와 옷을 벗는다. 신부의 종자가 받는다. 신부가 옷을 벗는다. 사위의 종자가 받는다.

촛불이 나간다.

사위의 종자가 신부가 남긴 음식을 먹는다. 신부의 종자가 사위가 남긴 음식을 먹는다.

○ 부현구고(婦見舅姑)

행사 다음날

신부는 일찍 일어나 성식(盛飾)을 하고 뵙기를 기다린다. 시부모는 마루 위에 앉는다. 방향은 동쪽과 서쪽에 서로 마주 향한다. 각각 탁자를 (시부모) 앞에 놓는다. 신부는 나아가 조계(阼階)[40] 아래에 선다. 방향은 북쪽을 향하게 한다. 네 번 절한다. 올라가 대추와 밤이 담긴 소반[棗栗盤]을 탁자 위에 올린다. 시아버지가 위무한다. 모시는 사람은 들어간다.

---

38) 횃불의 수는 각각 지아비의 횃불 숫자에 따른다.
39) 찬품을 칠과(七果)를 넘지 않는다. 서인은 편리한대로 하거나 5과로 한다.
40) (역주) 조계(阼階) : 동쪽 계단, 주인이 당(堂)에 올라가는 계단.

신부는 내려와 또 절을 한다. 서쪽 계단 아래에 간다. 방향은 북쪽을 향하게 한다. 네 번 절한다. 올라가 단수반(股脩盤)[41]을 올린다. 시어머니가 들어서 모시는 사람에게 준다. 신부는 내려와 또 절한다.

구고례(舅姑禮)는 신부가 초례하는 의식과 같다. 만약 시부모가 모두 안 계시면 신부는 주혼 존장(主昏尊長)을 뵙기를 시부모 뵙는 예와 같이 한다. 다만 두 번 절한다.

○ 부견사당(婦見祠堂)

행사 한 뒤 3일째

주인은 향탁 앞에 가서 무릎 꿇고 고하기를 "아무개의 아들 아무개, 또는 아무개친 아무개의 아들 아무개의 신부 아무개씨가 뵈옵니다"라고 한다. 사당에 고하기를 마치면 향탁의 동남쪽에 선다. 방향은 서쪽을 향하게 한다.

주부가 신부를 데리고 나가 두 계단 사이에 선다. 신부는 두 번 절하고 물러난다.[42]

3. 종친의 장례와 유교 제사

1) 종친의 죽음과 대우

(1) 흉례의 진행과 국상의례

종친은 국왕의 가까운 친족으로 특별히 관직을 제수하여 그 신분을 구분하는 존재였다. 국왕도 이들의 죽음에 대해서 일정한 조문과 위로를 전달하는 의무가 『경국대전』에 규정되어 있다. 다음은 『경국대전』

---

41) 대추와 밤이 없으면 제철 과일(時果)을 쓴다. 단수가 없으면 말린 고기(乾肉)를 쓴다.
42) 만약 종자의 아들이 아니고, 사당이 딴 곳에 있으면 신부는 3일 이후에 뵙는다.

의 해당 조문이다.

　　종친이나 대신이 죽으면 왕에게 보고하고 조회를 하지 아니한다.
　　[종성의 기친 및 왕자는 3일, 종성의 대공친 및 정종1품은 2일, 조성
의 소공친 및 정2품은 1일, 문무관의 정종 1품은 2일<의정을 지냈으
면 3일> 정2품은 1일 동안<팜찬 판서를 지냈으면 2일>ㅇ모두 실직
을 따른다. 이하도 같다.] 조회를 하지 아니한다.
　　부의(賻儀)를 보내고 조문(弔問)하여 제사(祭祀)하고[종성의 단문
<고조형제, 증조4촌형제, 조의 6촌형제, 부의 8촌 형제, 자기의 10촌
형제ㅇ딸은 출가했어도 본래의 복대로 한다.>이상, 이성의 시마 이상
친족 및 처, 문무관 2품 이상 및 공신<예장(禮葬)을 하는 경우에는 부
의(賻儀)는 하지 않는다.>], 우대 규례에 따라 장례를 치러준다.[종친
은 2품 이상, 문무관 1품 이상과 공신]

　규정에 의하면, 종친의 죽음은 조회 중지의 이유가 된다. 조회가 중
단되는 기간은 종친직제의 등급을 기준으로 하고 있다. 아울러 사망한
종친을 위하여 부의를 보내고 조문하고 제사하는 내용도 규정되고 있
다. 국왕이 친족을 대함에 있어서 정해진 법규에 의해 공평하게 이루어
지게 하기 위한 장치였다. 조선시대에 죽음과 관련된 의례의 정비는 불
교적 관행과의 차단과 관련하여 깊은 관심 사항이었다.
　흉례는 망자(亡者)가 인귀(人鬼)로 전환되는 과정에서 시행되는 의례이
다. 흉례는 대상이 인귀가 되는 과정이기 때문에 최종 단계에서 길례(吉
禮)로 전환되도록 설정되어 있다. 망자가 인귀로 전환되는 과정은 흉례의
공통적인 내용인데, 이러한 과정을 가장 명확하게 드러내는 것이 국상이
다. 국왕과 왕비를 대상으로 하는 국상의 절차는 왕세자와 종친 등 이하
신분의 상례에 반영된다. 국상 흉례의 과정은 다음과 같이 전개된다.

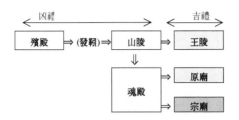
<그림 2> 흉례에서 길례로의 전개 과정

국왕(國王), 혹은 왕비(王妃)가 사망하면, 시신에 적절한 처리 절차를 거친 후에 재궁(梓宮＝棺)에 모셔진다. 재궁에 놓은 국왕은 바로 장례식이 진행될 수는 없고, 산릉(山陵)이 조성될 때까지 5개월 동안 궁궐 내의 지정된 장소에서 대기한다. 재궁이 모셔진 장소를 빈전(殯殿)이라고 하며, 빈전에서 5개월 동안 정해진 의식을 진행하게 된다. 빈전에서는 왕위 계승자를 중심으로 왕의 친족과 문무의 관원들이 행례(行禮)한다. 이때 진행되는 의식은 제사와 구분하여 전(奠)이라고 지칭하며, 전례(奠禮)에 부합하는 예찬(禮饌)이 준비된다.

산릉이 준비되면, 재궁은 산릉으로 이동하는데, 이때 발인(發靷) 의례가 진행된다. 재궁은 산릉에 매장되는 절차를 거친 후, 산릉에서는 국왕의 혼백(魂魄)을 대상으로 하는 의례가 시작되는데, 이를 시행하기 위한 공간으로서 정자각(丁字閣)이 조성된다. 재궁을 매장하면서, 우주(虞主)를 만들어서 다시 궁궐에 돌아와 혼전(魂殿)에 모시게 된다. 24개월이 되면, 우주를 대신하여 신주(神主)를 제작한다. 종묘에는 신주를 모시게 되고, 종묘에 부묘되는 시기는 사망 후, 만 27개월이 지난 이후이다. 사망 후 5개월 시점에서 산릉에 매장되는데, 이후 산릉에서의 의례와는 별도로, 혼전에서 우주를 대상으로의 사망한 국왕을 기억하는 의례가 진행된다. 혼전에서의 의례는 우주가 신주(神主)로 바뀌면서 종묘에 옮겨지는 사망 후 27개월이 되는 시점까지 진행된다.

　조선 전기에는 우주(虞主)로 기억되던 국왕을 신주(神主)로 옮겨서 종묘에 부묘시킴과 동시에 위판(位版)을 만들어서 위판을 일종의 원묘(原廟)인 문소전(文昭殿)에 모시게 된다. 종묘가 유교적 의례가 엄격하게 시행되는 공간이라면, 문소전은 생전의 고인의 취향을 반영하여 운영되는 왕실의 사적인 공간으로 기능한다.

　흉례(凶禮)의 과정에서 진행되는 의식은 전(奠)과 제(祭)로 구성된다. 흉례의 제사(祭祀) 의식은 기본적으로 길례와 유사한 패턴이다. 다만, 배례(拜禮)의 절차에 곡(哭)이 더해지는 점이 특징이고, 아직 완전한 신격(神格)으로 전환되지 않았기 때문에 음복수조(飮福受胙)의 절차가 없다. 또한 의례의 대상이 재궁(梓宮)이나 우주(虞主)로 현신한 상태이기 때문에 신을 부르는 별도의 절차도 설정하지 않는다. 흉례의 전(奠) 의식은 기본적으로 곡(哭)을 하는 의식이다. 그럼에도 곡을 하기 위해 전상(奠床)을 준비하고 배례(拜禮)를 하게 된다. 전상(奠床)은 기본적으로 일상식(日常食)을 반영하고, 여기에 융성하게 대접하는 잔치 상(床)의 개념이 들어와 있다. 따라서 전상의 구성은 한편으로는 가례(嘉禮) 영역에서 영향을 받게 되어 있고, 다른 한편으로는 속제(俗祭)라는 범주의 의식에 영향을 주어 길례(吉禮) 구성도 함께 변화되게 되어 있었다.

　다음 <표 4>, <표 5>는 실제 『국조오례의(國朝五禮儀)』 내용을 정리한 것이다. <표 4>는 『국조오례의』 의식 부분의 항목을 정리한 것이고, <표 5>는 서례(序例) 부분의 사항을 정리한 것이다.

<표 4> 『국조오례의』 흉례 의식의 구성

구분	의식	비고
殯殿	成殯奠, 朝夕哭奠及上食儀, 朔望奠, 議政府率百官進香儀	
發引	啓殯儀, 祖奠儀, 遣奠儀, 發引儀, 路祭儀, 遷奠儀,	山陵行
	立主奠儀, 返虞儀	魂殿行
山陵	安陵奠儀, 山陵朝夕上食儀, 四時及臘俗節朔望享山陵儀, 親享山陵儀	
魂殿	魂殿虞祭儀, 卒哭祭儀, 魂殿朝夕上食儀, 魂殿四時及臘親享儀(攝事儀), 魂殿俗節及朔望親享儀(攝事儀), 練祭儀, 祥祭儀, 禫祭儀	
	祔廟儀	宗廟行
	題位版儀, 祔文昭殿儀	原廟行

<표 5> 『국조오례의』 흉례 예찬 도설 수록 의식

禮饌 圖說	類似 禮饌 儀式	장소
襲奠	小殮奠, 大斂奠, 成殯奠, 朔望奠, 俗節奠, 進香, 上諡冊寶, <啓殯奠, 祖奠, 遣奠, 路祭>	殯殿
	下山陵奠, 遷奠, 立主奠, 安陵奠	山陵
朝夕奠		殯殿
虞祭	卒哭, 四時及臘, 俗節, 焚黃, 練祭, 祥祭, 禫祭	魂殿
魂殿朔望祭		
山陵四時及俗節	朔望	山陵

<그림 2>'흉례에서 길례로의 전개 과정'에 제시한 개념이 실제로 『국조오례의』에 반영되어 있음을 보여준다. 빈전(殯殿)의 의례는 왕릉이 조성된 이후에는 산릉(山陵)과 혼전(魂殿) 의례로 나뉘어 진행된다. 흉례에서는 전(奠)과 제(祭)로 의식이 구분되는데, 빈전(殯殿)에서는 전례가 주류를 이루고, 혼전(魂殿)에서는 제례가 주가 된다. 산릉(山陵)의 경우는 처음 조성될 때 전(奠)과 상식(上食)이 있고, 조성 작업이 종료된 후에는 제향(祭享)이 시행된다. 역시 종묘(宗廟)의 부묘시기에 맞추어 산릉의 흉례 제향은 길례 의식으로 전환된다.

흉례의 전(奠)과 제(祭)에는 예찬이 준비된다. 흉례의 의례 대상은 빈

전 단계에서는 재궁(梓宮)으로 존재하고, 산릉이 조성된 후에는 체백(體魄)과 우주(虞主)로 분리되어 존재한다. 체백은 산릉에서의 의례 대상이고, 우주는 궁궐에 준비된 혼전에서의 의례 대상이다. 산릉의 체백은 흉례의 기간이 경과된 후에도 그대로 의례의 형태만 바뀌면서 유지된다. 혼전의 우주는 의례 대상이 종묘에 부묘되는 시점에서 다시 신주(神主)와 위판(位版)으로 분리되어, 신주는 종묘로, 위판은 문소전(원묘)으로 옮겨지게 된다.

조선의 정형화된 의례에서 문소전과 산릉은 속제(俗祭)로 분류된다. 속제라는 분류는 유교 의례의 범주에 포함되기는 하지만, 조선의 습속으로부터 강한 영향을 받고 있음을 의미한다. 이들 의례가 속제로 범주화된 결정적인 연결 고리를 흉례에서 찾을 수 있다.

흉례가 진행되는 초기 단계에서는 의례의 대상이 아직 생존해 있는 것과 유사한 방식으로 의례가 진행되는 것이 주요한 의례 구성의 원칙이다. 또한 의례 대상의 사망에 따라 의례 시행자의 슬픔이 충분히 표현되는 것이 중요했다. 상실과 계승이 동시에 적용되는 것이었다. 점차 흉례의 의식은 길례로 전환된다. 의례의 중심이 종묘로 이행하는 것이 바로 이러한 전환의 가장 결정적인 시점이다. 그러면서도 여전히 혼전을 계승한 원묘로서의 문소전과 의례 대상의 체백을 매장한 왕릉에서의 의례는 한편으론 생시를 계승하고, 한편으론 불교적 전통을 흔적으로 남긴 방식으로 병행되었다.

(2) 종친의 장례 절차

종친을 위한 별도의 흉례 의식이 규정되어 있지는 않다. 『국조오례의』에는 대부 이하의 흉례 의식이 제시되어 있다. 『국조오례의』의 대

부 이하의 흉례 의식은 각 절차의 내용과 의미를 상세히 제시하고 있다
는 점에서 매우 흥미있는 기록이다. 의식 구성의 기본적인 절차는 국상
(國喪)과 동일하게 구성되어 있다는 점도 주목을 끈다. 대부 이하의 흉
례 절차는 다음과 같은 구성을 보이고 있다.

<빈소 조성과 운영>

○ 초종(初終)
○ 복(復)
○ 상주(喪主)를 세움[立喪主]
○ 옷을 바꾸어 입고 먹지 아니함[易服不食]
○ 관을 만듦[治棺]
○ 친척과 동료, 친구들에게 부고함〔訃告于親戚僚友〕
○ 목욕
○ 염습(殮襲)
○ 전(奠)
○ 자리를 설치하고 곡하는 의식[爲位哭]
○ 입에 쌀과 구슬을 머금게 하는 의식
○ 영좌(靈座) 설치 의식〔靈座〕
○ 명정(銘旌) 설치 의식〔銘旌〕
○ 소렴(小殮)
○ 전(奠) : 소렴(小殮)의 전임.
○ 대렴(大殮)
○ 전(奠): 대렴전(大殮奠)임.
○ 성복(成服)
○ 삭망(朔望) 때에는 아침에 올리는 전에만 찬을 갖추어 진설하다.
○ 상식(上食)
○ 새 음식물이 생기면 천신(薦新) 한다.
○ 초하룻날과 보름날에 올리는 전(奠)〔朔望奠〕
○ 분상(奔喪) 분상(奔喪): 오복친의 범위에 드는 친척으로서 상을 치

르기 위해 달려가는 것.

○ 4일 후에 성복(成服)한다.

○ 조상(弔喪)[弔] : 오복친의 범위 밖에 있는 사람이 손님으로서 돌아 가신 이를 조문하는 것.

<무덤의 준비와 매장>

○ 치장(治葬)

○ 지석(誌石) 새기기 〔刻誌石〕

○ 명기(明器) 만들기 〔造明器〕

○ 복완(服玩) : 돌아가신 이가 사용하던 물건을 말함.

○ 대여(大轝) : 큰 규모의 상여(喪輿).

○ 삽(翣) : 발인(發靷)할 때 사용하는 장례용 도구

○ 신주(神主) 만들기 〔作主〕

○ 계빈(啓殯) : 빈도(殯塗)를 여는 일.

○ 기구(器具)의 진열 〔陳器〕

○ 조전(祖奠) : 발인 전날 오후에 길의 신에게 올리는 제사의 전(奠).

○ 견전(遣奠) : 발인할 때 문 앞에서 올리는 전(奠).

○ 발인(發引)

○ 임광전(臨壙奠) : 영구가 묘소에 도착하여 하관(下棺)하기 앞서 올리는 전(奠).

<그림 3> 전성군 지석

<그림 4> 광천군 지석

<우주와 신주 운영>

○ 제주(題主)

○ 반곡(返哭)

○ 엄광전(掩壙奠) : 묘에 봉분을 만들고 나서 묘소에 가서 올리는 전(奠).

○ 우제(虞祭)

○ 졸곡(卒哭) : 곡을 그친다는 뜻이나, 아침과 저녁에는 곡을 계속한다.

○ 소상(小祥)

○ 대상(大祥)

○ 사당(祠堂)에 신주(神主)를 모시는 의식〔祔〕

○ 담제(禫祭)

2) 유교 제사의 이념과 종친 제사

(1) 유교 제사의 이념과 원리

① 제사의 단위, 팔촌 친족 집단

유교적 범주에서 제사는 집안만의 행사가 된다. 불교나 무속에서 유사한 의례를 시행할 때와 근본적으로 차이가 나는 부분이 이 지점이다. 불교 의례는 승려가 집례자가 되어 진행되고, 무속에서도 무속인이 의례를 주도한다. 일반인을 기준으로 할 때, 유교에서 제사는 무조건 집안 의례이다. 이때 집안은 같은 성씨를 가진 사람들을 범위로 한다. 성씨는 부계(父系)로 승계되므로, 동성 집단의 남자를 중심으로 제사는 시행된다. 역사적으로 한국에서는 특별한 의미를 갖는 친족 집단을, 제사를 시행하는 주체로 설정하였다. 동성의 팔촌 집단은 한때 지역과 집안을 막론하고, 제사를 시행하는 공통적인 친족 조직이었다(<그림 5>참조).

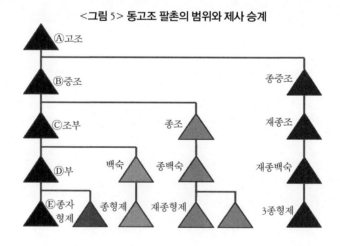

<그림 5> 동고조 팔촌의 범위와 제사 승계

동성 팔촌 친족은, 한 사람의 고조(高祖)에서부터 흘러나온 후손으로

구성된 친족이기 때문에, 동고조팔촌(同高祖八寸)으로 지칭된다. 이들은 서로에 대해 유교적 기준에 따라 상복을 입는 의무가 발생하는 사람들이다. 즉 친족이기 때문에 상복을 입고, 상복을 입기 때문에 친족으로 인식된다. 유교에서는 9촌부터는 친진(親盡)이라 하여 친족 관계가 소멸한다고 이해하기도 하는데, 친족의 기준은 상복을 입는가의 유무인 것이다. 9촌부터는 서로 상복을 입을 의무가 없다.

조선에서 수용된 사항을 중심으로 제사의 승계를 살펴보자. 제사는 직계 장자를 매개로 승계된다. 그림에서 Ⓐ고조가 제사 의례의 대상이다. 그림에서 존재하는 범위는 Ⓔ종자를 기준으로 같은 항렬의 사람들이 팔촌의 범주이다. 구체적으로 지적하면, 형제는 2촌, 종형제는 4촌, 재종형제는 6촌, 3종형제는 8촌의 친족이다. 한 세대를 올라가면 'Ⓔ종자'를 기준으로 형제들의 촌수가 각각의 위 세대에서는 하나씩 차감한다. 즉 종자와 4촌인 종형제의 부친이 되는 백숙은 3촌, 재종형제의 부친인 종백숙은 5촌, 재종백숙은 종자와 7촌의 관계이다.

Ⓐ고조로부터 발생하는 제사의 권리는 직계 적장자가 독점한다. Ⓐ고조는 제사를 받는 존재이므로, 제사는 직계 종자인 Ⓑ~Ⓔ에 해당하는 사람이 주관한다. 그림에 등장하는 다른 사람들은 제사에 참여할 수는 있어도 제사의 주체가 될 수는 없다. 'Ⓒ조부'는 Ⓐ와 Ⓑ를 제사하는 권리를 갖는다.

종증조와 종조는 Ⓒ가 주관하는 제사에 참여할 수는 있지만, 따로 Ⓐ와 Ⓑ를 제사할 수는 없다. 종증조와 종조는 각각 자신이 제사의 출발점이 된다. 'Ⓔ종자'는 Ⓐ~Ⓓ를 제사할 독점권을 가진다. 'Ⓔ종자'보다 항렬이 높은 종증조나 종조, 백숙은 집안에서 'Ⓔ종자'의 어른으로 대접받을 수는 있으나, 제사의 주체가 될 수는 없다.

제사 참석의 의무는 조상이 같은 경우에 적용된다. 'Ⓔ종자'는 기일 제사의 경우에는 Ⓐ~Ⓓ를 분리해서 제사하게 되는데, 종중조는 Ⓐ 제사에는 참석할 의무가 있지만, Ⓑ~Ⓓ의 제사에는 참석하지 않는다. 종조는 Ⓐ와 Ⓑ의 제사에는 참석해야 하지만, Ⓒ 이하의 제사에는 참석하지 않는다.

어떤 경우에도 제사는 고조를 같이하는 팔촌 범위 내의 친족에서 'Ⓔ종자'는 Ⓐ~Ⓓ로 이어지는 제사에서 유일한 주체자이다. 조선에서는 Ⓐ~Ⓔ로 이어지는 계통을 종계라 지칭했다. 팔촌의 친족 내에서는 'Ⓔ종자'는 종손이었다. 특별히 조선에서는 적장자로 제사를 독점하는 것으로 유교식 제사 계승을 이해했고, 이러한 관행이 단단하게 고착되었다.

지역과 집안을 물론하고 한국 사회에서 보편적으로 존재했던 동고조팔촌 집단은 한국 역사의 전 기간을 고려할 때, 그리 오래 존재하지는 않았다. 한국에 유교적 가치가 유입되면서, 그 존재 가치가 제기되기는 하였지만, 이 집단이 보편적으로 존재하게 된 것은 17세기 이후, 혹은 18세기 이후 자리 잡았고, 본격적으로 확산한 것은 19세기 이후라는 학설도 존재한다. 어떻든 유교적 제사가 집안 단위로 시행되는 것이고, 이때 제사의 단위가 동고조팔촌 집단이라고 할 때, 팔촌 친족 집단의 한국에서의 유래는 길게 잡아도 300년 이상을 거슬러 올라가지는 않는다. 한국 역사의 길이를 대충 오천 년 정도로 상정할 때, 동고조팔촌 집단은 역사상 5% 남짓한 기간 동안 활성화된 것이다. 유교 제사도 이와 함께 한국 역사에서 이쯤의 시간에 시행되었던 습속이었다. 이런 점에서 유교 제사는 오랜 기간 한국에서 실행된 유구한 전통의 한국적 풍속과는 그리 깊은 상관관계가 있는 것은 아니다.

같은 성씨를 가진 부계 친족 집단이 한국의 오랜 전통으로 오해되기도 하지만, 본래 한국에서 오래된 습속은 남자가 여자 집으로 이동하여 사는 '장가들기'가 일반적이었고, 이에 상대되는 '시집가기'는 역사적 관점에서는 최근에 발생한 것이다. 그런데도 시집가는 관습이 극성을 부리면서, 수천 년 동안 이어진 장가 들기의 습속은 기억에서 지워졌다. 다만, 너무 오랜 관습이었기 때문에 결혼을 의미하는 단어로 '장가가기'와 '시집가기'가 모두 의미를 지니고 통용되고는 있다. 남자가 여자 집으로 장가들던 사회에서는 부계의 조상을 모시는 유교식 제사라는 습속은 아예 존재할 여지가 없었다. 유교가 유입되기 이전 장가들던 사회에서 천 년 정도는 불교가 지배적 사상이었다. 이때는 돌아가신 부모를 기억하기 위해 불교 행사를 시행하였다. 천도재(薦導齋)는 그러한 의례의 하나였다. 부모를 기억하는 불교 의례에서 비용은 자녀들이 부담하였다. 의례의 주재는 승려가 담당하였고, 남녀 구분 없이 비용을 부담할 수 있었기 때문에, 불심이 있다면, 불교식으로 부모를 기억하기는 어려운 일이 아니었다.

지배적 사상으로서 불교의 위상이 약화하면서, 이를 대체하여 유교가 불교가 지녔던 사상과 신앙에서의 사회적 자리를 차지하였다. 천 년 동안 유지되었던 불교의 영향력이 소멸하고, 유교가 유입되어야 했던 이유에 대해서는 다양한 설명이 있지만, 여기서는 생략한다. 어떻든 불교를 대신하여 유교 사상이 지배적 지위를 갖게 된 것은 틀림없다. 유교라고 지칭하지만, 한국에서 지배적 위치를 갖게 된 유교는 이른바 신유학(新儒學)이라 하는 성리학(性理學)이었다. 성리학은 공자 맹자에서 시작된 원래의 유교에 뿌리를 두고 있지만 이론적인 측면이 강화된 사상 체계였다. 성리학은 주로 불교와 다투면서 발전되었는데, 우리의 고려시대에 해당하는 중국의 남송 때 크게 융성하였다. 한국에는 수백 년 지나서 유입되었지만, 사회적으로는 중국보다 더 광범위하게 전파되고 보다 큰 영향력을 미치게 되었다.

신유학에서는 '격물치지(格物致知)'를 강조한다. 이를 대충 해석하면, 사물에 대해 극한 수준까지 이해하게 되면, 우주의 이치를 터득하게 된다는 의미이다. 신유학이 이상으로 생각하는 경지는 치열하고 독실한 공부를 통해서 도달하게 되는 것이다. 독실하고 치열한 공부에는 경건하고 성실하게 의례를 실천하는 것도 포함되었는데, 이때의 의례에서 핵심적인 부분이 제사였다.

② 제사의 개념과 성립

제사의 논리를 이해하기 위해서는 먼저 중국을 중심으로 한 동아시아 사회에서 사람을 설명하는 방식을 알아야 한다. 살아있는 사람은 혼(魂), 백(魄), 그리고 몸[體]으로 구성된다. 천지는 기(氣)로 구성되어 있는데, 가벼워서 하늘과 일체가 된 것은 혼이고, 무거워서 땅과 일체가 된 것은 백이다. 혼과 백이 하나의 몸에 묶여서 생명체가 되는데, 부여받은 품성에 따라 사람도 되고, 각종 사물이 된다. 죽는다는 것은 혼과 백과 몸이 분리되는 것이다. 통상 혼은 하늘로 다시 돌아가고, 백은 몸과 함께 남아있는데, 시신을 매장하는 장례 절차는, 몸은 흙이 되고, 백은 땅으로 돌아가도록 돕는 것이다.

<그림 6> 동양에서의 삶과 죽음

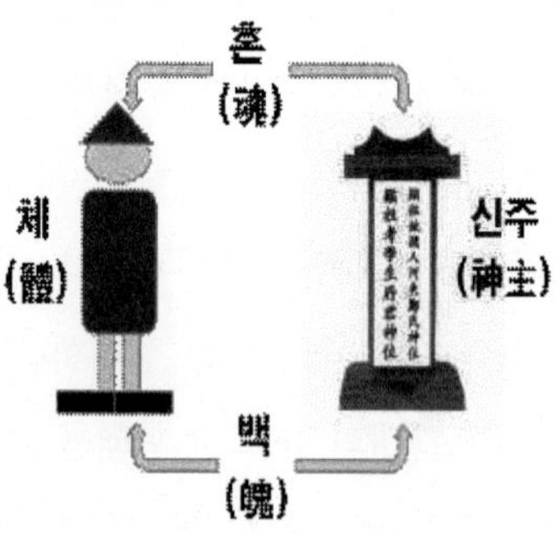

한때 한국에서 일반적이었던 매장의 방식은 유교화의 결과 유행한 것이다. 유교 이전에는 불교의 영향으

로 화장이 일반적이었다. 화장을 하고 남은 유체를 수습하여 항아리에 담아 무덤을 조성하기도 하였는데, 이런 이유로 고려 때의 무덤은 온전한 시신을 매장하는 것이 아니었다. 유교가 도입된 조선에서 화장은 부모님을 욕되게 하는 것이었다. 화장은 백과 함께 남아있는 몸[體]을 손상하는 행위이기 때문이다.

제사를 위해서는 신주가 제작되는데, 신주는 흩어진 혼과 백을 몸을 대신하여 불러오는 장치였다. 비록 몸은 흙이 되어 소멸하지만, 혼과 백은 각각 하늘과 땅으로 환원되었다. 신주는 몸을 대신하여 혼과 백이 머물 수 있도록 준비된 것이었다. 이미 몸에서 분리되어 하늘과 땅으로 돌아가서 기(氣)의 일부가 된 혼과 백은 부모와 동일한 기를 물려받은 후손이 불러올 수 있다. 동일한 기이기 때문에 조상의 혼과 백은 후손이 정성을 다해 부른다면, 이러한 부름에 반응할 수 있다. 후손이 조상의 혼과 백을 불러와서 일정한 목적을 달성하기 위해, 정해진 절차에 따라 이루어지는 의례가 제사였다.

제사에서, 의례 행위의 주체는 후손이고, 의례의 대상은 조상의 혼과 백이다. 조상으로부터 기를 물려받은 후손은, 조상과 같은 기를 가졌기 때문에, 조상의 혼과 백을 불러올 자격을 가진 존재이다. 신주는 조상의 혼과 백이 머무는 장치이다. 후손은 정성을 다한 제수를 준비한다. 정성이 제사가 성립되는 전제 조건인데, 정성은 준비된 제수를 통해서 드러나는 것이다. 제수가 준비되면, 혼과 백을 신주에 불러오고, 술을 올려서, 조상의 반응을 요청한다. 신주에 임재한 조상의 혼과 백은 정성을 다한 제수를 흠향(歆饗)함으로써 반응하는데 이를 감응(感應)이라 통칭한다. 조상이 감응한 술과 제수를 후손이 섭취하는 절차를 통해서, 후손은 조상의 감응을 자신에 몸속으로 체화(體化)하게 되는데, 이 절차를 복을 받아들인다는 의미로 음복(飮福)이라 한다.

 그렇다면, 이러한 제사 의례를 하는 목적은 무엇인가? 흔히 제사를 효(孝)의 실천이라고 하는데, 조상의 혼과 백을 불러오는 행위에 어떻게 효의 의미를 담을 수 있는 것인가? 제사의 결과가 음복(飮福)이므로, 이러한 질문은 인간에게 복(福)은 무엇인가라는 물음이기도 하다. 답부터 말하면, 제사의 목적은 효가 아니다. 제사의 목적을 실현하는 가운데, 효가 성취되기는 하지만, 제사를 시행하는 목적은 효에 있는 것은 아니다. 제사의 목적은 천지자연과 인간의 조화로운 공존이다. 유교에서 복이란 천지자연과 조화되어 존재하는 것이다.

<그림 7> 유교제사의 개념

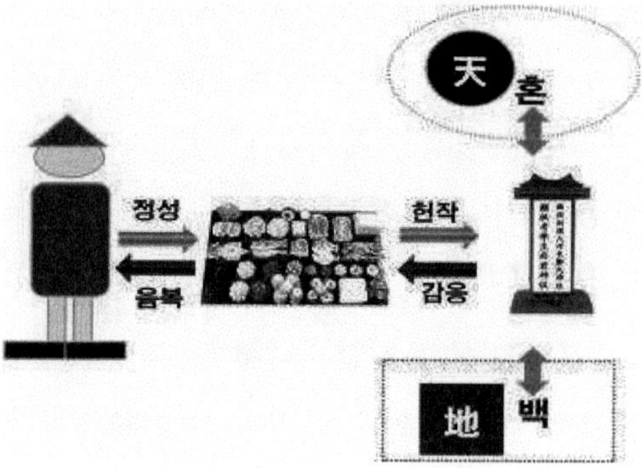

 인간은 천지자연과 조화돼야만 살 수 있다. 농사짓는 사회에서 천지자연의 변화를 따라가는 것은 생존의 필수적인 조건이었다. 봄에 싹트고, 여름에 성장하고, 가을에 열매 맺고, 겨울에 휴식하는 것이 천지자연의 질서였다. 이러한 질서를 개념화하여, 천도(天道)라 했다. 사람은 천도에 따라 봄에 씨뿌리고, 여름에 김매고, 가을에 수확하고, 겨울에 저장해야 한다. 이 순서를 어기는 것은 자유이지만, 그것은 생존의 중단을 의미했다. 천도에 순응해야만 사람이 살 수 있다. 그런데, 조건이 있

었다. 천도는 변하지 않는 것이어야 했다. 천도에 무엇을 요구할 수는 없었으므로, 사람이 할 수 있는 일은, 하늘이 항상 이러한 질서를 변하지 않고 유지할 것이라 기대하는 것이었다. 그러므로 하늘은 성(誠) 그 자체였다. 그래야만 했다. 그래야 사람이 생존할 기대와 희망이 있었다.

하늘이 성(誠)하다면, 하늘이 그 질서를 늘 그대로 유지하는 존재라면, 사람은 이를 그대로 순응하며 따를 수 있는 존재였다. 동물과 달리 사람은 천도를 인지하고 실천할 수 있는 존재였다. 그래서 사람은 특별하였다. 이렇게 생각한 다음, 유교에서 강조한 사람이 살아가는 목적은 하늘이 그러한 것처럼 변하지 않고 천도의 질서를 따르는 것이라 정의하였다. 이를 성지(誠之)라 했다. 그래서 하늘은 성(誠)한 것이고, 사람은 성지(誠之), 즉 하늘처럼 성하려 노력해야 한다고 이해하였다.

③ 유교적 구원과 제사의 효용

제사는 누군가가 기억되는 방식이었다. 내가 조상을 현세에 불러내어 그의 사회적 존재를 부활시키고 그의 사회적 생명을 현실화시킨 것처럼, 나의 후손은 내 물리적 삶이 소멸한 이후에 나의 사회적 존재성을 동일한 방식으로 연장할 것이다. 이런 이해가 국가적으로 확대된 것이 역사였다. 집안의 범위를 벗어나서 누군가는 인류에게 보편적으로 기억될 것이다. 그가 기억된다면, 그는 존재하는 것이다.

개인에게 주어진 영원한 시간은 백 년이다. 누구도 백 년을 존재할 수는 없었다. 고조를 범위로 하여 네 세대로 이어지는 제사는 개인적 차원에서 영원이었다. 어떤 국가도 천년을 존재할 수 없다. 그런데 천명(天命)을 받아 국왕이 되면, 그는 왕조가 존재하는 한, 제사를 통해 기억될 것이다. 왕국은 천년을 존재할 수 없지만, 천명을 실천하는 왕국은 천년 동안 기억될 것이다. 천년의 시간은 국가 차원에서의 영원이었다.

제사가 멈춘다면, 그것이 해당 국가의 소멸이었다. 사직의 제사가 이어지는 것이 나라가 존속하는 것이었다. 그런데, 다른 왕조에서 역사의 기억을 통해 멸망한 국가를 현재화할 수 있었다. 누구는 천년이 지나도 선한 왕으로, 또 누구는 몹쓸 왕으로 현재화할 것이다. 인식과 기억은 죽음을 극복하는 구원의 방식이었다. 물론 신분제 사회였기 때문에, 각 신분 수준에서 영원이라는 시간은 차별되어 설정되었다.

개인에게 허용된 네 세대의 제사는 개인에게 허락된 영원이었다. 국왕에게는 천년이, 황제에게는 만년이 같은 방식으로 영원으로 개념화되었다. 제사는 신분에 따라 그 시행의 대상이 달랐지만, 추구하는 바는 같았다. 물리적 존재가 기억되고, 사회적 생명을 얻는 수단이었다. 현세 외의 다른 세계가 설정되지 않은 동양 사회에서 제사는 영원을 성취하는 수단이었다. 그렇게 인간의 구원이 달성되었다.

이러한 구원은 후손에 의해 성실하게 실천된다는 점이 보장되어야 완성되는 것이었다. 유교의 설명은 후손이 제사를 시행해야 하는 이유를 인간이 존재하는 궁극적 복(福)과 연결 짓고 있다. 인간에게 복이란 천지자연과 조화롭게 존재하는 것이다. 인간이 천지자연과 공존할 수 있는 의례적 수단이 제사였다. 그런데, 제사에서 천지자연과 교감할 수 있는 유일한 매개는 조상이었다.

사람답게 존재하고자 하는 의지를 포기하지 않는다면, 인간은 천지자연과 소통해야 한다. 그 매개는 이미 천지자연과 혼연일체가 된 조상의 혼과 백을 통해서 가능하다. 기독교에서 하나님과 호흡할 수 있는 기도의 매개로 예수를 설정한다. 하나님의 형상대로 만들어진 인간은 하나님과 하나 되는 것이 구원이며, 복이다. 하나님과 하나 되는 매개가 예수이다. 예수 외에 다른 구원의 길이 없다. 그래서 예수는 기독교인에게 구세주이다. 유교에서 인간은 제사를 통해서 천지자연과 소통한다. 이때 매개가 되는 존재가 혼백 상태로 천지와 일체가 된 조상이다. 후손은 조상을 제사의 현장에 불러낼 수 있는 유일한 존재이다. 똑같이 조상은 후손이 천지자연과 교감하고자 할 때, 천지로 이어지는 유일한 매개이다.

나는 스스로 성지(誠之)하고자 최선을 다할 수 있다. 그리고 나의 이러한 노력은 조상 제사로 실천된다. 조상은 나의 제사를 통해 오늘, 이 공간에 우리와 공존한다. 그는 누구보다 중요한 존재로 후손의 모임에 주인공이 된다. 나의 존재도 이러한 복을 누릴 수 있을까? 유교적 가르침은 이러한 실천만이 유일한 구원의 길이라 가르친다. 오늘 최선을 다한 나의 실천은 유교적 가르침을 공유하는 패러다임 안에서는 영원한 시간으로 실천될 것이다. 이를 보장하는 유일한 희망은 오늘 내가 성실하게 정성을 다한 제사를 시행하는 것이다. 그러면 나의 후손도 내가 그러했듯이 최선을 다해 나에 대한 제사를 실천할 것이다. 그리고 이러한 태도와 실천이 사람답게 살아가는 유일한 방식이다. 사람만이 이렇게 살 수 있기도 하다. 이러한 방식으로 유교 제사는 유교적 세계관을 실천하는 사람 사이에서 구원의 복음이 되는 것이다.

(2) 전례서의 제사 규정과 종친

한국은 유교적 가치를 사회 안으로 체화시켰다. 상층의 양반에서 하층의 노비층에 이르기까지 유교 가치를 공유하였고, 제사를 실천하였다. 불교의 강고한 사회 습속을 딛고, 조선에서 이러한 사회적 공감을 이루게 된 이유나 원인에 대해서는 여러 설명이 시도되고 있다. 그러나 결과적으로 한국에 강고한 유교 사회가 형성된 것은 틀림없다. 조선이 건국했을 때는 유교식 제사의 방법을 설파하는 것이 과제였다. 전례서 (典禮書)에는 조선에서 시행해야 할 제사의 전범이 규정되었다. 전례서 로 귀결된 합의가 도출되는 데도 거의 백여 년의 시간이 소요되었다.

① 전례서의 제사 규정

㉠ 제사 대상과 절차

유교의 예(禮)는 분별을 중시한다. 분별은 어휘를 통해서도 드러난 다. 현대 한국에서 제사라 통칭하지만, 제사의 대상을 천신(天神)·지기 (地祇)·인귀(人鬼)라 구분하고, 천신에게는 사례(祀禮), 지기에게는 제례 (祭禮), 인귀에게는 향례(享禮)라 하여 제사의 이름을 달리한다. 의례는 형식에 내용을 담는 장치이기 때문에, 이들 각각의 의례에는 형식을 구 성하는 차별화된 규정이 있었다.

『주자가례(朱子家禮)』는 훗날 위서로 판단되지만, 조선에서는 절대 적 권위를 가졌다. 조선에서는 독자적인 유교례를 작성하였는데, 1474 년 편찬된 『국조오례의(國朝五禮儀)』는 조선식 유교 의례의 집대성으 로 이해된다. 조선에서 유교 제사를 시행하라고 했지만, 유교 제사의 방식을 모른다는 점이 문제였다. 사회 일반에서는 불교식 습속에 익숙 해서 유교식 제사법을 몰랐다. 『주자가례』가 알려져 있었지만, 조선에 서는 『국조오례의』를 간행하여 조선식 제사법을 선포하였다. 두 책은 제사의 범위를 정하는 데 차이가 있었다. 『주자가례』는 누구나 고조까 지 제사할 수 있다고 하였다. 반면에 『국조오례의』는 관직의 고하에 따 라 대상과 형식을 달리했다. 조선의 『경국대전』에서는 6품 이상의 관원은 증조까지, 7품 이하는 조부까지 제사하고, 일반 서인은 부모만 제사하도록 규정했다. 처음에는 국가 규정을 따를지, 『주자가례』를 따를지 고민이었다. 점차 『주자가례』를 따르게 되었지만, 『국조오례의』의 규정이 부정되지는 않았다.

조선에서 통치자인 국왕은 국가 사당인 종묘(宗廟)에 오묘제를 채택하였다. 오묘제에서는 태조를 변하지 않는 제사 대상으로 하고, 현재 국왕의 고조부까지를 제사의 대상으로 하였다. 즉, 현재의 국왕을 기준의 선대의 네 명의 국왕과 태조를 제사 대상으로 하므로, 묘실을 다섯 개 운영하는 것이었다. 고위 관료의 제사 대상을 삼대까지 한정한 것은 국왕과의 충돌을 막기 위함이었다. 시간이 경과해도 제사 대상으로서의 지위를 유지하는 경우가 있는데, 이를 불천위(不遷位)라 한다. 국가에 특별한 공을 세워 공신(功臣)으로 지정되면, 불천위가 되었다. 공신 집안에서 고위직 관료가 배출되면 문제가 발생할 소지가 있었다. 『주자가례』에 따라 고위 관료에게 사대봉사(四代奉祀)가 허용되면, 불천위를 포함하여 제사 대상이 다섯이 되고, 이는 국가와 동격이 된다. 구분을 중시하는 유교 예법에서 용납되지 않는다.

유교 제사는 부모를 매개로 하여 천지자연과의 일치된 조화를 추구하는 것이 목적이다. 시제는 사당에서 시행한다. 사당을 갖추는 것이 지배층이 되는 상징이기도 하였다. 사당에는 평소에 신주를 모셔두었다가, 제사 날짜가 되면, 꺼내서 자리에 위치시킨다. 남편의 신위를 남향으로 서쪽에 위치하게 하고, 부인은 남편의 왼쪽에 자리 잡게 한다.

신주에 혼백(魂魄)을 불러오는 절차가 제사의 시작이다. 참석자들이 두 번 절을 한 다음, 세 번 향을 피워 혼을 부르고, 술을 땅에 부어 백을 부른다. 상향(上香)과 관지(灌之)이다. 이어서 제수를 진설하는데, 정해진 규식에 따라 제1행부터 차린다.

제수가 준비되면, 초헌례를 한다. 초헌은 각 신위에 술을 올린 다음 축문을 읽는 방식으로 진행된다. 축문은 '계절이 바뀌니 그리움이 사무친다. 정갈한 제수를 준비하였으니, 조상님은 상향(尙饗)하십시오'라는 형식을 취한다. 술을 올리고 축문을 읽는 것은 각각의 상마다 진행한다. 이어서 주부(主婦)가 두 번째 술잔을 올리는 아헌례를 시행하고, 마지막으로 참석자 중 연장자가 세 번째 술잔을 올리는 종헌례를 시행한다. 아헌과 종헌에는 축문이 없다.

귀신이 제수를 흠향했으면, 후손들이 이에 반응하는 음복(飮福)을 시행한다. 초헌자가 복주를 마시고 이어서 두 번 절하는 재배를 시행한다. 모든 절차가 끝나면 귀신을 배웅하는 재배를 다시 시행한다. 재배를 통해 제사의 본 절차가 완료되면, 제수를 치우고, 모든 참석자가 준비한 제수를 나누어 먹는 대궁의 절차가 후속 행사로 이어진다.

『국조오례의』에 규정된 민간의 시제는 재배로 시작하여, 혼백을 불러오고, 삼헌례와 음복 재배를 한 이후에, 또 한 번, 재배하여 제사를 마치는 형식을 취하고 있다. 기일의 제사와 명절의 제사는 정식 제사로 간주하지 않아 음복의 절차가 생략되었고, 명절 제사에는 축문도 사용하지 않도록 하였다.

ⓛ 제사의 종류

종친의 제사는 『국조오례의』에 독립하여 따로 규정되지 않았다. 『국조오례의』 길례에는 종친과 1품에서 서인에게 적용되는 의주가 수록되어 있다.

『국조오례의』에 나타난 종친을 포함한 일반인의 제사의 형식은 국가 수준에서 시행되는 제사의 형식이 반영되어 있다. 국가 수준의 제사 의식에 조상에 대한 형식은 종묘와 영녕전에는 정사(正祀)로 시행된다. 반면에 원묘로 운영되는 문소전(文昭殿)과 왕릉 제사는 속제(俗祭)로 구분되었다. 속제로 분류되기는 하였지만, 문소전은 제사상에 육선(肉饍)이 올라가고, 왕릉에서는 소선(素膳)을 올림으로써 차등을 두고 있다. 문소전은 생전에 고인이 즐기던 음식을 올려서 후손 입장에서 평소에 모시던 기억을 새롭게 하는데 강조점이 있고, 왕릉의 경우는 생전의 모습이 아니라 인귀(人鬼)로 전환된 대상의 속성을 드러내는 것에 초점을 맞추고 있다. 그럼에도 왕릉은 체백(體魄)을 모신 곳으로서 신주(神主)를 의례의 대상으로 하는 종묘와는 구분한 것이다.

종친을 포함한 일반인의 제사에서는 시제(時祭)를 규정하고 있는데, 이는 신주(神主)를 의례의 대상으로 하는 정상적인 유교 의례로 설정된 것이다. 이와 구분되는 제사로 기제(忌祭)와 명절에 시행하는 속절 의례를 규정하고 있다. 기제와 속절은 음복(飲福)의 절차를 배제한 점이 시제(時祭)와 구분된다. 춘하추동의 계절 변화를 천도(天道)의 변화로 인식하고 이에 맞추어 천지와의 교감을 이루기 위해 시행하는 것이 제사의 일반적인 목적이라고 한다면, 종친과 일반인의 제사에서는 시제(時祭)가 이에 부합되는 것이다. 이런 점에서 시제를 표준적인 제사로 규정하고 있다.

기제와 속절 제사는 음복을 생략함으로써 천지와의 화합을 상징하는 음복의 절차와 제사 음식을 나눠 먹는 순서가 배제되고 있다. 현재의 제사가 기제를 핵심으로 하고, 명절의 제사에 주목하고 있는 점에서 제사의 무개 중심이 다르게 설정되어 있다. 또한 기제사와 명절에 음식을 나누는 것을 주요한 목적으로 간주하고 있는 현재의 제사 방식과도 구분된다.『국조오례의』종친 이하의 제사에서는 기제와 속절 제사 상호간에도 차별을 설정하고 있다. 제사상을 구성함에 기제는 소선(素膳)을 내용으로 설정하고 있고, 속절에는 평상시의 음식인 시식(時食)을 배설하는 것을 핵심으로 하고 있다.

ⓒ 제사의 시점과 형식

제사는 시점에 따라 형식이 달라진다. 유교에서 가장 기본이 되는 제사는 시제(時祭)이다. 시제는 계절마다 시행하는 제사로 일 년에 네 번 시행한다. 매 계절의 가운데 달에 시행하는데, 신분에 따라 시행하는 날짜의 범위가 달라진다.

<표 6> 신분별 시제 시행 시점

계절	봄			여름			가을			겨울		
월	1월	2월	3월	4월	5월	6월	7월	8월	9월	10월	11월	12월
	맹월	중월	계월	맹월	중월	계월	맹월	중월	계월	맹월	중월	계월
종묘·문소전	상순			상순			상순			상순		
2품이상		상순			상순			상순			상순	
6품이상		중순			중순			중순			중순	
7품이하		하순			하순			하순			하순	

<표6>에 정리한 것처럼 국왕은 매 계절의 첫 달 상순에 제사한다. 관원과 일반 백성은 직급에 따라 매달 중월에 시행하되, 상·중·하순으로 시점을 구분하였다. 신분에 따라 조상 제사의 날짜를 구분하여 겹치지 않도록 하였다. 신분에 따른 차등화도 있었지만, 국가 제사인 종묘에 관원이 참석해야 할 때도 있으므로, 제사의 날짜가 겹치는 문제를 사전에 차단할 수 있었다.

조선에서 제사는 축시(丑時)에 하는 것이 원칙이었다. 축시는 정오에

상대되는 음의 시간의 중심점으로 이해되었다. 귀신에게 올리는 제수(祭需)는 제사가 형성되는 핵심적인 사항인데, 대상과 주체의 영향을 받아 세부적으로 구성을 달리했다. 다음은 『국조오례의』에 수록된 민간의 제사상이다.

<그림 8> 대부사서인시향(大夫士庶人時享)

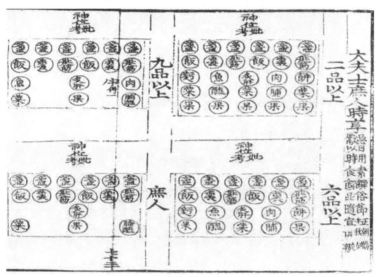

『국조오례의』에는 제사상의 형식도 규정하고 있다. 시향(時享)을 원칙으로 하여 제시된 것인데, 종친을 따로 규정하고 있지는 않지만, 대부(大夫)에 적용되는 제사상이 종친에 적용되는 원칙이었을 것으로 판단된다. 종친은 6품 이상만 존재하므로, 이에 해당되는 부분을 제시한다. 이 규정에 의하면, 종친의 제사는 계절의 변화에 따라서도 시행되지만, 기일과 명절에 해당되는 속절에도 시행하는 것이었다. 기일에는 소찬(素餐)을 사용하는 원칙이 있었고, 속절에는 시식(時食), 즉 평상시

의 식사를 올린다고 규정하고 있다. 이런 규정을 볼 때, 제사상에 규정된 상차림은 일상적인 식사는 아니었다고 이해된다.

『국조오례의』에는 신분에 따라 제사의 대상과 형식이 다르게 규정되어 있다. 2품 이상의 제수는 5행으로 구성되고 6품 이상의 제수는 4행으로 구성된다. 신위가 북쪽에 배치되는데, 가장 남쪽에 해당하는 제1행에는 과일을 두고, 제2행에는 채소와 포, 젓갈을 둔다. 제3행에는 국수〔麵〕·떡〔餅〕·생선〔魚〕·고기〔肉〕·구이〔炙〕·간〔肝〕을 둔다. 제4행에는 밥〔飯〕·국〔羹〕·숟가락과 젓가락〔匙筯〕 각각 2그릇씩 놓고, 제5행에는 잔〔盞〕 6개를 놓는다.

6품 이상의 제사상에는 제1행과 제2행을 합쳐 하나의 행을 만드는 점이 다르고 나머지 규정은 동일하다.

제수상은 북쪽에 신위를 두고 차려진다. 제수는 임의로 배치되는 것이 아니라, 각 행별로 서열이 정해지는데, 남쪽이 높은 서열이다. 남쪽 줄은 신위가 북쪽에 위치하고 있기 때문에, 의례 참석자에 가까운 줄이다. 남쪽 줄에 놓인 제수는 제사의 상차림의 모습을 의례적으로 드러내는 의도를 담고, 참석자들이 어떠한 제수가 준비되었는지 볼 수 있도록 준비된 것이다. 술 항아리는 제사상과는 구분하여 문밖 왼쪽에 두는데, 좌우의 구분은 신위가 남향한다고 전제한 상태에서 판단한다. 참석자를 기준으로 한다면, 동쪽이 오른편이고, 서쪽이 왼편이다.

제수는 차이가 있지만, 각 신위에 제공되는 공통되는 부분이 있다. 부부를 신위로 설정하는데, 신위에는 초헌·아헌·종헌으로 구성되는 삼헌의 절차를 통해 각각 세 번 술이 올려지므로 잔 셋을 준비하였다. 각 신위는 신위 하나에 밥과 국〔羹〕, 이와 함께 수저와 젓가락 세트가 차려진다. 제사가 시행되면, 수저를 밥 위에 수직으로 꽂으면서 본격적으로 절차가 시작된다.

<표 7> 『국조오례의』 서례 '大夫·士·庶人時享' 제사상

2품 이상	6품 이상	9품 이상	서인

종친의 경우는 가장 낮은 등급이 정6품이기 때문에, 관품에 따라 두 종류의 제수상이 적용된다. 2품 이상의 관품을 지닌 종친은 5행으로 구성된 제수를 차리게 되고, 3품 이하의 관원은 4행의 제수를 준비한다. 종친은 세대가 지나면서, 관품이 낮아지기 때문에, 제사 대상은 시행자보다 상위의 관품을 지니게 된다. 『경국대전』에서 제사 대상은 관품에 따라 다르게 설정되지만, 최하위 직이 5품인 종친은 증조까지를 대상으로 제사 대상으로 한다. 2품 이었던 종친은 증조까지의 조상에 대해 5행으로 구성된 제사상으로 제사를 시행한다. 그러나 자신이 제사 대상이 되었을 때, 제사를 시행하는 자손이 3품 이하의 종친직에 머물고 있다면, 4행으로 구성된 제사상을 받아야 한다. 종친직은 초직은 규정되어 있지만, 승직의 규칙은 존재하지 않았다. 국왕과의 친소 관계와 국왕의 의지에 의해서만 종친직에 변화가 있게 되는데, 하위의 종친직은 사실상 초직에서 변화가 없는 경우가 적지 않았다. 따라서 2품과 3품을 경계로 변화되는 제사상의 규정은 실제적으로 종친의 제사 실제에 큰 영향을 미치는 것이었다.

2품이었던 종친은 2품 이상에 적용되는 제사상을 기준으로 제사를 진행하다가, 3품 이하인 자손의 제사를 받으면서 제사상 구성이 달라지는데, 그렇다고 해도 제사 절차에서 이에 대한 보완이 시도되었다. <표7>에서 보이는 것처럼, 2품 이상은 5행의 제사상을 사용하고, 나머지 등급은 모두 4행의 제사상을 적용받는다. 그런데, 6품 이상의 제사상을 사용하더라도, 6품 이상은 실제 시행 절차에서는 2품 이상과 동일한 방식의 절차가 사용된다.

관인과 일반인에 대한 제사상 규정에서 1행과 2행은 관품의 고하에 상관없이 공통된 구성이다. 제수는 부부를 대상으로 준비된 것인데, 제1행에는 각 신위에 삼헌을 시행하기 때문에 신위당 잔 세 개씩이 제공되어 여섯 개의 잔으로 구성된다. 제2행은 밥과 국, 수저와 젓가락이 각 신위에 적용되어 6개의 내용물로 구성된다. 등급에 따른 변화는 제3행에서 현저한 차등이 발생한다. 2품 이상과 6품 이상의 제사상은 3행의 다섯 종류의 제수로 구성이 동일하지만, 9품 이상과 일반 서인의 3행은 세 종류의 제수로 축소된다. 제수의 축소는 실제 제사 진행에서 변화를 야기한다.

제사상은 제사가 시작되기 전에 차려진다. 그런데 일부 제수는 제사가 영신의 절차가 시행된 다음에 올리게 되는데, 이때 올리는 주요 대상이 제3행의 제수이다. 제사가 시작된 이후 진찬(進饌)의 절차가 있는데, 진찬할 때 올리는 제수가 밥·국·면·떡·생선·육선·전 등이다. 이들 제수는 따뜻한 음식으로 조리 직후에 올리는 것이 강조된 것이다. 밥과 국은 공통된 제수이고, 떡과 면 등의 제수는 등급에 따라 구성에 차이가 발생하는 것이다. 주목할 점은 2품 이상과 6품 이상의 제수상은 이 부분에서 구성에 차이가 없다. 따라서 진찬의 절차에서 두 제사상에 적용되는 절차는 동일한 모습으로 나타난다. 종친의 제사상이 등급에 따라 구성 요소에 차등이 적용되지만, 실제의 절차에서는 이러한 차등이

해소되도록 설정된 것이다. 종친의 경우 2품인 종친의 자손은 3품 이하의 종친직을 자동으로 제수받게 되는데, 이로 인해 제사 의례에 불가피한 차등화가 적용되면서도 절차의 변화를 최소화하여 문제를 돌파한 것으로 이해된다.

6품 이상은 삼대(三代)를 제사하는 규정은 조선의 건국초부터 제정되었다.[43] 1428년(세종10)에는 이에 대한 검토가 진행되었는데, 우리나라의 법은 6품 이상은 3대를, 7품이하는 2대를 제사하고, 서인은 부모만 제사하는 것임을 분명히 하고 있다.[44] 그런데 당시 논의에서는 명나라와 『주자가례』 등에는 고조까지 제사하는 것이 통법이라는 판단 아래, 명의 제도를 수용하는 방안이 논의되기도 하였다. 당시 여론은 대체로 태조와 태종 때 제정된 규정을 준수하자는 것으로 모아졌고, 별도의 개정 작업 없이 6품 이상의 관원이 증조까지 제사하는 원 규정이 유지되었다. 1430년 원전에서 해당 조항을 삭제하자는 주장이 제기되었고, 수정안이 검토되기도 하였다.[45] 그러나 해당 조항은 여전히 『경제육전』의 규정에 삭제되지 않고 효력이 유지되었다.[46]

6품 이상은 증조까지 삼대를 제사한다. 따라서 <그림9>, <그림10>을 준비하는 관인은 제사할 때, 민간으로서는 규모가 큰 제수를 차리게 되는데, 증조부모와 조부모, 부모를 제사해야 하므로 똑같은 제수가 차려진 세 개의 제사상을 준비해야 했다. 조부까지 제사하는 관인은 같은 방식으로 두 개의 제수상을 준비하고, 서민은 부모를 위해 하나의 제사

---

43) 태조실록 9권, 태조 5년 5월 20일 丙子
44) 세종실록 41권, 세종 10년 9월 14일 癸亥
45) 세종실록 50권, 세종 12년 11월 2일 己亥
46) 세종실록 77권, 세종 19년 5월 14일 癸卯

상을 마련하면 된다.

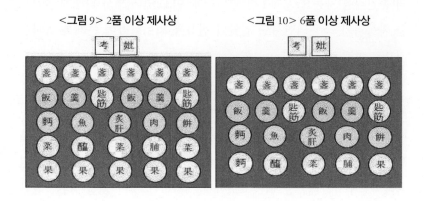

각 제사상은 부부를 위한 것이므로, 하나의 제사상에는 신위(神位)가 둘이다. 각 신위에는 세 번 술잔을 올린다. 따라서 각 상에는 술잔 여섯과 두 신위에 올리는 밥과 국, 수저와 젓가락이 준비된다. 이 부분은 모든 제사상에 공통된 사항이다. 신분이 높을수록 제수가 성대하게 차려지는데, 면(麵)과 떡[餠], 육류와 생선, 젓갈과 채소, 과일 등이 짝을 이루어 추가로 준비된다. 조부모까지를 대상으로 하는 제수에는 면류와 떡이 생략되고, 일반 서민의 상에는 생선과 육류를 올리지 않는다.

『국조오례의』의 대부와 사, 서인에 대한 제사 규정은 하나의 의주로 표현되어 있지만, 이들이 수행해야 할 다양한 제사의 유형에 대해 상정하고 있다. 가장 중요한 제사는 천도의 변화에 따라 계절마다 시행하는 시제(時祭)였다. 시제는 봄·여름·가을·겨울의 변화에 맞추어 시행하는 것이었다. 유교에서 하늘은 성(誠)하고, 사람은 성지(誠之)한다고 하는 의미를 담은 제사였다. 하늘은 일정한 변화를 일관되고 어긋남이 없이 운행하고, 사람은 이에 맞추어 어그러짐이 없는 삶을 추구하는 것이다. 농사짓는 사회에서 하늘이 계절의 변화를 어겨서는 안 되는데, 사실은 하늘은 늘 어긋남이 없고 신뢰할 수 있는 실체였다. 사람의 생존과 삶은 이러한 천도의 변화에 맞추어 갈 때, 보장될 수 있는 것이다. 나아가서 그것이 유교에서 말하는 구원이며, 존재의 이유였다. 유교의 제사는 의례의 형태로 사람의 이러한 실천을 담은 것이고, 바로 '성지(誠之),' 즉 하늘의 변화에 맞추어 항상되고자 하는 의지를 표현하는 것이었다. 이런 점에서 시제(時祭)는 제사의 핵심이었다. 조선에서는 시제와 별도로 사망한 날짜에 시행하는 기제(忌祭)와 명절에 시행하는 속절제(俗節祭)를 규정하였고, 혼인이나 관직 제수 등 특별한 사유가 발생할 때 고유제(告由祭)를 할 수 있도록 하였다.

시제가 유교적 이념에 부합되는 의례였다면, 기일과 속제는 인간의 삶 속에서 자연스럽게 발생하는 의례였다. 고유제는 조선이라는 통치 질서 속에서 의미를 두어야 할 사연이 벌어지면, 이를 조상에게 알리는 의례였다. 유교 의례가 조선적 통치 질서 속에서의 인간의 존재를 증명하고 확인하는 것이기 때문에, 이러한 의미를 담아 시행되어야 하는 것이 고유제이기도 하였다. 약간의 부연을 더하자면, 조선에 알려야 하는 사안이 관직의 제수나 진출, 혹은 증직이 이루어진 사안 등인데, 이는 명확하게 조선의 왕조 질서 안에서의 변화를 반영하는 것이다. 한편 고유의 대상이 관례나 혼인 등도 해당하는데, 관례나 혼인은 그 시행의 방식에 조선에서 규정한 방식을 강제하고 있다. 즉 일생의례에 해당하는 성인식과 혼인 의식을 조선에서 규정하고 있는 셈인데, 조선에서 어른이 되거나 가족이 구성되는 것이고, 이 자체가 왕조 질서의 한 부분임을 선언하는 것이다.

민간의 제사 의례는 신분의 고하에 상관없이 실천되어야 했지만, 한편으로 신분의 고하에 따른 의례상의 차등화가 반영되어 있기도 하였다. 종친은 국왕과의 관계에서 일반인과 구분되는 신분 집단이었다. 이들에게도 일반인에게 적용되는 제사 실천의 의무가 부과되었고, 일반인에게 적용되는 의례 규정이 적용되었다. 그러나 이들이 구분된 신분이었기 때문에 이에 준하여 일반인 내에서 이들에게만 적용되는 원칙이 찾아진다.

<표 8> 大夫·士·庶人 제사 절차 구성

	중월	기일	속절	고유
준비	산재2일			
	치제1일	청재1일	청재1일	設果盤
	神主設座	神主設座	神主設座	神主設座
영신	再拜	再拜	再拜	再拜
	設饌具	設饌具	設饌具	×
	三上香, 灌盞	三上香, 灌盞	三上香, 灌盞	三上香
초헌	進饌	進饌	進饌	×
	初獻	初獻	初獻	初獻
	讀祝	讀祝	×	讀祝
아·종헌	亞獻	亞獻	亞獻	×
	終獻	終獻	終獻	×
음복	飮福	×	×	×
	再拜	×	×	×
송신	再拜	再拜	再拜	再拜
	納主, 撤饌	納主, 撤饌	納主, 撤饌	納主, 撤饌
대궁	餕	×	×	×

중월, 속절, 고유 제사는 대상이 사당에 모셔진 모든 조상이다. 일반인의 제사이지만, 관등에 따라 대상이 조정되는데, 『경국대전』 봉사조에서 6품 이상은 삼대, 7품 이하는 이대, 서인은 부모를 제사하도록 규정하였다. 기일에는 이날 사망한 분만을 대상으로 한다. 종친의 관품은 5품을 하한으로 하기 때문에, 기일을 제외한 제사에서는 증조부모와 조부모, 부모가 의례의 대상이 된다. <표8>에 정리된 바와 같이, 각 유형의 제사는 진행 절차에 차별을 두고 있다.

시제는 각 계절의 가운데 달인 중월에 시행하기 때문에 중월제라 하는데, 가장 복잡하고 정형화된 형식을 갖추고 있다. 각 절차는 증조부모와 조부모, 부모를 하나의 단위로 하여 각각 시행된다. 단 기일제는 해당 날짜에 사망한 당사자만을 대상으로 한다는 점에서 다른 제사와 다르다. 귀신과 제사 시행자의 교감을 상징하는 음복은 시제에서만 시행하고, 다른 형식에서는 생략하였다. 제사의 본연의 목적을 시행하는 것은 시제만이고, 기일은 슬픔을 담은 제사이다. 속절은 명절의 행사로고, 살아있는 사람에 맞추어진 의례이고, 고유는 사안을 알리는데 초점이 맞추어진 것이다. 이런점에서 유교 본연의 교감과는 일정한 괴리가 있는 것이다.

제사의 목적을 텍스트에 담아 선언하는 것이 축문인데, 제사의 종류에 따라 축문의 내용이 수정되는 것은 당연하다. 다만, 속절의 경우는 아예 축문을 생략하였다. 제사를 마친 이후에는 준비된 제수를 참석자 전체가 함께 나누어 먹는 대궁의 절차가 있다. 중월에 시행하는 시제에만 대궁을 규정하고 있다. 전체적으로 시제만을 정상적인 제사로 선언하고, 나머지 제사는 필요에 의해서 시행을 인정하지만, 정상적인 절차를 갖춘 제사로 상정하지 않는 것이다.

돌아가신 날을 기일(忌日)이라 하여 제사를 올린다. 조선에서 본래 기일은 불교 의례가 진행되는 날이었다. 유교 의례를 정비하는 과정에서, 기일에 하는 기제(忌祭)는 불교 행사를 대체하기 위해 준비되었다. 왕실에서는 정식 유교 제사가 시행되는 종묘에는 기일 제사가 없었고, 문소전에서만 기일 제사를 하였다. 임진왜란으로 문소전이 소실된 이후에는, 문소전의 기일 제사를 왕릉으로 옮겨서 시행하였다. 문소전 제사에는 평소에 좋아하던 음식을 준비하고, 규모도 제한이 없었는데, 왕릉으로 기일 제사가 통합된 이후에는, 육류를 사용하지 않는 소선(素膳)으로 제수 차림이 변화되었다.

민간의 경우 처음부터 기일 제사의 제수로 소찬(素饌)을 올리도록 하였고, 복장도 담복(淡服)을 입도록 하였다. 시제에서 관인은 사모(紗帽)와 품대(品帶)를 갖추는 관복을 입고, 관직이 없으면 갓을 쓰고 조아(條兒)를 매는 복장을 한다. 기일은 정식 제사로서의 의미보다는 부모의 죽음을 기억하며, 죄인임을 자처하는 성격이 두드러진다. 통상 제사는 길례(吉禮)로서 축제로 간주하지만, 기일 제사만은 길례로서의 의미를 감추고, 돌아가신 부모를 추념하는 것이다. 기일은 돌아가신 날이기 때문에, 제사의 대상은 해당하는 신위 하나이고, 가묘와 생활 공간 모두가 제사의 공간으로 활용되었다.

명절에도 제사를 시행한다. 제사를 시행하는 명절은 정월 초하루와 단오, 추석이었다. 이때 올리는 제수는 형편에 따라 준비하도록 하였는데, 대체로 시제의 제사상을 근거로 하면서 형편에 따라 규모를 조정하였을 것이다. 명절은 인간의 기념일이기 때문에, 천도의 변화에 따라 시행하는 유교 제사의 본연의 의미를 갖춘 날짜는 아니다. 따라서 제사의 형식이나, 제수의 내용에 엄격한 규정을 두지는 않았다. 명절 제사는 생활 공간에서 시행되는 의례였다. 민간에서는 마지막에 차를 올리는 절차가 추가되었다. 훗날 차례로 지칭되는 제사였다. 제사는 음의 시간, 조선에서는 축시에 시행하는 것인데, 명절 제사는 이런 시간에서도 상대적으로 자유로웠다. 전례서에서는 본문에는 언급하지 않고, 세주(細註)에 명절에 제사한다는 사실만 명시하였다.

② 『국조오례의』 종친의 제사 의식

종친에게만 적용되는 제사의 형식은 없었다. 종친은 종친직의 제수 대
상이었고, 종친직은 1품에서 6품까지 배정되어 있었다.『국조오례의』에
는 대부(大夫) 이하의 제사 의식이 규정되어 있다.『국조오례의』에는 종
친을 특정하는 제사 절차는 설정되어 있지 않지만, 종친에게 관등이 부여
되고 있다는 점에서 대부 이하의 제사와 동일한 것으로 판단하였다. 왕자
의 경우는 종묘와 문소전 제사에 시행자로 참석해야 하는 존재이다. 종친
도 이들에 배제(陪祭)하는 것은 의무이다. 그러나 종친은 자신의 친부모
에 대해 별도의 제사를 시행해야 하며, 이때 적용되는 규정은 대부 이하
의 제사 의식이어야 한다. 이런 점에서 이를 근거로 종친의 제사 의식을
검토한 것이다. 다음은『국조오례의』의 해당 의식을 제시한 것이다.[47]

　　제사 4일 전에, 주인(主人)[48] 이하 제사 참여자들은 모두 2일간 산
　재(散齋)하고, 1일간 치재(致齋)한다.[49]
　　제사 1일 전에, 주인은 자제(子弟)를 거느리고 사당[家廟]을 소제한
　다.[50] 신좌(神座)는 모두 북쪽에 있으며 남향하는데, 서쪽을 상위로 한
　다.[51] 주인이 절하는 자리는 동계(東階)의 동남쪽에, 백숙(伯叔)과 여
　러 형(兄)의 절하는 자리는 그 동쪽에, 친족의 여러 남자의 절하는 자

---

47) 오종록교수의 번역을 사용하였다.

48) <역주>주인(主人) : 제사를 주관하는 주체.

49) 기일(忌日)과 속절(俗節)의 제사에는 1일간 청재(淸齋)한다. <역주: 마음을 깨끗이
　하고, 물기(物忌 : 부정한 사물을 꺼려 피함)하는 것. 결제(潔齋)와 동의어. 또 깨끗
　한 실(室)을 가르킴. 近侍之官 應從升者 及從事群臣 諸方客使 各本司公館 淸齋一宿
　(『舊唐書』 儀禮志 3)>

50) 사당은 정침(正寢)의 동쪽에 있다. 대체로 3칸인데, 만약 땅이 좁으면, 반드시 3칸
　이 아니더라도 괜찮다.

51) 부위(祔位)는 모두 동서(東序)에서 서향하며 북쪽을 상위로 한다. 기일에는 다만 제
　사를 지내야할 한 분의 신위만을 정침에 설치한다. <역주 동서(東序) : 사당 안의
　동쪽에 있는 담벽.>

리는 그 뒤에 설치한다. 모두 북향(北向)하되, 서쪽을 상위로 한다. 주부(主婦)가 절하는 자리는 서계(西階)의 서남쪽에, 제모(諸母)·고모·아주머니의 절하는 자리는 그 서쪽에, 친족의 여러 부녀의 절하는 자리는 그 뒤에 설치한다. 모두 북향하되, 동쪽을 상위로 한다.

주준탁(酒尊卓)을 동계(東階) 위에 설치하고 잔(盞)을 그 위에 놓는다. 화로와 숯불을 서계(西階) 위에 설치한다. 희생을 살피고, 제기를 씻어놓고, 음식을 갖춘다. 관세(盥洗)는 동계의 아래에 진설하고, 집사자의 관세는 동쪽에 진설한다.

다음날, 일찍 일어나 향로안(香爐案)을 사당 안 한 가운데에 설치하고, 모사(茅沙)를 그 앞에 놓고, 축판(祝板) 각 하나씩을 신위의 오른편에 올리고, 〔부위(祔位)에는 없다.〕 찬구(饌具)를 격식대로 진설한다.[52]

주인 이하는 옷을 차려 입는다.[53] 손을 씻고 손을 닦는다. 이를 마치면 모두 자리에 나아간다.

주인은 동계로 올라와,[54] 신주독(神主櫝)을 열고 신주를 받들어 꺼내, 각각 신좌에 진설하고, 다시 자리로 돌아간다. 주인 이하는 두 번 절한다.

여러 집사는 각각 자리로 나아가고, 주인은 올라 향안(香案) 앞에 나아가 꿇어앉아 세 번 향을 올리고, 조금 물러나 꿇어앉는다. 집사자는 잔에 술을 따라서 올린다. 주인은 잔을 잡아 띠 묶음[茅]에 붓는다. 잔을 집사자에게 주고, 부복하였다가 일어나, 내려와 자리로 돌아간다.

찬(饌)을 올린다.[55]

주인이 올라오면, 주부는 뒤따른다. 집사자는 차례대로 반(飯)·갱(羹)·면(麵)·병(餠)·어육(魚肉)·적(炙)·간(肝)을 담은 반(盤)[56]을 받들고 따라 오른다. 증조고(曾祖考)와 증조비(曾祖妣)의 신위 앞에 이르러, 주

---

52) 서례를 보라.

53) 유직자(有職者)는 사모(紗帽)와 품대(品帶)를 하고, 무직자(無職者)는 입자(笠子)와 조아(絛兒)를 한다. 기일(忌日)에는 담복(淡服)을 입는다.

54) 모든 집사의 오르고 내림은 모두 동계(東階)로 한다

55) 화로에 뜨거운 숯불을 올려, 찬물(饌物)을 따뜻하게 데워, 그릇에 담는다.

56) <역주>반(盤) : 소반(小盤), 쟁반(錚盤), 예반 등의 물건.

인과 주부는 차례로 받들어 올리고, 메[飯] 가운데에 숟가락을 꽂고, 젓가락 자루가 서쪽으로 가도록 놓은 뒤, 부복하였다가 일어난다.

다음에 각각의 신위 앞에 나아가, 받들어 올리기를 모두 위의 의식과 같이 한다. 의식을 마치면 내려와 자리로 돌아온다.[57]

초헌(初獻)에, 주인이 올라 증조고와 증조비의 신위 앞에 나아가 꿇어앉는다. 집사자가 잔을 가져와 술을 따라서 올리면, 주인은 잔을 잡아 잔을 올리고, 부복하였다가 일어나 조금 물러나서 꿇어앉는다.

축(祝)은 신위의 오른쪽에 나아가 꿇어앉아 축문을 읽는다.[58]

<축문 읽기가> 끝나면, 부복하였다가 일어난다. 다음에 각 신위 앞에 나아가 작헌(酌獻)하기를 모두 위의 의식과 같이 한다. 끝나면 내려와 자리로 돌아간다. 아헌(亞獻)과 종헌(終獻)의 예를 행하는 것도 모두 초헌의 의식과 같이 한다.[59]

마치면 주인이 올라와 향안(香案) 앞 음복위(飮福位)로 나아가[60] 꿇

---

57) 부위(祔位)의 경우에는 자제(子弟)가 찬(饌)을 올리게 한다.

58) 그 축사(祝詞)는 다음과 같다. "아아! 모년(某年) 모월(某月) 모일(某日) 효증손(孝曾孫)≤효손(孝孫)·효자(孝子)로 신위에 따라 고쳐 칭한다.≥ 모관(某官) 모(某)는 감히 밝게 증조고 모관부군(某官府君)과 증조비 모관모씨(某官某氏)께 고합니다≤조고(祖考)·조비(祖妣)와 고(考)·비(妣)로 신위에 따라 고쳐 칭한다.≥ 절기의 순서가 바뀌어, 때는 바야흐로 중춘(仲春)이 되었습니다.≤여름·가을·겨울에는, 때에 따라 고쳐 칭한다.≥ 살아계실 때를 추억하여 느껴보니, 길이 사모하는 마음을 이기지 못하겠습니다.≤고위(考位)·비위(妣位)에는 '불승영모(不勝永慕)'를 호천망극(昊天罔極)으로 바꾼다.≥ 감히 정결한 희생과 여러 가지 음식과 자성(粢盛)과 예제(醴齊)를, 떳떳한 일에 공경히 올리오니, 모친(某親) 모관부군(某官府君) 모봉모씨(某封某氏)는 부식(祔食)하시어≤祔位가 없으면, 쓰지 않는다.≥ 흠향하소서." ○ 기일(忌日)의 축사(祝詞)는 다음과 같다. " ………… 세월의 순서가 바뀌어, 돌아가신 날이 다시 왔습니다. 살아계신 때를 느껴보니 길이 사모하는 마음을 이기지 못하겠습니다.≤고위(考位)·비위(妣位)에는 '불승영모(不勝永慕)'를 호천망극(昊天罔極)으로 바꾼다.≥ 감히 맑은 술과 여러 제수(祭需)를 삼가 떳떳한 일로 드리오니 흠향하소서."〕 ○ 속절(俗節)에는 축문(祝文)이 없다.

59) 다만 축문이 없다. 아헌(亞獻)은 주부가 행하고, 여러 부녀(婦女)가 돕는다. 종헌(終獻)은 형제 가운데 맏이거나, 또는 장남, 또는 친빈(親賓)이 하며, 여러 자제가 돕는다.

60) 기일과 속절에는 없다.

어앉으면, 축이 잔을 가지고 준(尊)의 술을 떠서 주인에게 주고, 주인
은 잔을 받아 마신다. 끝나면 축은 빈 잔을 받아 다시 준탁(尊卓)에 놓
는다. 주인은 부복하였다가 일어나, 내려와 자리로 돌아온다. 주인 이
하 자리에 있는 자들은 모두 두 번 절한다. 잠시 뒤에 또 두 번 절한다.

　　주인은 신주를 받들어 넣고, 술과 찬(饌)을 치우고, 제사 음식을 다
같이 먹는다.[61]

---

61) 주인 이하는 집사자를 거느리고 먹으며, 남녀가 자리를 달리한다. 형편에 따라 편
안하게 마신다. 기일(忌日)과 속절(俗節)의 제사에는, 음식을 먹는 의식이 없다.

조선에서의 종친은 특별한 신분 계층을 의미한다. 『경국대전』 규정에 의하면, 특정 국왕으로부터 4세대에 이르는 동성 친족 집단이 이에 해당하지만, 종친을 정리한 『선원록』의 수록 범위는 특정 국왕으로부터 9대 후손에까지 이른다. 이 경우도 6세대까지는 자녀(子女) 양측을 모두 수록하지만, 7대 이후는 자(子)만을 수록하고 있다.

종친에게는 그들에게만 적용되는 관직(官職)이 따로 준비되었지만, 직사가 없고, 또한 포폄이 없는 종신의 직위라는 점에서 작위(爵位)로서의 성격이 강하였다. 그러나 이러한 작위는 영대적인 것은 아니고, 어떤 경우에도 4세대 안에 소멸되도록 설정되어 있었다. 반면에 부계 친족 조직이 점차 확대되는 사회적 분위기에 짝하여 동성 남계 친족으로서 종친을 이해하는 인식도 점차 자리 잡았을 것으로 판단된다. 본 글에서는 법제적인 범주에 논의의 초점을 두고 종친에 대해 살펴보았다.

종친은 유교적 이념의 도입 과정에서 창출된 새로운 범주의 계층이었다. 양계친의 전통이 강했던 기존의 사회적 환경에서 동성 친족, 그것도 남자 친족만을 제한하는 새로운 범주가 만들어졌다. 법제의 적용 범위는 원칙적으로 복제(服制)의 대상에 한정하였지만, 이것만 완전히 일치하는 것은 아니었다. 어떻든 동성 남계 친족으로 왕위를 독점해야 하고, 이에 대한 잠정적인 위협 요소이자 보완 기능이 있는 범주를 정하고, 해당 범주의 인물들에게 관직을 부여하는 특권을 주되, 국사에는 관여하지 못하도록 하는 것이 조선에서 지향한 기본적인 원칙이었다.

종친부는 최고위 관서였다. 또한 정원이 정해지지 않았고, 정무상의 기능이나 역할을 하지 못했다. 그 자체가 대우하는 것을 목적으로 만들어진 기구로, 종친은 출생에 의해 종친부의 일원으로 포함될 권리와 자격을 갖게 되며, 종친직을 획득하여 규정된 종친 신분은 종신토록 유지되었다. 그렇기 때문에 부여된 직위가 안정적이긴 했지만, 한편으로 이들의 지위는 평생 동안 큰 변화없이 일정하다는 점에서, 하위직의 종친에게는 승작에의 열망이 있었을 것을 생각된다. 그러나 종친의 직위 승진은 철저하게 국왕의 주관적 판단에 의존하도록 한 것이 조선에서 선택한 종친 직위의 관리 원칙이었다.

종친의 신분적인 지위는 종부시를 통해서 보호되고 확립되었다. 종부시는 기능상으로 종친의 존재를 장부에 기재하는 것을 목적으로 하고 있었지만, 이에서 파생하여 종친의 사회적 생활 전체를 관장하는 기구로 역할이 확대되었다. 혼인과 성장 등의 개인적 차원의 일들이 종부시를 통해서 실현되었기 때문에 종친 직위를 가진 사람들은 사적인 일들도 결국 공적인 영역에서 관장되도록 구조화되었다. 종학은 종친의 일상생활 전반을 형성하는 관서로 구상되었다. 종친은 직위와 관련하여 포폄되지 않았지만, 종학에 참여하여 유교 이념을 습득하고, 학습활동을 통해서 성실성이 평가되었다. 이런 점을 종합할 때, 종친은 종친부에 소속되어 직위를 획득하고, 종학의 참여자로서 일상의 생활을 영위하며, 종부시를 통해 사회 활동에서 종친으로서의 위상과 지위를 보장받았다.

처음부터 직무의 현장에서 배제하는 것을 목적으로 법제가 정비되었기 때문에, 종친은 의례 행위의 주요 대상이자 주체로서 설정되었다. 종친은 국왕의 근족(近族)이었기 때문에 국왕의 관혼상제에서 희로를 공유하는 존재이기도 하였다. 이들의 국내에서의 공적인 활동은 원칙적으로 조회와 회례에 한정되었다. 조회에서 이들은 문무관원과 동일한 차원에서 의례를 행하는 신하의 지위를 가졌다. 군왕과 신하라는 이분법이 적용될 때, 이들은 친족상의 지위에 상관없이 철저하게 군신 관계에서 신하의 위치에 놓여야 했다. 반면에 회례와 같이 군신(君臣) 동연(同宴)이 강조되는 현장에서는 군왕의 지밀한 혈족이며, 근친으로서의 지위를 보장 받았다. 이들은 공적으로 회례에 참여하였으나, 술과 음식을 나누는 회례 자리의 성격상 친족으로서의 항렬과 촌수 등 사적으로 작동하는 가족 차원의 인식에 적용을 받기도 하였다.

종친은 대외적으로 중국 사신에 대한 연례(宴禮)의 주관자로 규정되었다. 연례의 주체는 국왕과 왕세자, 종친으로 설정되었고, 일반 관원을 대표하는 의정부가 이들과는 성격이 다른 의례의 주관자이기도 하였다. 종친에게 중국 사신에 대한 연례의 자격과 권리가 규정되었다는 것은 조선이라는 왕조 국가의 특성에서 기인한 것이었다. 천명을 받은 전통 국가로서 조선은 천명을 받은 국왕과 특수한 혈연관계에 있는 종친에게 그에 상응하는 대표성을 인정하였다. 따라서 관원 일반의 대표기구로서 의정부와 더불어 국왕의 친족을 대표하는 기구로서의 종친부의 대외적 의례 진행이 인정되었다고 할 수 있다.

조선의 종친은 불교 이념에 의해 생활 전반이 규정되던 고려에서는 존재하지 않았던 독특한 지위를 가진 법제적 신분이었다. 부계 친족을 강조하는 유교적 이념에 영향을 받아 창출되었지만, 그렇다고 17세기 이후 조선 사회에 자리 잡은 부계 친족과는 성격을 달리하는 범주이기도 하였다. 또한 부계 친족의 개념을 수입한 중국에서도 조선의 종친과 동일한 범주와 성격을 가진 특권 신분 집단은 존재하지 않았다. 『경국대전』상에 규정된 종친의 개념과 범주가 시간의 경과에 따라 일부는 퇴색되고 변화되기도 하였다. 그러나 조선이 왕조로서 생명이 소멸되는 시점까지 종친을 창출시킨 본래의 취지와 위상이 거의 흔들리지 않고 유지되었다고 할 수 있다.

종친은 신분상의 특수성에 기인하여 여러 가지 사회적 분란을 야기할 소지가 있었고, 정쟁의 중심에 놓일 속성이 많은 존재였지만, 동아시아 전체적으로 볼 때, 조선의 종친에 대한 관리와 운영은 상대적으로 성공적인 것으로 평가된다. 또한 조선에서 종친과 관련하여 작성한 『선원록』『돈녕보첩』『선원계보기략』 등등의 기록은 종친을 파악하고 관리하기 위한 조선의 지난한 노력을 보여주는 것이기도 하였다. 법제상의 종친을 벗어나서 『선원록』 등에 수록된 계층 전반으로 관심을 확대한다면, 이들 기록의 수록 대상은 조선의 실제적인 파워엘리트 그룹일 수 있을 것인데, 이 점은 본 검토와는 주제를 달리하므로 향후의 과제로 미룬다.

참고문헌

〈자료〉

『經國大典』

『高麗史』

『國朝五禮儀』

『大明律直解』

『明集禮』

『文獻通考』

『璿源錄』

『樂學軌範』

『禮記』

『儀禮』

『朝鮮經國典』

『朝鮮王朝實錄』

『周禮』

『春官通考』

『通典』

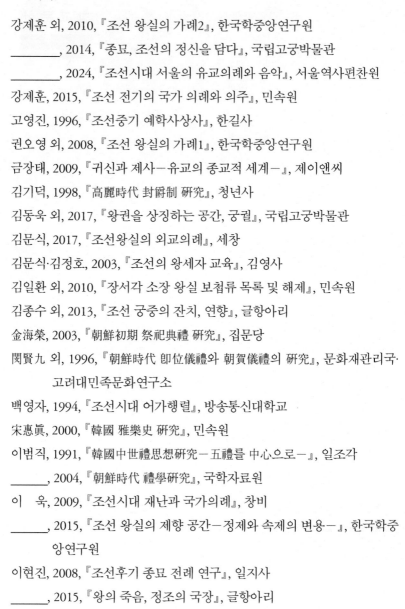

〈저서〉

강제훈 외, 2010,『조선 왕실의 가례2』, 한국학중앙연구원

_____, 2014,『종묘, 조선의 정신을 담다』, 국립고궁박물관

_____, 2024,『조선시대 서울의 유교의례와 음악』, 서울역사편찬원

강제훈, 2015,『조선 전기의 국가 의례와 의주』, 민속원

고영진, 1996,『조선중기 예학사상사』, 한길사

권오영 외, 2008,『조선 왕실의 가례1』, 한국학중앙연구원

금장태, 2009,『귀신과 제사-유교의 종교적 세계-』, 제이앤씨

김기덕, 1998,『高麗時代 封爵制 硏究』, 청년사

김동욱 외, 2017,『왕권을 상징하는 공간, 궁궐』, 국립고궁박물관

김문식, 2017,『조선왕실의 외교의례』, 세창

김문식·김정호, 2003,『조선의 왕세자 교육』, 김영사

김일환 외, 2010,『장서각 소장 왕실 보첩류 목록 및 해제』, 민속원

김종수 외, 2013,『조선 궁중의 잔치, 연향』, 글항아리

金海榮, 2003,『朝鮮初期 祭祀典禮 硏究』, 집문당

閔賢九 외, 1996,『朝鮮時代 卽位儀禮와 朝賀儀禮의 硏究』, 문화재관리국·
　　　고려대민족문화연구소

백영자, 1994,『조선시대 어가행렬』, 방송통신대학교

宋惠眞, 2000,『韓國 雅樂史 硏究』, 민속원

이범직, 1991,『韓國中世禮思想硏究-五禮를 中心으로-』, 일조각

_____, 2004,『朝鮮時代 禮學硏究』, 국학자료원

이　욱, 2009,『조선시대 재난과 국가의례』, 창비

_____, 2015,『조선 왕실의 제향 공간-정제와 속제의 변용-』, 한국학중
　　　앙연구원

이현진, 2008,『조선후기 종묘 전례 연구』, 일지사

_____, 2015,『왕의 죽음, 정조의 국장』, 글항아리

＿＿＿＿, 2017,『조선왕실의 상장례: 국왕 국장과 세자·세손 예장』, 신구문화사

임미선, 2011,『조선조 궁중의례와 사적 전개』, 민속원

임영선, 2023,『조선 초기 신악 창제와 회례 용악』, 민속원

지두환 외, 2015,『조선의 국가의례, 오례』, 국립고궁박물관

지두환, 1994,『朝鮮前期 儀禮研究─성리학 정통론을 중심으로』, 서울대
　　　　출판부

＿＿＿＿, 2006,『세계문화유산 종묘 이야기』, 집문당

한형주, 2002,『조선초기 국가제례 연구』, 일조각

〈논문〉

강제훈, 2004,「조선 초기의 朝會 의식」,『朝鮮時代史學報』28

＿＿＿＿, 2005a,「조선 世宗代의 조회」,『한국사연구』128

＿＿＿＿, 2005b,「朝鮮 世祖代의 朝會와 王權」,『사총』61

＿＿＿＿, 2006,「(해제)장서각 소장 ≪敦寧譜牒≫의 개관과 자료적 특징」,
　　　　『敦寧譜牒』(영인본) 한국학중앙연구원

＿＿＿＿, 2007a,「조선 성종대 朝會儀式과 朝會 운영」,『한국사학보』27

＿＿＿＿, 2007b,「조선 초기 朝儀의 의례구조와 상징」,『한국사연구』137

＿＿＿＿, 2009,「조선 초기 正至會禮 의식의 정비와 운용」,『한국사학보』34

＿＿＿＿, 2010,「朝鮮初期 宗親職制의 정비와 운영」,『한국사연구』151

＿＿＿＿, 2011,「조선전기 묘지명에 나타난 종친직제 운영」,『향토서울』79

＿＿＿＿, 2012a,「조선전기 국왕 儀仗制度의 정비와 상징」,『사총』77

＿＿＿＿, 2012b,「『世宗實錄』「五禮」의 편찬 경위와 성격」,『사학연구』107

＿＿＿＿, 2014,「조선왕릉과 왕릉 의례의 특징」,『한국사학보』54

＿＿＿＿, 2015a,「朝鮮初期 國家儀禮 정비의 지향과 원칙」,『민족문화연구』68

＿＿＿＿, 2015b,「조선 초기 俗祭 祭祀床의 구성과 그 특징」,『한국사학보』60

_____, 2017,「조선초기 왕실 조상의례의 유교적 정비」,『한국사학보』66

_____, 2019,「조선시대 왕릉 의례의 특징과 개정」,『역사와 경계』113

_____, 2021,「조선 세종조의 國家禮 정비와 五禮의 성립」,『한국사학보』82

_____, 2022,「조선 초기 종묘 親享儀의 禮樂 구성」,『한국사학보』86

_____, 2023,「조선 초기의 禮樂 정비와 典禮書 간행－『세종실록』,「오례」
　　　를 중심으로－」,『민족문화연구』98

_____, 2024,「조선초기 예악 정비와『국조오례의』간행」,『한국사학보』94

김문식, 2003,「조선시대 왕실자료의 현황과 활용 방안」,『국학연구』2

_____, 2009,「조선시대 國家典禮書의 편찬 양상」,『장서각』21

김　범, 2005,「朝鮮 成宗代의 王權과 政局運營」,『사총』61

김성준, 1985,「朝鮮初期의 宗親府」,『한국중세정치법제사연구』일조각

김인숙, 2019,「박연 악기 제작에 관한 배경적 고찰－율관 제작을 중심으
　　　로－」,『한국음악연구』14

김일환, 2007, [조선후기 왕실〈八高祖圖〉의 성립과정」,『장서각』17

김종수, 2008,「조선초기 樂章 演行 양상」,『온지논총』18

김지영, 2004,「18세기 후반 國家典禮의 정비와 ≪春官通考≫」,『한국학
　　　보』30

김태영, 1973,「朝鮮 初期 祀典의 成立에 對하여－國家意識의 變遷을 中心
　　　으로－」,『역사학보』58

_____, 2010,「조선 초기 禮制 연구와『國朝五禮儀』의 편찬」,『조선시대
　　　사학보』55

남지대, 1994,「조선초기 禮遇衙門의 성립과 정비」,『동양학』24

박경지, 2021,「조선초기 國家禮 정비와『國朝五禮儀』편찬」, 고려대학교
　　　박사학위논문

박정재,「조선『璿源錄』에 기재된 宗親의 통혼 양태와 그 의미」,『古文書
　　　研究』52, 2017

박　진, 2004,「朝鮮初期 敦寧府의 成立」,『한국사학보』18

_____, 2014, 「朝鮮前期 王室婚姻 硏究」, 고려대학교 박사학위논문

석창진, 2014, 「조선 世宗妃 昭憲王后 國喪儀禮와 그 의미」, 『역사민속학』 45

_____, 2015, 「조선 초기 유교적 국상의례의 거행양상과 그 특징」, 『한국 사학보』 58

송방송, 1987, 「세조조 음악업적의 역사적 조명」, 『한국학보』 48

송지원, 2018, 「음악학 사료로서의 국가전례서 읽기-『국조오례의』·『국 조오례서례』를 중심으로-」, 『동양음악』 44

_____, 2020, 「『세종실록악보』<봉래의>의 음악적 구현」, 『진단학보』 135

송혜진, 2014, 「세종대 동아시아 예악론의 인식 양상과 의례음악 정비」, 『한국학연구』 51

신대철, 2016, 「『세종실록악보』 소재 신악과 관련된 고취악론 재고」, 『한 국음악연구』 60

신명호, 1998, 「조선전기 왕실정비와 족보편찬「선원록류와 돈녕보첩을 중 심으로-」, 『경기사학』 2

안미경, 2007, 「장서각 소장 《璿源系譜紀略》의 서지적 연구」, 『장서각』 17

양정현, 2014, 「조선 초기 원경왕후 喪葬禮 의식과 그 특징」, 『역사민속학』 45

_____, 2017, 「조선 『璿源錄』 중종 공주·옹주 계열 후손의 연혼 양상과 그 성격」, 『古文書硏究』 52

원창애, 2007, 「(해제)장서각 소장 《敦寧譜牒》의 개관과 자료적 특성」, 『敦寧譜牒』(영인본) 한국학중앙연구원

_____, 2009, 「조선 후기 《敦寧譜牒》 연구」, 『조선시대사학보』 48

_____, 2013, 「조선 왕실보첩에 나타난 친족의식」, 『한국계보연구』 4

이왕무, 2002, 「조선 후기 국왕의 扈衛와 幸行」, 『장서각』 7

_____, 2007, 「조선후기 국왕의 都城內 行幸의 추세와 변화」, 『조선시대 사학보』 43

이 욱, 2002, 「조선 전기 유교국가의 성립과 국가제사의 변화」, 『한국사 연구』 118

_____, 2011, 「조상제사의 의미와 기억의 儀禮化」, 『국학연구』 19

_____, 2011, 「조선시대 왕실제사와 제물의 상징－혈식(血食)·소식(素食)·상식(常食)의 이념」, 『종교문화비평』 20

이종서, 2017, 「조선 태종의 왕족봉작제 정비와 그 원리」, 『역사와 경계』 102

이지훈, 2014, 「조선 세종 국상의 의식 구성과 진행」, 『역사민속학』 45

_____, 2017, 「조선 『璿源錄』 기재 대상의 범위와 대우」, 『古文書研究』 52

이현진, 2008, 「조선 왕실의 기신제(忌晨祭) 설행과 변천」, 『조선시대사학보』 46

임민혁, 2010, 「조선 초기 국가의례와 왕권－『국조오례의』를 중심으로－」, 『역사와 실학』 43

임영선, 2020, 「조선초기 회례 용악 연구」, 한국학중앙연구원 박사학위논문

_____, 2022, 「조선 초기 고악(鼓樂)과 고취(鼓吹): 대명의례(對明儀禮)를 중심으로」, 『동양음악』 51

_____, 2023, 「조선 초기 의례에서의 당악 사용 및 양식에 관한 연구」, 『동양음악』 53

鄭景姬, 2000, 「朝鮮前記 禮制·禮學 硏究」, 서울대학교 博士學位論文

鄭求福·申明鎬, 1995, 「敦寧譜牒」 『藏書閣圖書解題 I 』, 한국정신문화연구원

정재훈, 1994, 「조선초기 왕실혼과 왕실후예 연구 -『璿源錄』을 중심으로-」, 서강대 박사학위 논문

_____, 1996, 「《 璿源錄 》의 編纂과 그 內容」, 『부산사학』 30

조용철, 2014, 「朝鮮 世祖代 懿敬世子 喪葬禮 구성과 특징」, 『역사민속학』 45

지두환, 1985, 「國朝五禮儀 編纂過程(I)－吉禮 宗廟·社稷祭儀를 중심으로」, 『부산사학』 9

_____, 1999, 「朝鮮初期 宗親封爵法의 變遷」, 『한국사상과 문화』 4

최나래, 2014, 「조선 초기 세조 국상 연구」, 『역사민속학』 45

최정환, 2003, 「高麗時代 封爵制의 成立過程과 整備」, 『한국중세사연구』 14

최종석, 2010, 「조선초기 '時王之制' 논의 구조의 특징과 중화 보편의 추구」,

『조선시대사학보』52

한형주, 2002, 「朝鮮初期 朝賀儀禮에 대한 考察」, 『명지사론』 13

_____, 2004, 「조선시대 국가제사의 시대적 특성」, 『민족문화연구』 41

_____, 2006, 「허조(許稠)와 태종~세종대 국가의례의 정비」, 『民族文化
研究』 44

_____, 2006, 「許稠와 태종~세종대 國家儀禮의 정비」, 『민족문화연구』 44

_____, 2007, 「조선전기 文昭殿의 성립과 그 운영」, 『역사민속학』 24

_____, 2010, 「조선초기 왕릉제사의 정비와 운영」, 『역사민속학』 33

홍순민, 1990a, 「조선후기 《 璿源系譜紀略 》 改刊의 추이」, 『규장각』 13

_____, 1990b, 「조선후기 王室의 구성과 璿源錄 -1681년(숙종7) 《 璿源
系譜紀略 》의 편찬을 중심으로」, 『한국문화』 11

홍우의, 2007, 「《 璿源系譜紀略 》 〈 발문 〉 연구」, 『장서각』 17

Catherine Bell, 1997, Ritual: Perspectives and Dimensions(유성민 역, 2007,
『의례의 이해-의례를 보는 관점들과 의례의 차원들』, 한신대출판부)

Daniel de Coppet 편, 1992, Understanding rituals(Biddles Ltd, Guildford
and King's Lynn 영국)

David I. Kertzer, 1988, Ritual, Politics and Power, Yale University Press

Howard J. Wechsler, 1974, Mirror to the Son of Heaven, Yale Univ. Press

_____, 1985, Offerings of Jade and Silk(임대희 역, 2005, 『비
단같고 주옥같은 정치』, 고즈원)

Joseph P. McDermont, 1999, State and court ritual in China, Cambridge
Univ. Press

Martina Deuchler, 1992, The Confucian Transformation of Korea(이훈상 역,
1992, 『한국사회의 유교적 변화』, 아카넷)

Patricia Buckley Ebrey, 1991, Confucianism and Family Rituals in Imperial
China, Princeton Univ. Press

Takashi Fujitani, 1996, Splendid Monarchy(한석정 역, 2003, 『화려한 군주』, 이산)

노르베르트 엘리아스(Norbert Elias), Die hofische Geshellshaft, 박여성 역, 2003, 『궁정사회』 한길사

조지프 S. 나이, 홍수원 역, 2004, 『소프트 파워』, 세종연구원

찾 아 보 기

|ㄱ|

강제훈

고려대학교 사학과를 거쳐 동 대학원에서 석·박사 과정을 수료하였다. 서울시사편찬위원회 연구원을 거쳐, 고려대학교 한국사학과 교수로 재직하고 있다. 일본 규슈대학교 개원교수, 독일 튀빙겐대학교 파견교수, 고려대학교 박물관장 등을 역임하였다.

저서는 『조선초기 전세제도 연구』(고대 민족문화연구원, 2002), 『만남의 제도화, 조선시대 조정의례』(민속원, 2017)와 편저 『조선 전기의 국가 의례와 의주』(민속원, 2015), 공저 『종묘, 조선의 정신을 담다』(국립고궁박물관, 2014), 『왕권을 상징하는 공간, 궁궐』(국립고궁박물관, 2017), 『조선시대 서울의 유교의례와 음악』(서울역사편찬원, 2024) 등이 있다.

■ 이 총서는 조선시대 왕실문화가 제도화하는 양상을 고찰하여 그 전반을 종합적으로 구명하는 데에 목적을 두었다. 제도화 양상은 유교적 제도화와 비유교적 제도화 그리고 이 두 방면에 서로 걸치는 형태로 진행되었다고 보았다. 연구 결과, 전반적으로 조선 왕실에 대해서도 유교문화의 지배력이 강화되어 가는 추세 속에, 부문에 따라 종래의 왕실문화 전통과 연결되거나 사회 구성원 대다수가 향유하는 속성의 문화 요소가 예상보다 강력하게 유지되었음을 확인할 수 있었다. 요컨대 조선왕실의 문화는 왕실문화로서의 정체성을 확보하려는 의지, 양반 사족의 기대에 부응하려는 노력 및 알게 모르게 서민들과 정서를 소통하는 양상이 공존하였던 것이다.

[조선 왕실 문화의
제도화 양상 연구
1]

조선 종친(宗親), 동성(同姓) 친족으로서의 신분과 삶

초판 1쇄 인쇄일	2024년 11월 6일
초판 1쇄 발행일	2024년 11월 15일
지은이	강제훈
펴낸이	한선희
편집/디자인	정구형 이보은 박재원
마케팅	정찬용 정진이
영업관리	한선희 한상지
책임편집	이보은
인쇄처	으뜸사
펴낸곳	국학자료원 새미(주)
펴낸곳	국학자료원 새미(주)
	등록일 2005 03 15 제25100−2005−000008호
	경기도 고양시 덕양구 권율대로656 클래시아더퍼스트 1519호
	Tel 02-442−4623 Fax 02-6499−3082
	www.kookhak.co.kr
	kookhak2010@hanmail.net
ISBN	979-11-6797-204-0 *93910
가격	34,000원